差別の超克

原始仏教と法華経の人間観

植木雅俊

講談社学術文庫

尊敬する中村元先生と洛子夫人
ケネス・K・イナダ先生と昌子夫人
本間昭之助氏と量惠夫人
そして母・植木ミズカと妻・眞紀子に捧ぐ

原本序

仏教の女性観について詳細に議論した本はあまり多く出版されていないと思う。けれども、植木雅俊氏はこの本において、仏教史を通じた女性に対する差別の問題をめぐる重要な論点について深く詳細に立ち入って論じている。

彼は、たいへん細心、かつ念入りに、その問題についての研究をなしていて、その労作の成果は女性学の分野において言い尽くせぬ価値を持つものであると私は確信している。

植木氏は、仏教学の専門の学者ではなかったにもかかわらず、仏教学を勤勉に学び続けてこられた。特に、私が開設した東方学院において定期的に提供される仏教学の種々の分野の講座と講義に長年、参加している。彼は、自分の研究を仏教思想の根底に焦点を当て、それについての理解を進展させている。その専門的知識についてのレベルは、専門家の域に達していると断言することに、私は十分な満足を感じている。私は、彼の並々ならぬ努力と学術研究の進展には、たいへんに励まされた。

最も意義深いことは、存在の真理の研究における仏教学の研究の重要性を一人の一般市民が認めているという事実と、そのプロセスにおいて、学問全般における新局面の展開に対して一般市民が価値ある貢献をなしているという事実を、植木氏が示してくれたことである。従って、仏教学の学習と研究は、象牙の塔の中に閉じ込められるべきではない。

疑問の余地なく、植木氏の新しいこの本は、宗教学と女性学の分野で多くの刺激となるであろう。この時代に、この意義ある本を出版された植木氏に対して、私は心からお祝いの言葉を述べるものである。

一九九九年三月一日

東京大学名誉教授、東方学院長　中村　元

注

この序文は、二〇〇一年にニューヨークの Peter Lang 社から、Asian Thought and Culture（アジアの思想と文化）というシリーズの第四六巻として出版された拙著 *Gender Equality in Buddhism*（仏教におけるジェンダー平等）のために、中村元博士が書いてくださったものだが、中村博士の長女・三木純子《すみこ》さんの承諾を得て転載させていただいた（原英文、和訳筆者）。

目次

差別の超克

原本序……3
凡　例……12
序　章「仏教とジェンダー」研究の略史……15
第一節「仏教は女性差別」という批判について　15
第二節　本研究の方法について　24
第三節　仏教におけるジェンダー平等　30
第一章　仏教の基本思想と女性の平等……37
第一節　釈尊の成道から教団形成まで　37
第二節　迷信・呪術・占いを否定　39
第三節「真の自己」の覚知を強調　46
第四節「生まれ」による差別を否定　61
第五節　仏教の画期的な平等思想　65
第六節　尼僧教団の成立と女性哲学者たち　71

第七節　女性を蔑視しなかった釈尊　77
第二章　原始仏典の溌剌とした女性たち……80
第一節　女性も平等に仏弟子として受け入れた釈尊　80
第二節　尼僧たちに精進することを促す釈尊　84
第三節　やすやすと阿羅漢に到っていた尼僧たち　88
第四節　男性の誘惑を振り切ったスバー尼　94
第五節　女性蔑視の悪魔をやりこめたソーマー尼　98
第六節　バラモンの行者を改宗させたプンニカー尼　100
第七節　子を失った母・ヴァーシッティー尼　105
第八節　夫や子を失ったキサー・ゴータミー尼　107
第九節　子を失った母・ウッビリー尼　109
第十節　女性の仏弟子を代表する十三人　110
第三章　ヒンドゥー社会の女性蔑視……116

第一節　『リグ・ヴェーダ』の女性観　116
第二節　『マハー・バーラタ』の女性観　119
第三節　『マヌ法典』の女性観　120
第四節　出産の手段とされた女性　121
第五節　多くの悲劇招いた女性蔑視の思想　125
第四章　部派分裂とともに加速する女性軽視……131
第一節　釈尊の滅後に始まった権威主義化　131
第二節　部派分裂の前と後の女性観　142
第三節　釈尊の神格化と差別思想　150
第四節　小乗仏教が女人成仏を否定した理由　160
第五節　後世に創作・付加された八つの条件（八重法）　165
第六節　「三従」説と「五障」説の出現　178
第五章　大乗仏教による女性の地位回復……196

第一節　夫と妻のお互いの尊敬と奉仕を強調した仏教　197
第二節　「三従」説への対応　201
第三節　『華厳経』における「三従」説　211
第四節　「空」の思想と「変成男子」の強調　219
第五節　「空」の思想からの女性の地位回復　220
第六節　悪条件を他者救済の原動力とする女性たち　231
第七節　『法華経』に見る女性の地位回復　236
第六章　「変成男子」の意味すること……248
第一節　ヒンドゥー社会に配慮した妥協的表現　248
第二節　小乗的女性観へのアンチテーゼ　252
第三節　『華厳経』における変成男子　262
第四節　田上太秀博士の考えへの疑問　268
第五節　大乗仏教では男女の立場は同等　274
第六節　『法華経』の仏国土表現からの考察　280

第七章　常不軽菩薩の振る舞いに見る男女平等……286
第一節　菩薩の名前に込められた四つの意味　286
第二節　人間尊重の振る舞い自体が既に『法華経』　298
第三節　仏性思想からの人間の尊厳　303
第四節　不軽菩薩に見る寛容の思想　310
第八章　「善男子・善女人」に見る男女平等……314
第一節　「善男子・善女人」という語の用法　314
第二節　平川彰博士の見解への疑問　319
第三節　『法華経』における「善男子・善女人」　337
第四節　「四衆」から「善男子・善女人」への転換　342
第五節　「善男子・善女人」から「法師」への発展　354
第九章　平等の根拠としての一仏乗……360
第一節　説一切有部と大乗の三乗説　360

第二節　三車家と四車家の論点についての検討　364
第三節　「無二亦無三」について　373
第四節　「二乗と菩薩乗」「三乗と一仏乗」の関係　386
第五節　『法華経』で女人成仏は当然すぎること　405

第十章　結論、および今後の課題……411

注……431
参考文献……441
あとがき……452

凡例

一・仏典の引用や現代語訳において、括弧や記号、略号の意味は下記の通りである。

〔 〕：筆者による補足

（ ）：言い換え

……：中略

√：サンスクリット語などにおける動詞の語根であることを示す記号

Pāl.：パーリ語

Skt.：サンスクリット語

B.S.T.：Buddhist Sanskrit Texts, edited by P. L. Vaidya, Darbhanga

P.T.S.：Pali Text Society

二・『法華経』は、漢訳とサンスクリット原典とでは、提婆達多品第十二の有無や、嘱累品の順番の違いなどがあるため、章の番号が異なっているところがある。そのため、漢訳では漢数字で、サンスクリット原典では算用数字で章の番号を示した。

例：寿量品第十六（第15章）

三・パーリ語とサンスクリット語を併記するときは、断りがない限りパーリ語を先に記した。

差別の超克

原始仏教と法華経の人間観

序章　「仏教とジェンダー」研究の略史

第一節　「仏教は女性差別」という批判について

仏教が女性を蔑視していたのかどうかという議論としては、古くは森鷗外《おうがい》（一八六二〜一九二二）と、日本にも滞在したことのある地質学者のエドムント・ナウマン（一八五四〜一九二七）との論争を挙げることができる。この論争については、杉山二郎博士（一九二八〜二〇一一）が、「森鷗外とインド学・仏教学」という論文の中で言及している（『国際仏教学大学院大学研究紀要』、第三号、二〇〇〇年三月、八五〜八六頁）。それは、鷗外がドイツに留学中のことであった。明治十九（一八八六）年三月六日付の『独逸《ドイツ》日記』によると、ナウマンはドレスデン地学協会の例会で「日本」と題して三百人余の男女を前に講演を行ない、その中で、

余《よ》は久しく東洋に在りしが、仏教には染まざりき。所以者《ゆえんは》何《いかん》といふに、仏の曰《いわ》く、女子には心なしと、貴婦人よ。余は之を信ずること能《あた》はず。余の仏教に染まざりしは此《これ》が為《ため》なりと。

という内容の話をしたという。鷗外はその内容が気に入らず、その場で発言の許可を得て、

在席の人々よ。余が拙き独逸語もて、人々殊《こと》に貴婦人の御聞《ごぶん》に達せんとするは他事に非ず。余は仏教中の人なり。されば貴婦人方は、余も亦此《またこの》念を為《な》すと思ひ給ふならん。余は弁ぜざることを得ざるなり。夫《そ》れ仏とは何ぞや。覚者の義なり。経文《きょうもん》中女人成仏の例多し。是《こ》れ女人も亦覚者と為《な》るなり。女人既に能《よ》く覚者となる。豈《あに》心なきことを得んや。貴婦人方よ。余は聊《いささ》か仏教信者の為に冤《えん》を雪《すす》ぎ、余が貴婦人方を尊敬することの、決して耶《や》蘇《そ》教徒に劣らざるを証せんと欲するのみ。

とスピーチした。その話が終わらないうちに、聴衆たちが鷗外に近づき、そのスピーチをほめたことが記されている。それは、鷗外に軍配があがったようである。

ナウマンが仏教に厳しい見方をした背景を杉山博士は、渡邊海旭《わたなべかいきょく》博士（一八七二〜一九三三）の論文から推測している。渡邊博士は、高楠順次郎《たかくすじゅんじろう》博士（一八六六〜一九四五）とともに大正新脩大蔵経百巻を監修した人だが、ショーペンハウエル、ゲーテ、ハイネ、ワグナー、ベルクソンなどの名前を挙げて、西洋におけるインド哲学、仏教への期待の高まりを論じた上で、

実際信仰としての仏教の要求は、予想の外に大きく、仏教に関する新刊書は英独仏とも通

俗ものが断へず書店に出る。だからこの大勢に備ふる軍略として基督教家が仏教研究の盛なるは驚くべき程で、随分酷烈な攻撃的批評の著作も屢《しばしば》書物屋の店頭に現はれる。マックス・シュライバルの書いた小冊子『仏陀及婦人』は此《この》一例とすべきものであつて、思ひ切つて仏教の婦人虐待を論じ、其《その》文明価値を冷酷に批評して居《お》る。基督教徒にありては実に思ひ付きの書物であらう。

(渡邊海旭著『欧米の仏教』九〜一〇頁)

と論じている。マックス・シュライバルの『仏陀及婦人』の詳細については不明であるが、仏教を攻撃するこうした書物の中に「女子には心なし」とする批判が掲げられていたことが推察される。

一方では、こうした非難攻撃のための仏教の女性論も見られたが、それはさておいて、仏教におけるジェンダー研究の先駆者は、何と言っても、イギリスのリス・デヴィッズ夫人(一八五七〜一九四二)と、I・B・ホーナー女史(一八九六〜一九八一)の二人を挙げるべきであろう。

リス・デヴィッズ夫人は、マンチェスター大学などでパーリ語やインド哲学を講じた。裁判官から仏教学者に転身し、一八八一年に「パーリ聖典協会」(The Pali Text Society)を創立したリス・デヴィッズ氏の良き伴侶《はんりょ》であったばかりでなく、パーリ語テキストの校訂や、著作をはじめ、パーリ経典からの英訳を多数発表している。

その中で一九〇九年に出版された『初期仏教徒の詩』(*Psalms of the Early Buddhists*)は、釈尊在世のころの女性出家者(therī)、および男性出家者(thera)たちの体験を詩

(gāthā) でつづったパーリ語の『テーリー・ガーター』、および『テーラ・ガーター』の英訳を一冊にまとめたものである。その前者が『女性修行者の詩』(*Psalms of the Sisters*) であり、後者が『男性修行者の詩』(*Psalms of the Brethren*) である。リス・デヴィッズ夫人は、その序文で両書を比較しながら、当時の女性修行者たちの姿をクローズアップしている。特に、『テーラ・ガーター』において自ら解脱《げだつ》したと述べる男性出家者たちが一三%であるのに対して、『テーリー・ガーター』では二三%もの女性修行者たちが自ら解脱したと語っていることを強調するなど、女性たちの喜びに満ちた姿を明らかにしている。

ホーナー女史は、ケンブリッジのニューナム (Newnham) カレッジの図書館司書であったが、パーリ聖典協会の五代目の会長をも務めている。パーリ聖典の英訳のほかに、主な著書として『初期仏教における女性』(*Women under Primitive Buddhism*) がある。これは、リス・デヴィッズ夫人の勧めで一九三〇年に出版したもので、リス・デヴィッズ夫人が序文を寄せている。

これは、釈尊の生存中、およびその直弟子たちの時代にかけての在家の女性と出家の女性たちの置かれた状況を明らかにしようとするものである。二部構成からなり、第一部では、母、娘、妻、寡婦《かふ》、労働者としての在家の女性について、仏典、その注釈書、『ジャータカ』(本生譚《ほんじょうたん》)、『ミリンダ王の問い』の記述内容から考察している。第二部では、出家の女性たちの教団における生活実態などについて、律蔵(特に *bhikkhunī-khandhaka* と *bhikkhunī-vibhaṅga*)、『テーリー・ガーター』、その注釈書、さらにはパーリ語の文献に散見される資料を踏まえて論じている。それによってホーナー女史は、在家と出家の女性たちの精神的な体験を明らかにし、仏教の登場によって、女性たちの生き方に変化が現われたこと、女性たちがそれまでになく平等を享受し、敬意を払われるようになったこと、女性の地位が一般的に改善され始めたことなどを明らかにしている。それとともに、釈尊の滅後、次第に女性修行者の教団の地位は低下していったことも指摘している。

　このホーナー女史の言及しなかった部分を取り上げたのが、アメリカのダイアナ・Y・パウル女史である。パウル女史は、京都大学で梶山雄一博士（一九二五〜二〇〇四）のもとで『勝鬘経《しょうまんぎょう》』の研究に取り組んだことがあり、一九七九年に『仏教における女性』（*Women in Buddhism*）を著わした。これにはホーナー女史が序文を寄せている。これは、ホーナー女史が言及しなかった部分、すなわち大乗仏教にホーナー女史の手法を援用して言及したものといえよう。パウル女史は、『般若経《はんにゃきょう》』『維摩経《ゆいまきょう》』『法華経《ほけきょう》』『華厳経《けごんきょう》』『勝鬘経』などの大乗経典で女性たちの登場する場面を英訳し、それらを踏まえて大乗仏教の女性解放のプロセスを順を追って論評している。

　リス・デヴィッズ夫人と、ホーナー女史がいずれも南伝のパーリ経典から論じているのに対して、パウル女史はサンスクリット原典、および北伝の漢訳（大正新脩大蔵経）から論じている。

　梶山博士は、ホーナー、パウル両女史の取り扱っている時期における仏教の解脱や証悟の思想の変遷と、女性一般に対する仏教の姿勢の変遷とがいかに密接に関係していたのかを、『空の思想』の中の「仏教の女性観」という論文で明らかにしている。その内容は次の五つに要約される。

①インドにおいて社会的な女性差別が普及していたにもかかわらず、ブッダとその直弟子の時代、すなわち原始仏教の時代には、解脱の能力に関して男女間に違いはなかった。

②女性が成仏できないとする「五障」説は、紀元前一世紀ごろ成立した。

③紀元前一世紀の末、新たな宗教運動が発展し、現在に存在するブッダたち、特に阿閦《あしゅく》仏《ぶつ》や阿弥陀仏《あみだぶつ》は、女性の肉体的な、また社会的な苦難を憐れんで、彼女たちを救済しようという誓願を立てた。阿閦仏は、自らの仏国土において女性のあらゆる苦悩を除き、阿弥陀仏は、その極楽浄土に往生する女性を男性に変えた。

④『八千頌般若経《はっせんじゅはんにゃきょう》』や『大無量寿経』のような初期大乗経典は、女性は男性に変身（転《てん》女成男《にょじょうなん》、または変成男子《へんじょうなんし》）することによって成仏できる、という思想を産み出した。

⑤『維摩経』や『勝鬘経』などに説かれる「空《くう》」や「如来蔵《にょらいぞう》」の思想は、女性は女性のままで成仏できると宣言した。

これらは、小乗仏教は別として、原始仏教も、大乗仏教も、仏教が女性に対して基本的に好意的であったとする立場の研究であるといえよう。

ところが、わが国では一九八〇年代のフェミニズム理論の台頭とともに、一九九〇年代になって大越愛子女史（一九四六〜）らの『女性と東西思想』『性差別する仏教』『解体する仏教』など、仏教の「性差別的な体質」を批判する書籍の出版が相次いでいる。この種の「糾弾の書」の主張を要約すると、仏教という宗教は、「女人五障」説のように女性を男性の枠外に「排除」するか、さもなければ、「変成男子」のように女性の性を否定して、男性の性への「一元化」を説いてきたというものである。また、そのような「排除と一元化」の根源は、そもそも「五比丘《ごびく》」から出発した釈尊の原始サンガ（僧伽《そうぎゃ》＝教団）にあった、との指摘もなされている。

こうした批判を受けてわが国の仏教界でも、一九八〇年代後半ごろから仏教の女性観を見直そうという気運が出てきた。日本仏教学会がいち早く一九九〇年十月に、「仏教と女性」を統一テーマとした学術大会を開催したのをはじめ、さまざまにこの問題が論じられ、仏教の歴史上に見られる性差別的な思想や表現の検討が試みられるようになった。日本仏教学会は、学術大会終了後、一九九一年にその発表論文、およびシンポジウムの内容を収録した『仏教と女性』（平楽寺書店）という書を出版している。

田上太秀《たがみたいしゅう》博士（一九三五〜）は、『婦人公論』（一九八九年五月号）の「仏教の女性差別に挑む寺の女たち」という、いのうえせつこさんの記事を読んで性差別に関心を持ち、一九九二年に『仏教と性差別』という書を出版した。田上博士は、その中で「変成男子」の考えそのものを「女性蔑視」とするなど、原始仏教には差別はないが、大乗仏教は女性差別の宗教であると断定している。

フェミニズム理論からの「糾弾」に対して、一九九四年に『差別語を考えるガイドブック』（曹洞宗宗務庁編）のようなものを発行したところもある。その中で、「女人五障」の説について、「インドなどにおける女性差別思想が、『法華経』「提婆達多品《だいばだったぼん》」などの仏教経典に取りこまれ」たと述べ、「変成男子という奇妙な説さえ出て」「それが後世の女人成仏説の確かな根拠とされた」と論じた上で、「女性にとってはまったく迷惑きわまりない、おかしな話だ」と断定している。

フェミニズム理論から突きつけられた「糾弾」に対して、仏教界が狼狽《ろうばい》している感が否めないが、果たしてその「糾弾」の内容が正鵠《せいこく》を射ているのかどうか、検討を要する。

大越女史や、田上博士、『差別語を考えるガイドブック』などが共通して問題にしている「女人五障」と「変成男子」について検討してみると、いずれの批判も文章の前後関係や、歴史的背景を無視して一断面のみをとらえた議論だと言うべきものである。それは、外ならぬ『法華経』を先入観なしで読めば分かるはずだ。『法華経』の「提婆達多品」に明らかなように、「変成男子」が説かれたのは、シャーリプトラ（舎利弗《しゃりほつ》）に象徴される小乗教団が主張していた「女人五障」説を「否定」して、女性も成仏できることを訴えるためであった。

「女人五障」の考え方は、もちろんバラモン教的なインド社会の差別思想が小乗仏教に反映したものであり、それをいかに乗り越えるか、どうすれば釈尊の説いた「平等」に立ち返ることができるかという点こそ、初期大乗仏教の人々の緊急の課題であったはずである。従って「女人五障」をもって仏教全体が性差別の宗教だと論ずることはできない。歴史的人物としての釈尊は、「女人五障」など知るよしもなかった。それは後世の小乗仏教徒が仏教教団内に持ち込んだものである。

『法華経』などの初期大乗仏教は、何とかそれを乗り越えようとした。そのために、女性を極端に蔑視するインド社会にあって、「変成男子」という妥協的表現によってではあれ、女性が成仏可能なことを主張した。しかも、『法華経』提婆達多品の「変成男子」という言葉の前後関係を綿密に読むと、「変成男子」は女性が仏に成るための絶対的に必要不可欠の条件とはされていないことが読み取れる。そういったことを無視して、女性差別だと決めつけるのはいかがなものか。

大越女史にしても、田上博士や、『差別語を考えるガイドブック』にしても、そうした文脈を考慮せずに、「変成男子」という言葉の字面だけから、いとも単純に女性蔑視と決めつけるのは、当時の社会的、思想的時代背景を無視した皮相な見方であり、一面的な見方と言わざるを得ない。

また、田上博士の論調は、特に大乗仏教の真意を曲解されているように思えてならない。小乗仏教化した当時の仏教界にあっても、仏教外にあっても、極めて軽視されていた女性を、「いかに救済するか」という点に大乗仏教の真意があったのだ。

さらに、大越女史が言われる、「女性の排除」と、「男性の性への一元化」が五比丘によるサンガ（教団）の出現に起因するという主張も、一部分を見ての即断である。比丘サンガに遅れて発足したとはいえ、比丘尼サンガが存在して、その構成員たちが、女性であることに何ら引け目を感じることなく、生き生きとした姿を示していたことは、冒頭に挙げたリス・デヴィッズ夫人や、ホーナー女史の意見を待つまでもないことである。そこには、「女性の排除」も、「男性の性への一元化」も全くなかった。中村元《なかむらはじめ》博士（一九一二〜一九九九）は、決定版『普遍思想』において、「仏教の主張したような社会思想が、少なくとも教団に関するかぎり、実際に実現されていた」（五一八頁）と述べている。

それは、サンガの出現に因があるのではなくて、サンガの出現を男性中心のものとして描写した後世の人たち、すなわち小乗の男性修行者たちの問題としてとらえるべきである。歴史的人物としての釈尊の教えと、後世の比丘たちの仏典編纂の態度の問題を混同してはならない。そのように一部の資料のみに基づいて極論しては、真意を見過ごす危険性があろう。かつて、「女人五障」などの性差別を乗り越えようと、懸命に道を探し求めた人たちがいたのである。彼らの苦闘に少しでも思いを致すならば、「変成男子」をこのように単純に性差別だと論評することはできないであろう。

第二節　本研究の方法について

次に、日本仏教学会が「仏教と女性」というテーマで学術大会を開き、発表論文を『仏教と女性』として出版したその試みは大いに評価されるべきものであろう。しかし、大半が法《ほう》然《ねん》、親鸞《しんらん》、道元《どうげん》、日蓮《にちれん》などの日本仏教、あるいは漢訳仏典についての考察である。これは、どちらかというと各派の宗祖の女性論を論じたものであり、その限りでは意味を持つものではあるが、「仏教の女性観」ではない。わずかに茄谷定彦《かりやさだひこ》博士（一九三七〜）が梵文『法華経』から論じられ、上村勝彦《かみむらかつひこ》博士（一九四四〜二〇〇三）がインド古典演劇から論じられている。全体的に〝各論〟からの論述という印象は免れない。サンスクリット原典や、パーリ原典に立ち返り、本来の仏教ではどうであったのか、またそれが、インド国内だけでなく、中国、日本などでどのような紆余曲折《うよきょくせつ》を経たのか、といった観点からの研究が今、求められよう。

仏教と言っても、インド仏教、中国仏教、日本仏教との間でも大きく異なり、日本仏教だけでも多岐に細分化されている。それぞれについて教義も異なり、女性観も異なっている。

インド仏教に限っても、歴史的人物としての釈尊の説こうとしたもの（それは原始仏教の中に多く保存されていると考えられる）、さらに滅後の釈尊の神格化と、男性出家者たちの保守化と権威主義化によって生じた小乗仏教、さらにはそうした在り方に対抗して起こった大乗仏教といったように、大きく変容を遂げる。それは時代と社会の思想的背景と推移があって、その流れの中で、ある意図や、必然性をもって変容していったものである。

従って、ある仏教用語だけを取り出して、女性差別かどうかという議論をなし、即断することは大変に危険なことだと言わねばならない。「女人五障」「変成男子」といった言葉を議論するにしても、前後の脈絡を断ち切って一断面のみを見るのではなく、歴史的、社会的背景を踏まえなければならない。そこで用いられた言葉を文字通りに受け取るのではなく、その言葉を通して何を言いたかったのか、なぜそのような言い方をしなければならなかったのか、その考察を抜きにしては、一面的で皮相な理解に終わり、部分を通して全体を論ずるという誤りを犯すことになるのである。

筆者は、本論で仏教の女性観を検討するに当たって、次の点を念頭に置いて論じることにしたい。

①一口に「仏教」といっても、その内容は多岐にわたっている。大きく見ただけでも、インド仏教、チベット仏教、セイロン仏教、中国仏教、朝鮮仏教、日本仏教などと分かれている。それぞれが他と異なる際立った特徴を持っている。同じインド仏教で

も、原始仏教、小乗（部派）仏教、大乗仏教で大きく異なっている。全く逆の考えがなされていることもある。日本仏教においても各宗各派で大きく異なっていることも多い。これらを一括《ひとくく》りにして「仏教」として論ずることは無理がある。「仏教」と称して批判していても、それは「小乗仏教」や「日本仏教」という条件付きの問題であり、日本仏教の中でも、ある宗派に限られたことであるといった問題も起こる。漢訳仏典からのみ論ずることは、インド仏教本来のものとは違うものを論じているかもしれないという危険性もある。それは、仏教本来のものを論じているのではなく、中国仏教、あるいは日本仏教について論じているという条件付きのものでしかない場合もあることに注意しなければならない。

②インドの言葉を漢訳する際の問題点も視野に入れておく必要がある。例えば、家父長制的な儒教文化圏である中国においては、社会に馴染《なじ》まないということで、インドの経典がしばしば改変されて翻訳されるといったことが行なわれていた。例えば、パーリ語の『シンガーラへの教え』では、在家の青年シンガーラに対して人間関係の在り方が説かれていて、その中で夫の妻に対する在り方が論じられている。パーリ語では「夫は妻に五つの点で仕えるべきである」（『ディーガ・ニカーヤ』）となっている。ところが、漢訳の『六方礼経《ろっぽうらいきょう》』では、奉仕するのが妻に限定されて、「婦《つま》が夫に事《つか》うるに五事あり」（大正蔵、巻一、二五一頁中）となっている。これは、儒教社会で「夫が妻に仕える」ことなどあり得べからざることなので、改変して訳されたものである。従って、漢訳だけを見て、仏教は一方的に妻に奉仕することを強要しているなど

と理解してはならないのである。

中村元博士は、その著『シナ人の思惟方法』の第十章「身分的秩序の重視」（二二七～三〇四頁）において、漢訳における改変の具体例を多数挙げている。例えば、サンスクリット語でマーター・ピタラウ（mātā-pitarau、母と父）という表現があるが、それは漢訳では「父母」と改変されている。[1] 漢訳だけを見て、「仏教は父親の権威を優先している」などと論ずることは、早合点の謗《そし》りを免れないであろう。

③漢訳仏典を読む際にも、同じ漢字だからといって日本人的な感覚で読むと間違いを犯すことがあることにも気をつけなければならない。また、漢字は多義的であって、恣意的に解釈することは戒めるべきである。漢訳で「根」と訳された元のサンスクリット語も「感覚器官、あるいはその能力」（indrya）と、「（木の）根」「根本」（mūla）といった違いがある。従って、漢訳のみから即断することにも危険性があることを心得ておくべきであろう。現代語においても、「手紙」は中国では「トイレットペーパー」を意味するし、「先輩」は「亡くなった人」、「娘」は「母」を意味するのである。

④インドと中国、日本の地理的隔たりの故に文化的な誤解が紛れ込んでいることも十分に気をつけるべきである。例えば、「北枕《きたまくら》」はわが国では不吉なことだと言われている。ところが、インドでは教養ある人々は、現代においても頭を北に向けて寝ている。インドでは修行僧や教養ある人々は、日ごろから右脇を下にして頭を北に向けて寝るのが決まりであった。北には楽園があり、南は死や悪魔の支配する方角だと考えられていたからだ。釈尊も生活習慣として、日ごろからそうであったし、亡くなると

きもそうだった。『涅槃経』で釈尊が亡くなられる場面を読むと、「頭を北に、顔を西に向けておられた」とあった。そこで、それは人が死ぬときの寝方で、不吉なものであると早合点し、日本独自で「北枕」と呼んだわけである。蓮の華にしても同じである。日本で結婚式に蓮の華を持参すると「縁起でもない」と怒られるであろう。けれどもインドでは、多くの人が蓮の華を持参する。それは、最もめでたい清浄な華だからである。日本では、これらのことが全く逆の意味で語られている。仏教の思想の中身にもこうした誤解がないとはいえない。だから、日本仏教を通して仏教を論ずる際には、大きな誤解の上で議論しているかもしれないということを知るべきである。

⑤特に『法華経』などの大乗仏典では、「深い意図をもって語られた言葉」(saṃdhā-bhāṣya)という言葉が頻出する。覚りを得た仏が、未だ覚りを得ていない衆生を教化するために交わされる対話であるから、衆生の経験し、理解できる範囲での言葉や概念でしか説明できない。それで直接的に覚りそのものを表現しにくいから、方便(upāya)としての表現を用いざるを得ない。その方便を方便のままに受け止めて終わってはならない。その方便を用いた意図を理解して初めて、仏の覚りに近づける。「深い意図をもって語られた言葉」は、狭義の考えや、低次の思想をより高次のものへと止揚《しよう》する際に、既に用いられている言葉を頭ごなしに否定することなく、その言葉に新たな意味を付与するという形で語られる。そうしたやり方は、原始仏教においても確認できる。仏教における改革は、既にある言葉を全否定するのではなく、そこに新たな意味を付与することによってなされることがしばしばである。従って、言葉

尻をとらえていては大きな間違いを犯してしまう。仏教史の中で、用いられたある言葉について、言葉自体にとらわれるのではなく、その言葉に込められた意図を読み取らなければならない。従って、文脈の前後関係を抜きにして言葉尻だけをとらえて批判することは大きな間違いを犯すことになろう。

⑥一つの思想というものは、必ずその周囲の思想的情況を踏まえなければ、表面的かつ一面的な言葉にとらわれた判断に陥ることになる。言葉尻をとらえるだけでなく、「なぜそのような言い方をしなければならなかったのか」ということを問わなければ、本質を見誤ることになってしまうであろう。歴史的流れの文脈、社会との関係という文脈、そして文章の前後関係や、仏教を取り巻く周辺の思想情況との関係を無視して、部分的な一断面を全体として思い込み、決めつけることは、研究者として戒めなければならない。

こうしたことを念頭において、筆者はパーリ語、サンスクリット語のテキストと、漢訳仏典とを比較しながら、①仏教以前、②歴史上の人物としての釈尊の言葉に近いとされる原始仏典、③釈尊滅後、保守・権威主義化した小乗仏教、さらには④大乗仏教——と、仏教史をたどりながら、女性の差別と平等ということがどのような変遷を経たのか、またその原因・理由は何かを考察した。

仏教の女性観に関する最近の出版物を見ていると、仏教が女性差別の宗教であるとする論調が多いように見受けられる。本論は、それに対する上記の観点からの反論でもあり、仏教以前のインドの女性観をはじめ、バラモン教における典型的な女性差別に対して、歴史的人物としての釈尊が女性を全く差別していなかったこと、釈尊滅後になって仏教教団が小乗的（＝保守・権威主義的）になり、在家や女性を差別し始めたこと、そうした情況に対して大乗仏教があらゆる角度から女性の地位向上に向けて奮闘したこと――などについて、仏教を取り巻く歴史的・社会的な思想情況を踏まえて論じたものである。

第三節　仏教におけるジェンダー平等

このようなことをさらにジェンダーの視点からとらえると以下のようなことが言えよう。

近年、世界的に「ジェンダー」（gender）という視点から男女の平等ということが真剣に議論されている。ジェンダーという言葉自体は、男性名詞、女性名詞、中性名詞などの「性」を意味する文法用語にすぎなかった。

特にインド・ヨーロッパ語族において、名詞は男性・女性・中性のいずれかの文法的性（gender）に分けられる。その特徴は、次のようにまとめられる。

①文法的性は、実際の性別に従うのが普通だが、必ずしも一致しない。例えば、サンスクリット語で「神々」を意味する devatā という女性名詞は、女神だけでなく男神をも含んでいる。実際には女性である dāra（妻）と mātṛgrāma（婦人）という語は、いずれも男性名詞である。これは、ドイツ語で Frau（妻）が女性名詞で、Fräulein（令嬢）と Mädchen（少女）が中性名詞であるのに似ている。

②また、同じものを示す言葉の間でも文法的性が異なることがある。先の mātṛgrāma

（婦人）が男性名詞であるのに対して、strī（婦人）は女性名詞である。dāra（妻）が男性名詞なのに対して、bhāryā（妻）や patnī（妻）は女性名詞で、kalatra（妻）が中性名詞である。また「岩石」を意味する pāṣāṇa は男性名詞だが、śilā は女性名詞である。

③さらには、同一語が二つの性を持つものもある。例えば、bodhi（菩提）という語は、「菩提樹」を意味するときは男性名詞であり、「覚り」を意味するときは女性名詞である。

④言語が異なれば、同じものを意味する語の性が異なることもある。例えば、「誓願」を意味するサンスクリット語の praṇidhi は男性名詞だが、パーリ語の paṇidhi は女性名詞である。こうしたことは、「月」を意味するドイツ語の Mond が男性名詞で、英語の moon が女性名詞であることに似ている。

⑤時代の推移に伴って文法的性が変わったものもある。インド哲学で重要な意義を持つ artha（利）は、『リグ・ヴェーダ』の時代には中性名詞だったが、その後、男性名詞となった。

このように文法的性（gender）は、実際の生物学的性（sex）とは必ずしも一致しておらず、言語によっても異なっていて、文化的背景があって決められたものである。こうした特徴にちなんで、「歴史的・社会的・文化的に形成された性差」を表現するのにジェンダーという語が最適であったのであろう。

ジェンダーは、「種類」「人類」を意味するラテン語の genus、サンスクリット語の janus

に由来する。それぞれ、「生む」という意味の動詞の語根√「gen と√「jan から造られた中性名詞で、古い歴史を持つ。ところが、男女平等を論ずるに当たって、ジェンダーという語が用いられるようになったのはまだ新しく、一九七〇年代のことである。男女の性差を言うのに、「自然的・生物学的に規定された性差」（sex）という概念のみでは表現しきれないものが自覚されたからである。ジェンダーは、「歴史的・社会的・文化的に形成された性差」という意味で用いられている。

前者が先天的で変更し難いものであるのに比べ、後者は後天的で社会的に形成されたものだから、社会的に見直し、是正することも可能となる。こうして、生物学的差異という不可変のことと、社会的・文化的に形成された見直し可能なこととを明確にした。これによって、何を問題にし、何を改革すべきかを明確にする視点を提示したといえよう。それは、男女が共同参画するジェンダー平等の社会を模索する視点としても注目されている。

仏教において、「自然的・生物学的に規定された性差」と「歴史的・社会的・文化的に形成された性差」といった視点の使い分けがあったのかどうか原始仏典を調べてみると、驚くべきことに釈尊の言葉に類似の視点が見られるのである。それは、原始仏典の中でも最古の経典とされる『スッタニパータ』に記録された次の言葉である。

髪についても、頭、耳、眼、口、鼻、唇《くちびる》、眉、首、肩、腹、背、臀《しり》、胸、陰部、交会《こうえ》、手、足、指、爪、脛《すね》、腿《もも》、容貌、声についても、**他の生類《しょうるい》の間にあるような、生まれにもとづく特徴〔の区別〕**は〔人間同士においては〕決して存在しない。身体を有する〔異なる生き〕ものの間ではそれぞれ区別があるが、人間〔同士〕の間ではこれ〔区別〕は存在しない。**名称〔言葉〕によって、人間の間で差別が〔存在すると〕**説かれるのみである。

〔第六〇八〜六一一偈《げ》〕

ここには、「他の生類の間にあるような、生まれにもとづく特徴〔の区別〕」としての生物学的な種による差異と、「名称〔言葉〕によって存在する人間の間での差別」という二つの観点が提示されている。ここでは、生物学的な差異として男女の違いを挙げることなく、直ちに人間としての平等が論じられているという点がジェンダー論の場合とは異なっている。けれども、「名称、すなわち言葉によって存在する人間の間の差別」ということは、言葉によるのだから、これは歴史的・社会的・文化的に形成された差別といってもいいだろう。

ここで、釈尊は、生物の種・類による違いは認められても、人間同士には本来、差別はないと断言している。釈尊は、男女の性差を超えて、人間という視点を持っていたのである。

西洋の言葉で「人間」と言うときには、男性が意味されることが多いが、ここでいう人間（manussa）とは、男女を区別して論じられたものでない。manussaは、itthi〔婦人〕、あるいはpurisa〔男〕という語と複合語を作り、それぞれ「女の人」（manussa-itthi）、「男の人」（manussa-purisa）という意味となる。従って、manussaだけでは男女を区別しない「人間」を意味している。デンマークのインド学者、V・ファウスベルは、この箇所を英訳する際に、このmanussaをmenと訳しているが、これは女性（women）が排除されているかのごとき誤解を与えかねないので、人間（human beings）と訳したほうが無難であろう。

従って、釈尊は、生まれつきの生物学的な種の差異は認めても、人間の在り方として人間同士の差別は認めていなかった。こうした釈尊の平等観は、男女の性差を超えたものであり、今日言うところの「ジェンダー平等」の実例と見なせるであろう。

原始仏典には、語られた言葉にとらわれることなく、その言葉が表現しようとしたその本質に目を向けるように促した次の詩がある。

> 語られる言葉を〔真実なものと〕思っている人たちは、語られる言葉〔の範囲内〕に安住し〔執着し〕てしまっている。彼らは、語られる言葉〔によって表現しようとした本質〕をよく知らないので、死の束縛へと近づくのである。
>
> （『サンユッタ・ニカーヤ』第一巻、一一頁）

さらに釈尊は、「ありのままに見る」（yathābhūtaṃ hi passati、『スッタニパータ』三五頁）ことの大切さを説いている。釈尊は、歴史的・社会的・文化的に形成され、言語化されたことを鵜呑《うの》みにすることなく、先入観をもたず、「ありのままに見る」（如実知見《にょじっちけん》）ことを心がけていた。「八正道《はっしょうどう》」の「正しく見ること」（正見《しょうけん》）も同じ趣意であろう。釈尊のこのような考え方、思想的態度から、「歴史的・社会的・文化的に形成され、言語化されたジェンダーの偏見（バイアス）にとらわれることなく、女性を人間としてありのままに見る」という姿勢が、導き出されることは必然的なことであった。

インドはバラモン教（後のヒンドゥー教）の典型的な女性軽視の社会であり、紀元前二世紀に『マヌ法典』として成文化されるようなバラモン教的女性観は、まさに歴史的・社会的・文化的に形成されたものであった。釈尊は、そうしたジェンダーの偏見を是正すべく教えを説いている。例えば、妻は一方的に夫に奉仕する存在でしかなく、家事でさえも実権を与えられることがなかったヒンドゥー社会において、「夫は、妻を尊敬することや、妻に実権を与えることなど、五つのことで妻に奉仕すべきである」という画期的な教えを釈尊は説いていた（詳細は第五章第一節参照）。これは、ヒンドゥー社会で歴史的・文化的に形成されていたジェンダー・バイアスを改めるもので、ジェンダー平等に類する教示であるといえよう。

それも「慈悲」を重んじた仏教であれば当然のことであった。「慈」はサンスクリット語マイトリー（maitrī）の訳である。これは、「友」「親しい人」を意味するミトラ（mitra）の派生語で「真実の友情」「純粋な親愛の念」を意味する。「悲」はサンスクリット語カルナー（karuṇā）の訳で、他人の悲しみに同情することである。釈尊は、このような慈悲を一切の生きとし生けるものに及ぼすことを説いていた。そこにおいて、女性だけが例外扱いされる理由は何もない。夫と妻も、それぞれがこのような慈しみと同情の思いをもって接するべきだと説いていた。

歴史的人物としての釈尊の平等論は、権利の主張としてではなく、一人ひとりが「法」（真理）に基づいて「真の自己」に目覚め、智慧と人格の完成によって、自他ともに人間の尊厳に目覚めるという形で提唱された。それは「権利の平等」というよりも、「精神的・宗教的な意味での平等」であった。それは、本論の第一章と第二章において論じられる。

そのような釈尊の平等論も、釈尊の滅後、次第にヒンドゥー社会の女性観が再度浸透し始め、部派仏教の時代、特に小乗仏教と貶称《へんしょう》された時代になって女性は仏道修行において能力が劣ったものとされたり、成仏の可能性まで否定されたりするようになった。ここで再び、仏教教団内にジェンダーの偏見が持ち込まれたのである。その変遷の実態については、第三章と第四章で詳論する。

それに対して、異を唱えたのが大乗仏教であった。女性に対するそのようなジェンダーの偏見は本来、実体（根拠）がないもの（śūnya、空《くう》）であり、単なる言葉による妄想（prapañca、戯論《けろん》）・仮設《けせつ》にしかすぎないものだと批判した。ここで大いに力を発揮したのが「空」の思想であった。ここでいう戯論として仮設された女性軽視ということも、言葉によって規定されたものにすぎないのであり、社会的・文化的に形成されたジェンダーの偏見である。このように大乗仏教徒は、「空」の思想によって、小乗仏教徒のジェンダーの偏見を乗り越えようとした。さらには、こうした偏見と同じ土俵に立って、最終的にその偏見を否定するという方法も用いた。その代表的なものが「変成男子《へんじょうなんし》」である。このようにして、大乗仏教は仏道修行における能力や、成仏の可能性などにおいてもジェンダー平等を訴えた。それは、第五章から第九章までにわたって論ずることにしたい。

第一章　仏教の基本思想と女性の平等

第一節　釈尊の成道から教団形成まで

釈尊が成道《じょうどう》したのは、現在のビハール州ガヤー市の南約十キロメートルに位置するブッダ・ガヤー（仏陀伽耶《ぶっだがや》）というところであった。近くにネーランジャラー河（尼連禅河《にれんぜんが》）が流れ、釈尊の時代には「広い岸辺」を意味するウルヴェーラー（優楼頻螺《うるびんら》）という地名で呼ばれていた。後世になって、〈釈尊がブッダとなったガヤーの地〉というような意味で、ブッダ・ガヤーと呼ばれるようになった。それは、近くにあるヒンドゥー教の霊場、ガヤーに対して付けられた名前である。

釈尊は、ブッダ・ガヤーで覚りを得た後、一路、ヴァーラーナシー（波羅奈《はらな》、ベナレス）郊外の鹿野苑《ろくやおん》（鹿の園）へと趣き、かつて一緒に修行していた五人の比丘を相手に教えを説き始めた（初転法輪《しょてんぼうりん》）。五人が順次覚ると、釈尊は再びブッダ・ガヤーへと舞い戻り、バラモン教の火の行者として評判であったカッサパ（迦葉《かしょう》）三兄弟を教化した。それによって、順次ウルヴェーラ・カッサパ（優楼頻螺迦葉《うるびんらかしょう》）とその弟子五百人、ナディー・カッサパ（那《な》提迦葉《だいかしょう》）とその弟子三百人、ガヤー・カッサパ（伽耶迦葉《がやかしょう》）とその弟子二百人を弟子として受け入れている。

続いて、マガダ国を訪れた際には、サンジャヤ・ベーラッティプッタという懐疑論者（不決定論者）の弟子であった高名なサーリプッタ（舎利弗《しゃりほつ》）と、モッガッラーナ（目犍連《もっけんれん》）ら二百五十人が弟子となっている。

サンジャヤは、「あの世は存在するか？」といった形而上学的質問に対して、「私は、『そうだ』とは考えない。『そうらしい』とも考えない。『そうではない』とも考えない。『そうではないのでもない』とも考えない」といった調子で答えるのを常としていた。判断停止の立場を取って、確答を避けていたのである。彼らは、「鰻《うなぎ》のように捉えどころのない議論をなす人」とも呼ばれた。

釈尊にとって、懐疑論者サンジャヤの思想は、成道前の修行の段階で既に乗り越えたものであった。釈尊は、判断停止を乗り越えて、縁起の理法を積極的に打ち出し、法（真理）に則った自己実現、すなわち「真の自己」への目覚めを説いていた。

サンジャヤの弟子であるサーリプッタは、仏弟子となってまだ日が浅かったアッサジから、次のような釈尊の教えの一端を聞いた。

あらゆるものごとは、原因によって生じます。如来（真理の体現者）は、それらの〔あらゆるものごとの〕原因を説かれました。また、それらの〔あらゆるものごとの〕滅尽をも〔説かれます〕。偉大なる修行者は、このように説かれるかたであります。

（『ヴィナヤ』第一巻、四〇頁）

これを聞いてサーリプッタは、「およそ、因縁によって生じたものは、すべて消滅を免れることがない」という法眼《ほうげん》（真理を見る眼）を得た。それを友人のモッガッラーナに告げると、モッガッラーナも法眼を生じた。こうして二人は、サンジャヤの弟子二百五十人とともに釈尊の弟子となった。

この時点までに出家して弟子となった者たちの数を数えると、約千二百五十人となる。それは、みんな男性であった。これが、最初期の仏教教団の出家者の数である。以後、この数は次のように定型的に用いられるようになった。

是《か》くの如《ごと》く我れ聞けり。一時、仏、舎衛《しゃえ》国《こく》の祇《ぎ》樹給孤独園《じゅぎゅうこどくおん》に在《い》まして、大比《だいび》丘《く》衆《しゅ》千二百五十人と倶《とも》なりき。　（大正蔵、巻八、七四八頁下）

第二節　迷信・呪術・占いを否定

釈尊の教化を受けて弟子となったカッサパ三兄弟の末弟のガヤー・カッサパは、男性出家者たちの回想を詩でつづった『テーラ・ガーター』において、次のように述べている。

〔ブッダの〕よく説かれた言葉と、法と利を伴った語句を聞いて、私は、あるがままの真実に即した道理（tatham yathāvakam attham）を根源的に省察しました。（第三四七偈）

この言葉に仏教の基本思想の一端がうかがわれる。それは、「あるがままの真実に即した道理」を説くものであったということである。カッサパ三兄弟は、古くから行なわれてきた火の供犠に対して何らの疑問も差し挟むことなく、取り組んできたのであろう。釈尊は、それに対して道理に照らして、ありのままの真実に目を向けさせたのである。

この点を見ると、仏教が目指したこととしてまず一点目に、迷信・ドグマ等の否定を挙げることができよう。釈尊が、迷信やドグマ等を否定した背景には、当時の既成宗教、特にバラモン教が迷信によって人々の心を迷わせていたという事実があった。その代表的なものが、この火を用いた供犠という迷信である。

宗教的権威であるバラモン階層は、呪術的な祭儀を司っていた。その祭儀は、「ホーマ」と呼ばれる火祭りからなっていた。これは、「ヤジュニャ」と呼ばれる動物供犠、生けにえの儀式である。これには動物ばかりでなく、牛乳やバター、乳製品、穀物までも火の中に投じられた。動物の肉や脂肪や血であれ、穀物であれ、供物は火の中から煙に乗って天上の神のところに届くと語られていた。

これに対して、釈尊は「アヒンサー」(不殺生)を唱え、バラモン教のこうした祭儀を堕落した祭儀として否定した(中村元著『原始仏典を読む』一〇四頁)。「ホーマ」は、漢字で「護摩《ごま》」と書かれ、真言密教に取り入れられている。しかし、実は釈尊はこの「ホーマ」の儀式を否定していたということを忘れてはならない。

火の供犠は、火を燃やすことで過去世からの穢《けが》れをなくすことができると信じられて、行なわれていた。火を神聖なものと考え、火を崇拝することによって身が浄められ、苦から解脱することができるというわけだ。これに対して釈尊は、「火によって穢れがなくなるというのなら、朝から晩まで火を燃やして仕事をしている鍛冶屋《かじや》さんこそ一番穢れが少なくて、解脱しているはずである。それなのに、カースト制度では最下層に位置付けられているのはどうしたわけであるか」と批判している。大変に道理にかなった常識的な言葉だ。

さらに釈尊は、成立の古さにおいて『スッタニパータ』の若干部分と並ぶといわれる『サンユッタ・ニカーヤ』第一巻において次のように述べている。

バラモンよ、木片〔を燃やすこと〕が清らかさを定めると考えてはいけない。それは外側のことにすぎないのである。人が完全なる清らかさを外的なことによって求めるとするならば、その人は実に清らかさを〔得ることは〕ないと善き行ないの人たちは説くのだ。（二六九頁）

バラモンよ、私は木片を燃やすことを捨てて、まさに内面的に火を燃やすのだ。永遠の火を輝かせ、常に心を安らかに定めていて、尊敬されるべき人（阿羅漢《あらかん》）である私は、清らかな行ないを行ずるのだ。（同）

バラモン教は、人間の心の外側のことである火の儀式を重視して、形式的な儀式中心主義に陥っていたといえよう。釈尊は、それに対して心の内面を輝かせる「火」こそ重要なものであり、それを「永遠の火」（niccaggini）と言った。ところが、後に仏教がヒンドゥー教の影響で密教化するにつれて、このホーマの儀式が仏教の中心的なものであるかのようになってしまうのだ。

このほか釈尊は、沐浴《もくよく》についての迷信も否定している。それについては、第二章第六節でプンニカー尼について論ずる中で触れることにする。

迷信の中には、超能力、さらには通力も含まれていると考えてよいだろう。原始仏教においては、この超能力や、通力に頼ることも否定している。『テーリー・ガーター』を読むと、尼僧たちが次々にみんな解脱するけれども、解脱の直前に「三明六通《さんみょうろくつう》」といって三種、あるいは六種の通力、超能力みたいなものが現われてくる。『テーラ・ガーター』と比較してみると、このことは、女性出家者のほうに特に顕著である。これは、女性の特質を考える上で、面白い現象である。そして、『テーラ・ガーター』では、「智慧第一」とも「真理の将軍」（dhamma-senāpati）とも称されたサーリプッタ（舎利弗）が、通力の名前を一つひとつ挙げて次のように語っているのも大事なことだろう。

それは私にとって空しくない聴聞《ちょうもん》であり、私は解脱して、煩悩のない者となった。実に、過去世の生活〔を知る通力〕を得るために、ものごとを見透す天眼〔の通力〕を得るために、他人の心を読みとる〔通力〕を得るために、死と転生を知る〔通力〕を得るために、聴く働きを浄める〔通力〕を得るために私の誓願が存在するのではない。

（第九九六、九九七偈）

これは、サーリプッタが、「五つの神通力（五通《ごつう》）を得ることを目的として仏道を修行しているのではない」ということを自ら明言した言葉である。

釈尊は、最も古い経典とされる『スッタニパータ』において、バラモン階級をはじめとする人たちが行なっていた呪術などを用いることを次のように明確に否定している。

〔仏教徒は〕アタルヴァ・ヴェーダの呪法と夢占いと相の占いと星占いとを用いてはならない。鳥獣の声〔を占うこと〕、〔呪術的な〕懐妊術や医術を信奉して、従ったりしてはならない。（第九二七偈）

ここでいう医術とは、当時の迷信じみた呪術的な医術のことである。

釈尊の前世の因縁物語『ジャータカ』（本生譚《ほんじようたん》）の中には、「星の運がめでたくない」というアージーヴィカ教徒の言葉にとらわれて、せっかくのめでたい結婚を台無しにしてしまいそうになったカップルの話が描かれている。二人に対して、賢者（過去世におけるブッダ）は、次のように語って聞かせた。

星占いが何の役に立つのでしょうか。娘をめとることこそが実に〔めでたい〕星ではないのですか。（第一巻、二五八頁）

星占いによって人生を左右されることの愚かさを指摘し、それを否定しているのだ。

あるいは、「不吉」を意味するカーラカンニという名の友人に家を守らせた豪商・アナータピンディカが、その友人のおかげで財産を奪われずにすんだ話も出ている。アナータピンディカは、

〔人の〕名前は、単に言葉だけのことです。賢者たちは、それを〔判断の〕基準にすることはありません。〔名前を〕聞いて吉凶を判断することだけはあってはならないのです。私は、名前だけのために一緒に泥んこ遊びをした〔幼な〕友達を捨てることはできません。（同、三六四頁）

と語っている。つまり、姓名判断的な行為も否定していたのである。

こうした迷信やドグマを排してものごとを正しく見て、正しく考えて、正しく行動することを教えたのが、八正道《はっしょうどう》（八聖道）であった。『テーラ・ガーター』などの原始仏典には、しばしば、

〔ブッダは〕①苦しみと、②苦しみの生起と、③苦しみの超克と、④苦しみの止滅に趣く八つの支分からなる聖なる道（八正道）を〔示された〕。（第一二五九偈）

といった記述が見られる。誤った考え方は、苦を生み出す原因であり、その「苦しみの止滅に趣く」ために説かれたのが八正道であった。

それは、①正見《しょうけん》（正しく見ること）、②正思惟《しょうしゆい》（正しく考えること）、③正語《しょうご》（正しく言葉を用いること）、④正業《しょうごう》（正しく振る舞うこと）、⑤正命《しょうみょう》（正しく生活すること）、⑥正精《しょうしょう》進《じん》（正しく努力すること）、⑦正念《しょうねん》（正しく思念すること）、⑧正定《しょうじょう》（正しく精神統一すること）——の八項目からなる。

いずれも、「正しく」（samyak）という文字が付いている。筆者は初めこれらを見て、「正しく」という副詞をつけても、何をもって「正しい」とするのかを述べなければ、それは何も言っていないに等しいと思っていた。けれども、当時の思想情況を知って納得した。いずれの項目も、バラモン教や、六師《ろくし》外道《げどう》（仏教以外の六人の代表的な自由思想家）が活躍していた当時の思想情況、思考法、実践法を正しながら、正しい「法」に目覚めさせるものであったのだ。

当時は、生まれによって貴賤が決まるとされたり、その生まれも過去世の業《ごう》によって決定づけられているとしたり、浄・不浄という観念にとらわれて、沐浴によって穢れを浄めようとしたり、呪術に頼ったり、火を礼拝したり、極端な苦行に専念したりするなど不合理なことが横行していた。そうしたことに対する批判的な是正の意味も込めて「八正道」が説かれたのだ。このほか、「中道《ちゅうどう》」「四聖諦《ししょうたい》」が説かれたのも、通力や、おまじない、迷信、占い、呪術などの誤った考え、不合理な因果のとらえ方などを正すという意味合いがあった。

第三節 「真の自己」の覚知を強調

このように仏教は、通力や、おまじない、占い、超能力、呪術的な医療、呪術的祭式、儀式偏重などすべてを否定していたのだ。そのようなことよりも重視すべきことは、「あるがままの真実に即した道理」であり、普遍的な真理としての「法」であった。その「法」を自らに体現し、「真の自己」に目覚めることこそが仏教の目指したことであったのだ。本来の仏教は、理知的な教えであって、自覚を重視した宗教であると言っても過言ではない。理知的で自覚を重視するという特徴は、わが国では見失われがちであるようだ。中村元博士は、日本の仏教の受容の仕方について、所詮はシャーマニズムの域を出ることがなかったと指摘している（決定版『日本人の思惟方法』四五五〜四七〇頁）。

その意味では、仏教が目指したことの第二点目は、「真の自己」の覚知による一切の迷妄、苦からの解放であったといえよう。仏教はアナッタン（Pāl. anattan）、あるいはアナートマン（Skt. anātman）を説いたと言われる。これが「無我《むが》」、すなわち「我が無い」と訳されたために、仏教は自己を否定するものという誤解を生じた。ところが、原始仏典を読んでいると、「自己を愛せよ」「自己を調えよ」、さらには「自己に目覚めよ」という言葉が頻繁に出てくる。「我」も「自己」も、パーリ語でアッタン（attan）、サンスクリット語でアートマン（ātman）と言う。これに否定を意味する接頭辞 an を付けたのが、アナッタンとアナートマンである。これが「無我」と訳された。ところがこれは、むしろ「非我《ひが》」（何かが我なのではない）と訳されるべきものであり、何か実体的なものを自己として想定し、それに執着することを戒めたものである。

『テーリー・ガーター』には次の一節がある。

〔尼僧たちよ、〕心を調え、一点によく集中し、もろもろの形成されたものを〔自己とは異なる〕他のものであり、自己ではない（非我《ひが》）と観察しなさい。　（第一七七偈）

ここにも、最初期の非我説「何かが我なのではない」という意味が確認される。

何かに執着し、何かにとらわれた自己にではなく、〝法（真理）に則《のっと》って生きる自己〟に目覚めさせようとしたのが仏教であった。これは、仏教が「生まれによってではなく、行ないによって人は貴くも賤しくもなる」と、法に則った行ないの大切さを説いていたこととも共通する。

だから、原始仏典では「真の自己」と「法」を根本とする生き方が強調された。それは、『マハー・パリニッバーナ・スッタンタ』の次の一節の通りである。

それ故にアーナンダよ、この世において自己という島に住せよ。自己という帰依処は真の帰依処である。法という島に〔住せよ〕、法という帰依処は真の帰依処である。

（『ディーガ・ニカーヤ』第二巻、一〇〇頁）

これは、「自帰依」「法帰依」と言われるものである。[1] これは、釈尊の入滅を間近にして、釈尊亡き後に、だれ（何）を頼りにすればよいのかと不安をいだくアーナンダ（阿難[2]）に対して、遺言のごとく説かれたものであった。

これは、他者に依存しようとすることを戒めた言葉である。観点を変えれば、〝他者の視線〟を通して自らをとらえ、位置づける生き方を戒めたものともとらえることができる。一人の人間としての自立した生き方は、他者に迎合したり、隷属したり、依存したりするところからは生まれてこない。自らの法（ダルマ）に目覚め、それを依り所とするところに一個の人間としての自立と、尊厳が自覚される。それが仏法の目指したものであり、「ブッダ」(buddha) という言葉が「目覚めた（人）」という意味であるということも、そのことを示している。すなわち、「法（真理）に目覚めた人」であり、かつまた「真の自己に目覚めた人」のことである。

「ダルマ」(dharma、法) は、インド哲学の重要な概念であり、中村元博士の『佛教語大辞典』によると、①慣例、習慣、風習、行為の規範。②なすべきこと、つとめ、義務、ことわりのみち。③社会的秩序、社会制度。④善、善い行為、徳。⑤真理、真実、理法、普遍的意義のあることわり。⑥全世界の根底。⑦宗教的義務。⑧真理の認識の規範、法則。⑨教え、教説。⑩本質、本性――などの多くの意味を有している。

dharma は、語源的には「支える」という意味の動詞ドゥフリ（√dhṛ）の名詞形で、「支えるもの」という意味である。事物を事物たらしめ、人間を人間たらしめ、社会を社会たらしめるものという意味であり、「真理」「道徳」「規範」「法則」「義務」「宗教」などの意味を持つ。さらには、そうしたことについて説かれた「教え」という意味でも用いられる。また、その「法」によってそうあらしめられた「事物」という意味も持つ。従ってdharmaは「事物」という意味と、「事物を事物たらしめるもの」という両方の意味を併せ持っていて、話が混乱しやすい。それで、「法を法たらしめるもの」という意味のdharmatā（法の本性、法性《ほっしょう》）という語を使って両者を使い分けたように見受けられる。

中村元博士は、その著『自己の探求』において、この「自帰依」「法帰依」の一節について、

〈自己にたよる〉ことは、すなわち〈法にたよる〉ことである。（ここで『法』というのは、人間の理法、ダルマのことである。）また〈法〉は宙に浮いているものではなくて、必ず人間を通じて具現されるから、〈法にたよる〉ことは〈自己にたよる〉ことになる。

（九八頁）

と、「自帰依」と「法帰依」とは一体のものであると述べている。

ナーガールジュナ（龍樹《りゅうじゅ》）の『宝行王正論《ほうぎょうおうしょうろん》』（*Ratnāvalī*）にも、次の言葉がある。

若《も》し人此《こ》の法を愛せば、是《こ》れは実に自身を愛するなり。（大正蔵、巻三二、五〇五頁上）

これは、「法」と「自身」（自己）を関連付けてとらえたもので、中村博士の見解を裏付けて

いる。

この「自己」と「法」とは、仏教でよく言う「人《にん》」と「法《ほう》」ということに相当する。「人」は具体的な人格的側面、「法」は普遍的真理の側面をとらえたものである。このような「人」と「法」の関係を最もよく示した言葉が、『サンユッタ・ニカーヤ』第三巻の次の一節であろう。

ヴァッカリよ、実に法を見るものは私を見る。私を見るものは法を見る。ヴァッカリよ、実に法を見ながら私を見るのであって、私を見ながら法を見るのである。（一二〇頁）

ブッダという「人」を見るということは、特別な存在としてのブッダではなく、そのブッダをブッダたらしめている「法」を見ることであり、その「法」も観念的・抽象的なものとしてあるのではなく、ブッダの人格として歴史的事実として具体化されて存在しているというのである。

しかも、その「法」はブッダのみに開かれているのではなく、だれ人にも平等に開かれている。従って、その「法」に目覚め、その「法」を自らに体現すれば、だれでもブッダ、すなわち目覚めた人（覚者）であるということなのだ。ただ「人」と「法」では、具象的な「人」のほうに目が奪われやすい。具体的なだれかを特別視して、自らを卑下してしまい、自己に「法」を体現することを見失いがちである。その点に対して、『涅槃経《ねはんきよう》』『維摩経《ゆいまきよう》』などでは、「依《え》法《ほう》不《ふ》依《え》人《にん》」（法に依って人に依らざれ）と戒めていたのである。

中村博士が言われるように、〈自己にたよる〉ことと〈法にたよる〉こととは、普遍的な真理が人格化され、具体化されることによって、両者は一体となり、それぞれが不可欠の関係になってくるのである。従って、「自らの法に目覚める」ということは、「真の自己」に目覚めることだと言ってもかまわないであろう。これは、単なる「自己」ではなく、普遍的真理としての「法」が具現された「自己」ということで、「真の自己」なのである。

また、中村博士は「法」と「自己」の関係について、

原始仏教では……真の自己は法（ダルマ）にかなった行為的実践のうちにのみ実現されるものであるということを強調した。　（決定版『大乗仏教の思想』一三〇頁）

と述べている。大乗仏教においてもその基本的な考えは変わらず、ナーガールジュナは、その行為的実践の内容を『中論《ちゅうろん》』観業品《かんごうぼん》第十七において、

自己を制し、他人を利益し、慈しみに満ちていることが法である。それは、今世においても、後世においても、果報を生み出す種子である。

と述べている。これは、次のように漢訳された。

人能《よ》く心を降伏《ごうぶく》し　衆生を利益《りやく》すれば　是《こ》れを名づけて慈善と為す　二世《にせ》の果報の種な

り。（大正蔵、巻三〇、二一頁中）

漢訳には訳出されていないが、原文には「法」がいかなるものかが論じられている。

ここでは、自己と他者との両面にわたることとして「法」が論じられている。「真の自己」に目覚めることは、利己的になるということではない。「真の自己」に目覚めることは、他者の「真の自己」に目覚めることでもある。それは、あらゆるものとの関係性の中で存在しているという縁起《えんぎ》の関係としての自己に目覚めることでもあるのだ。ここに他者への慈しみという行為が成立するのである。

その慈しみを説いた経が、『スッタニパータ』に収められている次の「慈しみの経」である。

一切の生きとし生けるものは、幸福で〔あれ〕、安穏であれ、自ら幸せであれ。それらがいかなる生き物・生類《しょうるい》であっても、おびえているものでも、動揺することのない〔強い〕ものでも、すべての長いものでも、大きなものでも、中くらいのものでも、短いものでも、微小なものでも、粗大なものでも、〔目で〕見られるものでも、見られないものでも、遠くに住むものでも、近くに〔住む〕ものでも、既に生まれたものでも、これから生まれるものでも、すべての生きとし生けるものは自ら幸せであれ。

人は、他人をあざむいてはならない。どこにおいても、だれであっても〔他人を〕軽蔑してはならない。怒りと憎悪の思いから互いに他人の苦しみを望んではならない。あたかも母親が、一人っ子の自分の子どもを命をもって守るように、そのようにすべての生き物に対して無量の〔慈しみの〕心を生ずるべきである。
また、全世界において、上に、下に、そして横に、障害なく、怨みもなく、敵意もなく、無量の慈しみの心を生ずるべきである。立っていても、歩いていても、坐っていても、臥《ふ》していても、眠っていない限り、この〔慈しみの〕念をたもつべきである。この世では、これを崇高な境地と呼ぶのである。（第一四五～一五一偈）

ここには、純粋な愛としての慈しみ（mettā）の念が説かれている。愛は憎しみに転ずる可能性が否定できない。それに対して、慈しみは愛憎の対立を超えた絶対的な愛である（中村元著『原始仏教の思想Ⅰ』七六二頁）。人を憎むことを釈尊は、『ダンマ・パダ』において次のように戒めていた。

実に、この世において諸《もろもろ》の怨みは、怨みによって決して静まることはない。けれども、〔諸の怨みは〕怨みのないことによって静まるのである。これは永遠の真理である。（第五偈）

釈尊は、人を脅迫したり、呪詛《じゅそ》することにも批判的であった。『スッタニパータ』には、歯は汚れ、頭は塵だらけのバラモンが、バーヴァリという人のところへ来て、五百金を乞う場面がある。すべてを施した直後だったので、バーヴァリは施しができないことを詫《わ》びた。

するとバラモンは、

〔五百金を〕乞うている私に、もしもあなたが施与《せよ》しないのであれば、〔今日から〕七日目にあなたの頭は七つに裂けてしまえ！　（第九八三偈）

と、呪詛の作法を行なって、脅迫した。バーヴァリは、食べ物も喉を通らないほどに憂え、苦しんだ。そこへ女神（devatā）が現われて、言った。

彼は頭のことを知らないのです。彼は財産を欲しがっている詐欺師《さぎし》です。頭のことについても、頭の落ちることについても、彼の智慧は見いだされません。　（第九八七偈）

バーヴァリは、女神に勧められてブッダのもとへ弟子の学生たちを派遣し、頭が裂けることについて質問させた。

それに対してブッダは、

無明《むみょう》が、〔その裂けるべき〕頭であると知れ。明知が、信仰と念《おも》いと精神統一と意欲と努力とに結びついて、頭〔という言葉で象徴される無明〕を裂けさせるのである。　（第一〇二六偈）

と語り、釈尊は「頭が七つに裂ける」というバラモン教で用いられていた脅し文句の意味を塗り替えてしまった。そして、次のように励まして、安心させた。

バーヴァリ・バラモンは、諸々の弟子とともに楽しくあれ。また学生よ、あなたも楽しくあれ。末長く生きよ。（第一〇二九偈）

「無畏施《むいせ》」が説かれるように、人に不安感を与えるのではなく、安心感（畏れ無きこと）を与えるのが本来の仏教であった。人に恐怖心を与えて布施を強要することなど、あり得べからざることであった。

また、自己と他者との関係では、『サンユッタ・ニカーヤ』第一巻に次の一節もある。

あらゆる方向を心が探し求めてみたものの、どこにも自分よりももっと愛しいものを見出すことは決してなかった。このように、他の人にとっても、自己はそれぞれ愛しいものである。だから、自己を愛するものは、他の人を害してはならないのである。（七五頁）

これは、「真の自己」に目覚めるがゆえに、自己の存在の重さ、愛しさが自覚され、それはそのまま他者の存在の重さ、愛しさをも自覚することとなり、他人を手段化したり、危害を加えたりするようなことは、もっての外であるということを意味している。

仏教では、このように「真の自己」への目覚めを積極的に教えた。ところが、「非我」や

「無常」「寂滅《じゃくめつ》」などの否定的表現が多用されていることから、一見してニヒリズムであるかのように思われることもあった。西洋の多くの学者たちからもニヒリズムだと評されたりした。しかしそれは、自己以外の一切の価値を否定することを通して、自己を凝視して、「真の自己」の実現を目指したものであったのである。その「真の自己」の実現は、他者の「真の自己」の自覚へとつながり、社会性の獲得とともに、やがて慈悲の実践に向かうこととなるのである。世俗的なものをすべて払いのけて、「真の自己」を探求するということが、原始仏教修行者の目的であった。それはまた人間の理想としての「法」の実現であった（中村元著『原始仏教の成立』一四五頁）。

このように原始仏典では「真の自己」の探求を強調したが、『ダンマ・パダ』でも自己ということに関して、次のように論じている。

> 戦場において千の千倍（すなわち百万）の人に勝つ人と、唯《た》だ一つ〔の自己〕に克《か》つ人とでは、実にその〔後者の〕人が戦いの最上の勝利者である。実に自己に克つことは、他の人々に勝つことよりもすぐれている。自己を調えている人の中で常に自己を抑制している修行者――このような人の勝利したことを敗北したことになすようなことは、神も、ガンダルヴァ（天の伎楽神）も、悪魔も、梵天もなすことができない。（第一〇三～一〇五偈）

あるいは、『ウダーナ・ヴァルガ』にも、次のような一節がある。

賢明な人は、奮起と、不《ふ》放逸《ほういつ》、克己《こっき》、自制によって〔よりどころとしての〕島を作る。激流もそれを粉砕することはできない。（第四章第五偈）

これは、「己に克つ」（克己）ことが、激流にも押し流されることのない依《よ》り所《どころ》としての自己を確立するということを言ったところである。ここで言う「島」も、釈尊が入滅する直前にアーナンダ（阿難）に語っていた「自帰依」「法帰依」を示す「自己という島に住せよ……法という島に住せよ……」の「島」と同じ意味であろう。

原始仏典では、こうした「己に克つ」という意味で、「自己を調えよ」ということを頻繁に強調している。その代表的なものをいくつか挙げてみよう。まず、『ダンマ・パダ』から、

もしも自己を愛しいものと知るならば、自己をよく守れ……。先ず自己を正しく確立させ、次いで他人に教えるならば、賢明な人は、汚れに染まることがないであろう。もしも、他人に教えるとおりに自分にも行なうならば、〔自分を〕よく調えた人こそ、〔他人を〕調えるであろう。〔ところが、〕自己は実に調え難い。自己こそ自分の主《あるじ》である。他人がどうして〔自分の〕主であるはずがあろうか？　自己をよく調えることによって、人は得難き主を得るのだ。（第一五七～一六〇偈）

みずから自分を責めよ。みずから自己について熟慮せよ。修行僧よ、自己を護《まも》り、正しい念《おも》いをたもっていれば、あなたは安楽に住するであろう。（第三七九偈）

『ウダーナ・ヴァルガ』からは、

まさに自己を調えよ。御者《ぎょしゃ》が名馬を〔調教する〕ように。実によく調えられた自己によって、念いを正し、苦しみの向こう岸へと到るのである。実に自己こそ自己の主であり、自己が自己のよりどころである。それ故に、自己を調えよ。御者が名馬を〔調教する〕ように。

（第十九章第一三、一四偈）

いずれにしても、「真の自己」を覚知（確立）することの重要性を、仏教がいかに強調していたかということがよく分かる。『サンユッタ・ニカーヤ』（第一巻、一六九頁）には、「よく調えられた自己は人間の光明である」（attā sudanto purisassa joti）という言葉も見られる。

仏典では、「真の自己」について論ずる際に、このように馬と御者の関係の譬喩を用いることがしばしば見られる。感情や、煩悩は放っておくと暴走し始め、どこへ突っ走るのか分からない。それを制御するのが「真の自己」であるということであろう。感情や、煩悩も自己といえるが「真の自己」ではない。このような両者の関係を馬と御者でとらえているのである。初期大乗仏典の一つで、『大智度論《だいちどろん》』（大正蔵、巻二五、三〇八頁上、三九四頁中）にその名前が確認される『六波羅蜜経《ろくはらみつきょう》』には、

心の師とはなるとも、心を師とせざれ。

という一節があったという。ここで言う「心」が馬に当たり、「心の師」が御者に相当すると言えよう。「心を師」とすることは、御者不在の馬任せという状態を意味している。仏教は、このように自らを自制することを強調していたのである。

馬と御者の関係では、中国の天台大師智顗《ちぎ》（五三八〜五九七）も『摩訶止観《まかしかん》』において、

快馬《かいば》は鞭影《べんえい》を見て、即《すなわ》ち正路《しょうろ》に到《いた》る。（大正蔵、巻四六、一九頁上）

と言っている。快馬とは名馬の意でもある。ここには、名馬といえども正しいコース（正路）を踏み外すことがあるという前提に立っていることがうかがわれる。コースを外れるか否かが名馬の条件なのではない。馬がコースを外れた時に、騎手が鞭《むち》を振り上げる。地面に映ったその鞭の影を見ただけで、鞭打たれる前にハッと気付く。それが名馬だというのだ。

仏教は潔癖主義ではないのだ。

原始仏典の『ダンマ・パダ』には、

慚《は》じらいをもって慎んでいて、賢い馬が鞭を気にかけなくていいように、世の非難を気にかけなくていい人が、この世に誰が居るだろうか？　（第一四三偈）

ともある。仏教では、「真の自己」への覚醒を通した自主性、自律性の確立こそが問われる

のだ。鞭で打たれても、打たれても、気付けない駄馬であってはならないと自戒することが強調されている。

『テーリー・ガーター』には、釈尊から「汝《なんじ》自身を知りなさい」と声をかけられ「真の自己」に目覚めたウッビリー尼の話が残っている（第二章第九節参照）。

『サンユッタ・ニカーヤ』第一巻には、釈尊の教えを聞いて、弟子たちが目覚めたという場面に必ず出てくる次のような定型句がある。

> 素晴らしい。君、ゴータマさんよ。素晴らしい。君、ゴータマさんよ。あたかも、君、ゴータマさんよ、倒れたものを起こすように、あるいは覆われたものを開いてやるように、あるいは〔道に〕迷ったものに道を示すように、あるいは暗闇に油の燈《とも》し火を掲げて眼ある人が色やかたちを見るように、そのように君、ゴータマさんはいろいろな手立てによって法（真理）を明らかにされました。　（一六一頁）

目覚めた弟子たちの発したこの言葉から読み取れることは、仏教は「道に迷ったもの」に正しい方角を指し示すものであって、道を歩くのは本人の問題であるという前提があるということだ。また、仏教は暗闇の中で燈し火を掲げるようなものだとも言っている。その明かりによって「色やかたち」あるものをありのままに見、自己をも如実に見ることができるのである。今まで見えなかった「眼」を見えるようにしてやるのが仏教だと言ってもよいであろう。それは、「法」と「真の自己」に目覚めさせることである。この場合も、「法」と「真の自己」を見るのは本人である。

こうしたことから、「仏教」という言い方は、正確な表現ではない。仏教徒は、「仏が説いた教え」を意味する「仏教」という言い方ではなく、「仏法」(buddha-dharma) という言葉を用いた。これはbuddha (ブッダ) とdharma (法、真理) の複合語である。それは、「仏が覚った真理」「仏によって説かれた真理」「仏になるための真理」「人を仏たらしめる法」という意味をすべて含んでいる。ブッダが覚って、ブッダによって説かれた真理としてのその「法」は、男女を問わず、だれ人にも開かれたもので、それを覚ればだれでもブッダ (buddha)、すなわち「目覚めた人」(覚者) となることができるものであったのだ。

第四節　「生まれ」による差別を否定

仏教が目指したことの第三点目は、徹底した平等主義にあった。一貫して「生まれ」や、「皮膚の色」などによって人が差別されるべきではないと主張した。それは、男女の平等ということも含んでいるのはもちろんのことで、「生まれによって人の貴賤が決まる」という迷信を否定したという意味では、基本思想として仏教の目指したことの第一点目とも関連している。仏教は、むしろ、行為 (karman) によって人の貴さが決まると説いた。

インドにおける階層秩序は、皮膚の色によって、大きくバラモン (婆羅門＝司祭者)、クシャトリヤ (刹帝利＝王族)、ヴァイシャ (吠舎＝庶民)、シュードラ (首陀羅＝隷民) という四つの階層秩序に分けられた。『リグ・ヴェーダ』の中の、巨大な原人《げんにん》 (puruṣa) から宇宙が展開した経路を説明する「プルシャ（原人）の歌」に、これらの四つのカーストの名前が初めて列挙されている。

〔神々が、原人（puruṣa）を切り刻んだときに、〕彼の口はバラモン（brāhmaṇa）であった。〔彼の〕両腕は王族（rājanya）となされた。彼の太腿は庶民（vaiśya）となされた。彼の両足からは隷民（sūdra）が生みだされた。（X・九〇・一二）

この四つの階層秩序を基にして、地域ごとに分業体制が進んで、職業が世襲化されるようになり、同業者同士が「生まれ」を同じくする集団として結束するようになって、カーストという社会集団が成立していった。インドの身分制度には、「皮膚の色」すなわちヴァルナ（varṇa）と、「生まれ」すなわちジャーティ（jāti）の二つの要素が複雑に絡んでいる。だから、外国人の名付けた「カースト制度」という言い方よりも、「ヴァルナ・ジャーティ制度」と言ったほうが正確である。

釈尊は、こうしたヒンドゥー教（バラモン教）的人間観の社会にあって、「皮膚の色」や、「生まれ」によって身分を分かつカースト制度を批判した。『スッタニパータ』には、次のような言葉がある。

生まれによって賤しくなるのではなく、生まれによってバラモンとなるのではない。行ないによって賤しくなるのであり、行ないによってバラモンとなるのである。（第一三六偈）

バラモン教の社会にあって、バラモンは尊敬されるべき人と言われていた。その理由は、バラモンの家系の生まれであるという一点にあった。このように、生まれが何であるかということによって、人の貴賤が分類されていたわけである。

そういう思想情況にあって釈尊は、「バラモンだから尊敬されるべき人である」という迷信的通念、あるいは権威主義的発想を否定した。そして、「尊敬されるべき人」をもし「バラモン」という名で呼ぶとしたら、それは生まれのいかんによるのではなく、その人の振舞い、行為、生き方のいかんによってバラモンとなるのであると主張したわけである。発想を逆転させてしまったのだ。これは、何もバラモン教の言うバラモンを肯定したものではない。「バラモン」という既成の言葉だけ借りて、その意味内容を塗り替え、それによって実質を伴わせようとしたと言えよう。

また、『サンユッタ・ニカーヤ』第一巻でも、次のように述べている。

多くの呪文《じゅもん》をつぶやいても、生まれによってバラモンとなるのではない。〔バラモンといわれる人であっても、心の〕中は、汚物で汚染され欺瞞《ぎまん》にとらわれている。クシャトリヤ（王族）であれ、バラモンであれ、ヴァイシャであれ、シュードラであれ、チャンダーラ（旃陀羅《せんだら》）や汚物処理人であれ、精進に励み、自ら努力し、常に確固として行動する人は、最高の清らかさを得る。このような人たちがバラモンであると知りなさい。

（一六六頁）

呪文を唱えて宗教的祭儀を司っていたバラモン階級について、その生まれだけで清らかだとは言えない、その内心は、汚物で汚れているとまで言い切っている。その一方で、不可触民とされたチャンダーラも、その行ないによって「最高の清らかさ」を得ることができると断言している。

釈尊は、出家して袈裟《けさ》を着ていたが、それはチャンダーラたちが身に着けていたものである。袈裟は、「黄赤色」を意味するサンスクリット語のカシャーヤ（kaṣāya）を音写したものである。その衣は、墓地に捨てられた死体をくるんでいたものである。死体が猛獣に食べられてしまい、布の破片が散らばっているのを拾い集めてつなぎ合わせたものを衣にしていたのだ。死体の体液の染みで汚れ、黄赤色になっていることから、その衣はカシャーヤと呼ばれた。あるいは、パーンスクーラ（pāṃsu-kūla、拾い集めたぼろ布で作った衣）と言われることもあり、それは「糞掃衣《ふんぞうえ》」と音写された。

中村元博士は、『原始仏教の社会思想』において次のように論じている。

仏教では意識的に最下の階級であるチャンダーラと同じ境地に身を置いたらしい。仏教の修行僧は袈裟をまとっていたが、袈裟をまとうことは、古代インドではチャンダーラの習俗であったからである。（七七頁）

出家することは、本来、世俗の名誉、名声、利得など一切をかなぐり捨てて、社会の最低辺に置かれた人たちと同じ立場に立つことであった。外見や生まれによってではなく、行ないによって、最高の清らかさを得る在り方を求めたのである。

このように、釈尊は人を賤しくするのも、貴くするのも、その人の行為いかんによるとして、「生まれ」による差別を否定したのであった。

第五節　仏教の画期的な平等思想

こうした言葉が、インドにおいていかに画期的なことであったかということは、カースト制度の実態を知ればよく分かるであろう。

『サンユッタ・ニカーヤ』第一巻に、スンダリカ・バーラドヴァージャというバラモンが、「あなたの生まれは何ですか？」と、釈尊のカーストを尋ねたことが記されている。それに対して釈尊は、次のように答えている。

生まれを尋ねてはいけない。行ないを尋ねよ。火は実に木片から生じる。賤しい家柄（の出）であっても、堅固《けんご》で、慚愧《ざんき》の念で自らを戒めている賢者は、よき生まれ（すなわち高貴）の人となるのである。（一一六八頁）

「慚愧の念」、すなわち自らを恥じ入る反省の心をもって自らを戒める。それによって高貴の人となるというのである。

釈尊の時代になると、バラモン階級の権威は弱まっていた。釈尊をはじめとする自由思想家の出現が許されたのは、そうした社会的背景があってのことだった（水野弘元著『釈尊の生涯』一六～二一頁）。従って釈尊は、体制に対して積極的にカースト制度の否定をなすことはなかった。けれども、カースト制度の矛盾を示し、人は皆平等であると、このように機会あるごとに仏教外の人々にも、対話を通して訴えかけていた。ただし、西インドのバラモンの家に生まれ、釈尊の十大弟子の一人で、論議第一と言われたカッチャーヤナ（迦旃延《かせんねん》）は、マドゥラ国の王たちに対して、バラモン、クシャトリヤ、ヴァイシャ、シュードラの四姓が平等であるべきことを説いて回ったと言われる（三枝充悳編『インド仏教人名辞典』二四五頁）。

仏教は徹底した平等思想に立っていたので、バラモン教の立てた四姓の階級的区別を全面的に否認していた。ジャイナ教も初めは同じ立場を取っていたが、後世になってカースト制度を承認し、妥協してしまった。それに対して、仏教徒は最後までカースト制度を承認することはなかった。中村元博士は、カースト制度の支配的なインド社会において仏教が永続的に根を下ろすことができなかった理由の一つとしてこの点を挙げている（『大乗仏教の思想』五四五～五四六頁）。

このように、釈尊の平等観は「人の生まれによって差別が生じるのではない」、その人の振る舞い、行為、生き方によるという点にあった。それなのに、人に差別があるかのように世間で言われているのは、人間が勝手に言葉で規定しただけであると、『スッタニパータ』で次のように言っている。

髪についても、頭、耳、眼、口、鼻、唇、眉、首、肩、腹、背、臀、胸、陰部、交会、手、足、指、爪、脛、腿、容貌、声についても、他の生類の間にあるような、生まれにもとづく特徴〔の区別〕は〔人間同士においては〕決して存在しない。身体を有する〔異なる生き〕ものの間ではそれぞれ区別があるが、人間〔同士〕の間ではこれ（区別）は存在しない。名称（言葉）によって、人間の間で差別が〔存在すると〕説かれるのみである。

（第六〇八～六一一偈）

私たちは、言葉によって概念規定されて、存在しないものも存在するかのように思い込みがちであるが、釈尊も人間における差別が言葉による概念規定によるものであって、人間には本来、差別はないと断言している。

仏教では、「有《う》」（bhāva、存在）を種々に分析しているが、その中に「名有《みょうう》」を挙げている。「名有」とは、「兎《うさぎ》の角」や「亀の毛」のように言葉（名）のみが存在していて、現実には存在しないもののことである。ところが、われわれは言葉によって、いかにもそれが存在するかのように錯覚《さっかく》してしまう。それを身近な例で教えたのが「兎角亀毛《とかくきもう》」であった。

ここで言う、「人間の間の差別」というものも、「兎角亀毛」と同様に言葉によって存在するかのように思い込まされているのであり、そんなものは本来、存在しないと述べている。

これまで論じてきたように、釈尊は「生まれ」による差別をきっぱりと否定していた。このような人間観は、単なる言葉にとどまるものではなく、釈尊の次のような振る舞いや、行ないとしても具体化されていた。

それは、釈尊が生まれ故郷に帰った時のことだ。クシャトリヤに属する釈迦一族の者たちをはじめ、故郷の各階層の人々が出家を申し出た。その時、釈尊はあえてカースト制度では最も身分が低いほうに位置づけられていた理髪師のウパーリ（優波離）[3]を最初に出家させた。ウパーリを先に出家させることによって、ウパーリが先輩として教団における優位な立場を得られるように配慮したわけである。ここにも身分差別を否定する思想が読み取れる。

初転法輪の時の釈尊と五人の比丘たちとの生活からも平等思想が読み取れる。釈尊も含めた計六人が二組に分かれ、三人ずつが交代で托鉢《たくはつ》して回り、それで得た食べ物で生活していたが、釈尊自身も、交代で托鉢の当番を受けもっていた（『ヴィナヤ』第一巻、一三頁）。この点においても、釈尊と五比丘との間には何ら区別も差別もなかったということができる。それは、釈尊自身が他の修行僧と同じ資格における修行僧の一人であったことを示すものであり、中村元博士は、それを「平等の精神の具現とも解し得るであろう」（『ゴータマ・ブッダI』四八五頁）と述べている。

ブッダの別称である阿羅漢（arhat、尊敬されるべき人）ということも、釈尊一人に限られたことではなかった。大衆部《だいしゅぶ》系（宇井伯寿《ういはくじゅ》博士の説）とも迦葉惟部《かしょういぶ》系（友松圓諦《ともまつえんたい》博士の説）とも言われる『増壹阿含経《ぞういつあごんきょう》』巻一四には、五人の比丘たちが釈尊の初転法輪によって覚りを得たときのこととして、

この時、三千大千刹土《せつど》[4]に五の阿羅漢あり。仏を第六と為《な》す。（大正蔵、巻二、六一九頁中）

と、描写されている。釈尊と五人の比丘たちとが、全く平等に見なされているのである。

以上のことから言えることは、「法」の下には釈尊も弟子も平等であったということである。釈尊は、世界で最初に法を覚った人である。だから、それを他者に説いている。けれどもその法は万人に開かれたものであり、その法を覚ればだれでもブッダとなれる。釈尊もその法を覚ったからブッダとなれたにすぎない。という意味では、法の下では釈尊も弟子たちも平等であり、既に覚った者と、いまだ覚っていない者という違いがあるだけである。現に『スッタニパータ』を見ても、ブッダ（buddha）という言葉が複数形（buddhā）で用いられている（一四頁一六行、一七頁四行、一二行、六八頁六行、九六頁二二行）。ブッダとは、釈尊を示す固有名詞ではなかったのだ。普通名詞であり、もとはと言えば、「目覚める」という意味の動詞ブドゥ（√budh）の過去受動分詞で「目覚めた〔人〕」という意味にすぎない。「法」に目覚めればだれでもブッダであったのである。

そのブッダには、十種の特徴が数えられた。それは、「仏十号」、あるいは「如来《にょらい》十号」とも言われ、①如来（修行を完成した人）、②阿羅漢（尊敬や施しを受けるに値する人）、③正《しょう》遍知《へんち》（正しく完全に覚った人）、④明行足《みょうぎょうそく》（知と行が完全である人）、⑤善逝《ぜんぜい》（よく覚りに到達した人、人格を完成した人）、⑥世《せ》間解《けんげ》（世間のことをよく知る人）、⑦無《む》上士《じょうし》（最上の人）、⑧調御丈夫《じょうごじょうぶ》（人々を調える御者）、⑨天人師《てんにんし》（神々と人間の教師）、⑩仏世《ぶっせ》尊《そん》（尊い目覚めた人）――からなる仏の十種の呼び名のことである。いずれの名前からも「人格の完成」という意味を読み取ることができる。「如来」あるいは「如去《にょこ》」と漢訳された「ターターガタ」(tathāgata) は、tathā (このように) とgata (行った) との複合語と見れば「このように行《い》った」となり、tathā とāgata (来た) の複合語と見れば、「このように来た」ということになる。「善逝《ぜんぜい》」と漢訳されたsugataにしても、su (よく、正しく) とgataの複合語であり、「よく行《い》った」ということで、英語の「well done」(うまくいった) というような意味である。いずれにしても、これらは「修行を完成した人」、あるいは「人格を完成した人」「人格をよく完成した人」という意味を含んでいる。

このように見てきただけでも、いずれも人間離れしたものではなく、人格の完成ということが大きな内容を占めていることが分かる。以上のことを踏まえて「成仏《じょうぶつ》」を現代的に言い直せば、「人格の完成」と言えるのではないかと思う。

このように仏教は、権威主義的な発想、迷信じみたこと、古い因習によることを一切排して、一人の人間として、いかにあるべきかを問うた。それは、ガヤー・カッサパが「あるがままの真実に即した道理」という言い方をしていた通りである。こうした考えにおいて、男女の違いということは何ら問題となることはなかったのである。

釈尊の目指したことを、原始仏典に描かれた女性たちは、そのままに実践し、自らに具現し、生き生きとした姿を示していた。それは、『テーリー・ガーター』において女性たちが口々に「〔私は〕ブッダの教えをなし遂げました」と述べている通りである。歴史上の人物としての釈尊は、文字通り「法の下の平等」を説いていたのである。

第六節　尼僧教団の成立と女性哲学者たち

これまで仏教が、迷信や、ドグマを排し、「法」に基づいた「真の自己」への目覚めを強調していたことを確認してきたが、女性に対する差別という迷信・ドグマも当然、否定されるべきものであった。普遍的真理に基づき、「真の自己」に目覚めることに、男女間の格差は存在しないからである。仏教の目指したことからは、女性の平等が論じられるのは必然的なことであった。そのような平等観に立った釈尊の下において、尼僧教団がどのように位置づけられていたのかを見ておこう。

仏教が出現した当初には、尼僧の教団は存在していなかったようである。それは、原始仏典の中でも最古とみなされている『スッタニパータ』から推測することができる。そこには、男性修行者のことは出てくるが、女性修行者のことには全く言及されていないからである。また律蔵は、尼僧の教団が遅れて成立したということを伝えている。

当初、尼僧教団が存在していなかったということは、釈尊が女性を全く相手にしていなかったということを意味するのではない。釈尊は、在家の女性たちに対しても等しく教えを説いていたのである。『テーリー・ガーター』には、在家のアノーパマーという女性が釈尊の教えを聞いて第三の位、すなわち阿羅漢の一つ手前の不還果《ふげんか》に到ったということが記されている（第二章第三節参照）。このことからすれば、女性については在家のままで救済することにしていたのであろう。こうした事情があったため、女性の出家者の登場は、釈尊の意図としてではなく、女性の自発的な意志によってもたらされることになった。

釈尊の育ての親（義母）でもあり、また叔母《おば》（姨母《いも》）でもあったマハー・パジャーパティー・ゴータミー（摩《ま》訶《か》波《は》闍《じゃ》波《は》提《だい》瞿《く》曇《どん》弥《み》）が二十数人の女性とともに出家を申し出たのは、既に仏教が隆盛を極めているころのことであった。それをとりなしたのが、アーナンダである。アーナンダが出家したのは釈尊の成道から十五年後のことで、釈尊の侍者となったのは成道後二十年後と見られる(5)。従って、少なくともマハー・パジャーパティーの出家が許されたのは、釈尊成道後十五年以上たってからのことであったと推測される。

さらに、以下に示す『パーリ律』(vinaya-pitaka)の犍度部（*khandhaka*）小品(*cullavagga*)の中のマハー・パジャーパティーの出家要請の場面におけるアーナンダについての記述を見ると、その時点ではまだ釈尊の侍者とはなっていないように見受けられる。従って、尼僧教団の出現は、釈尊の成道（三十五歳）から十五年目以後、二十年目以前の五年間の出来事であったと推測される。それは、釈尊の生存年代として中村元博士の説（紀元前四六三〜同三八三）を採用すると、紀元前四一三〜同四〇八年に相当している。

マハー・パジャーパティー・ゴータミーが出家を申し出たのは、釈尊が生まれ故郷のカピラヴァットゥ（迦《か》毘《び》羅《ら》衛《え》）に滞在している時のことであったという。その際、釈尊は躊躇《ちゅうちょ》してそれを許すことはなかった。それから釈尊はヴェーサーリー（毘《び》舎《しゃ》離《り》）へと移られた。

マハー・パジャーパティーは、自ら髪を切り、黄赤色の衣を着て、釈迦族の女性たちを伴ってヴェーサーリーの釈尊のもとへと趣いた。長旅のために足は腫《は》れ、ほこりにまみれたままで、マハー・パジャーパティーは入口にたたずんでいた。涙を浮かべて悲しんでいるところへ、アーナンダが通りかかり、マハー・パジャーパティーに声をかけた。

この表現から見ると、マハー・パジャーパティーがカピラヴァットゥで出家を申し出た時も、ヴェーサーリーにおいても、アーナンダは釈尊のそばに付きっきりになっていなかったようである。従って、この時点で、アーナンダはまだ釈尊の侍者とはなっていなかった。このことから筆者は、マハー・パジャーパティーの出家は、アーナンダが侍者となる以前、すなわち釈尊の成道後二十年より以前と推測した。

事情を聞いて、アーナンダは釈尊に話を取り持った。アーナンダは二度、三度とお願いしたが、それでも釈尊は許可しなかった。そこでアーナンダは、観点を変えて尋ねた。


尊師よ、女人は、如来によって説かれた法（真理の教え）と律とにおいて、出家して、家のない状態に至って、聖者としての流れに入った位（預流果《よるか》）、あるいは、もう一度人間界に生まれてきて覚りを得る位（一来果《いちらいか》）、あるいはもはや二度と迷いの世界に戻ることのない位（不還果《ふげんか》）、あるいは一切の煩悩を断じ尽くした位（阿羅漢果《あらかんか》）を証得することは、果たして可能なのでしょうか？

（『ヴィナヤ』第二巻、二五四頁）

それに対して、釈尊は、

アーナンダよ、女人は、如来によって説かれた法（真理の教え）と律とにおいて、出家して、家のない状態に至って、聖者としての流れに入った位（預流果）も、もう一度人間界に生まれてきて覚りを得る位（一来果）も、もはや二度と迷いの世界に戻ることのない位（不還果）も、一切の煩悩を断じ尽くした位（阿羅漢果）も証得することが可能なのです。（同）

と答えている。この言葉をとらえて、アーナンダはマハー・パジャーパティーの出家の許可を釈尊から取りつけた。ただし、その際、釈尊は「受戒して百年の比丘尼であっても、受戒したばかりの比丘を恭敬すべきである」「比丘尼は、比丘に対して公に訓戒してはならない」といった八つの条件（八重法《はちじゅうほう》、八敬法《はっきょうほう》）を提示して出家を許可したことになっている。

その八つの条件は、女性が教団に加わることで、将来的にトラブルの起こることを心配して付けたものであると善意で解釈することも可能であるが、むしろ筆者は、釈尊滅後、尼僧教団の存在を疎《うと》ましく思っていた男性修行者たちによって創作・付加された可能性が高いと考えている（それについては、第四章第五節で論ずることにする）。

マハー・パジャーパティーの出家を釈尊にとりなしたアーナンダが、「女性は、阿羅漢の覚りを得ることはできないのでしょうか？」と尋ねたことに対して、釈尊が、「そんなことは、ありません。女性も阿羅漢に達することができます」と答えたということは、歴史的事実と見て差し支えないであろう。釈尊滅後、尼僧教団の存在を疎ましく思っていた男性出家者たちによって編纂された仏典にこのようなことが、わざわざ創作・付加されることは考えられないからだ。

「阿羅漢」は、サンスクリット語の「アルハット」(arhat) の主格形「アルハン」

（arhan）を音写したものである。これは、「〜に値する」「〜にふさわしくある」を意味する動詞の語根アルフ（√arh）からできた名詞で、「尊敬されるべき人」「供養を受けるにふさわしい人」という意味であり、ブッダの別称であった。

女性の出家を釈尊が許したということは、女性が男性より一段低く見られていて、女性の出家、ましてや覚りを得ることなど全く考えられてもいなかったインドにおいては、まさに驚くべきことであった。それだけでなく、ブッダの別称である阿羅漢に女性もなることができることを釈尊が公言していたことも注目すべきである。

それはまた、世界的に見ても画期的なことであった。仏教が出現して約百年ぐらいたったころ、シリア王の大使としてインドのチャンドラグプタ王の宮殿を訪れていたギリシア人のメガステネース（紀元前三〇〇年ごろ）がギリシア語で書いた旅行記『インド誌』（*Ta Indika*）を残しているが、そこには、次のような文章がある。

> インドには、驚くべきことがある。そこには女性の哲学者たち（philosophoi）がいて、男性の哲学者たちに伍して、難解なことを堂々と論議している！　（中村元訳）

「女性の哲学者たち」とは、尼僧のことである。中村元博士は、尼僧の存在は、ジャイナ教にも認められた。けれども、それは相当後のことであり、この時点では仏教の女性修行者のことだとしておられる。というのは、当時のジャイナ教徒は極端な不殺生主義を貫き、口から虫を吸い込んで殺してはいけないと常にマスクをしていただけでなく、「裸形《らぎょう》派」（虚空《こくう》を衣とする人）といって、常に衣服を身に着けない一糸《いっし》まとわぬ姿であった[6]。裸形でいる理由は、既に肉体そのものが霊魂にまとわりつく覆いであり、束縛になっているのに、その上、衣服まで身に着けたらなおさら清浄な霊魂の本性をくらますことになるという（中村元著『思想の自由とジャイナ教』二九六～二九七頁）。このため女性の出家は困難であり、ジャイナ教に女性の出家が見られるのは、後に着衣を許す「白衣《びゃくえ》派」が登場してからのことだとして、メガステネースが伝える「女性の哲学者たち」とは、仏教の女性修行者たちのことであると、主張されていた。

ところが、『テーリー・ガーター』の第一〇七偈に、ブッダと出会って弟子になったジャイナ教徒の女性が、「私はかつて、髪を剃《そ》っていて、泥を身に塗り、衣を一枚だけ身に着けて放浪していました」とつづった詩がある。これからすると、メガステネースが伝える「女性の哲学者たち」から、ジャイナ教の女性修行者を排除することはできないことになる。ただ、中村元博士の言われる事情から、仏教の女性修行者に比べるとその数は極めて少なかったことだけは指摘できよう。

「男性の哲学者たちに伍して、難解なことを堂々と論議している」ということが誇張ではなく、事実を伝えたものであることは、女性出家者（therī、長老比丘尼）たちの体験を詩として集大成した『テーリー・ガーター』を読めば明らかである。それは、次章で詳しく見ることにしよう。

第七節　女性を蔑視しなかった釈尊

ところが、経典を読んでいると、男性出家者（比丘）の修行における戒めとして、女性のことに触れた箇所もあり、この点で女性を差別していたと見る向きもあるようである。しかし、それは釈尊の真意をくんだものではない。

例えば、『スッタニパータ』には、次のような表現が見られる。

女に溺《おぼ》れ、酒にひたり、賭博《とばく》に耽《ふけ》って、得たものを得るたびに亡ぼす人がいる。これは破滅への門である。（第一〇六偈）

また、『サンユッタ・ニカーヤ』第一巻には、次のような表現が見られる。

愛欲《あ》が悪しき道と言われる。青春は昼夜に尽きるものである。女人は清らかな行ないの汚れである。人々はこれに執着する。（三八頁）

愛欲が悪しき道と言われる。貪欲が法（真理の教え）の障害である。青春は昼夜に尽きるものである。女人は清らかな行ないの汚れである。人々はこれに執着する。（同、四三頁）

この部分だけを見ると、仏教では「女性は汚れている」という考えに立っているかのように思えるが、そうではない。引用文を厳密に見てみると、「女人は清らかな行ないの汚れ」とあり、女性そのものが汚れたものとは言っていないことが分かる。「女性」と「汚れ」という言葉の間に「清らかな行ないの」という条件が付けられている。すなわち、男性の修行者にとって女性は修行の妨げになると言っているにすぎないのだ。

このように、男性修行者にとって、女性が修行の妨げになるという考えはあったけれども、「女性は汚れたものである」とか、「劣ったものである」とかいうような女性蔑視の考えを釈尊は持ち合わせていなかった。

その事実もまた『サンユッタ・ニカーヤ』第一巻に見ることができる。そこに仏の教えを車（ratha）や乗り物（yāna）に例えて説いた箇所がある。その車は、真理という車輪（法輪）をはじめ、慚《は》じること（＝制御装置）や、念《おも》いを正していること（＝囲幕）などを車の部品として備えており、法と、正しい見解をそれぞれ御者と先導者としてニルヴァーナへと向かうものである。そこでは、

その道は「真っ直ぐ」という名前で、その方角は「恐れがない」という名前で、車は「ガタガタ音を立てない」という名前で、真理の車輪（法輪）を備えている。(7)
慚《は》じることは、その車の制御装置であり、念《おも》いを正していること（正念《しようねん》）はその囲幕である。私は法（真理の教え）を御者と〔呼び〕、正しく見ること（正見《しようけん》）を先導者と呼ぶ。女性であれ、男性であれ、その人の乗り物（yāna）がこのようであれば、その人は実にこの乗り物によってまさにニルヴァーナのそばにいる。　　　　（三三頁）

と、「法」の下で男女を同等に論じている。

制御装置を備え、囲幕に覆われ、御者がしっかりと手綱を引き締めていて、さらに地理に明るい先導者に導かれている車は、コースをはずすことはないし、迷走することも、暴走することもないだろうし、車外の熱気や、寒気、ほこりなどが身に及ぶこともないであろう。その車はガタガタと音を立てることも、乗っていて不安感に駆られることもなく、安全に目的地に到達できるであろう。それと同様、自らを慚じいる心を持ち、常に自らの念《おも》いを正しており、法（真理の教え）に基づいて、ものごとを正しく見るように心がけている人は、ニルヴァーナという目的地に無事にたどり着けるということをここでは言っている。そこにおいては、男だとか、女だとかといった生物学的な性差（sex）などは全く問題外なのである。

サンスクリット語のニルヴァーナ（nirvāṇa）は、パーリ語でニッバーナ（nibbāna）というが、中央アジアでこの最後のaの音が落ちてニルヴァーン、あるいはニッバーンとなり、これを音写して「泥洹《ないおん》」、あるいは「涅槃《ねはん》」と書かれる。智慧の完成による「安らかな境地」のことである。(8) 智慧の完成において、男女の区別は全く問われることはなかったということがここに読み取れる。

こうした人間観と平等観に基づく釈尊の女性観が実際、どれほど仏教教団に反映されていたのか次に見てみることにする。

第二章　原始仏典の潑剌とした女性たち

第一節　女性も平等に仏弟子として受け入れた釈尊

「男女は平等である」とする釈尊の教えが実現されていた仏教教団の実態を今日に伝える文献が残っている。それは序章と第一章で既に触れた『テーリー・ガーター』である。これは『テーラ・ガーター』とともに、パーリ語でのみ伝えられ、全体的な漢訳、チベット語訳は存在しない。それぞれ、一九八二年に中村元博士によって『尼僧の告白』『仏弟子の告白』（いずれも岩波文庫）として訳されていたが、筆者は、前者を改めて現代語訳し、長い解説を付して『テーリー・ガーター――尼僧たちのいのちの讃歌』（角川選書）として二〇一七年に出版した。

個々の詩は、釈尊生存時に作られたものであるが、現在の形にまとめられたのはアショーカ王（在位、紀元前二六八～同二三二）の時代、あるいは少し後の時代と見られる。その理由としては、『スッタニパータ』より新しいことや、特に教団における僧尼の堕落した姿を嘆く詩が入っていることが挙げられる（中村元著『原始仏教の社会思想』六八九頁）。

いわゆる「仏説」と伝えられる諸の経典は、必ずしもすべてが歴史的人物としての釈尊によって説かれたものではないということは、今日では既に学問的常識となっている。後世の人々の手が加わっているからだ。その中で、この『テーラ・ガーター』と『テーリー・ガーター』は、後世の人々の加筆がほとんどないと考えられる。そこに登場する人物も、後世には忘れ去られてしまった人であり、権威をもって語られてもいない。従って、権威づけのためにその名前が利用されることもなかった（中村元著『仏弟子の生涯』四頁）。それだけに、この両書の記述は大変に重要である。

『テーリー・ガーター』には、七十二人と一グループの長老比丘尼たちが詠んだ偈が収録されている（植木訳『テーリー・ガーター――尼僧たちのいのちの讃歌』一五一頁）。その主だった内訳を見ると、王族の出身が二十三人、豪商の出身が十三人、バラモン階層の出身が十八人、アンバパーリー（菴婆波利）尼など、元遊女だった女性が四人などとなっている。身分が低く、高貴な女性たちの処罰におびえながらつらい仕事をしていた女性もいた。

老衰とともに美貌が衰えるのを嘆く女性たち、母と娘で同じ男を夫として共有していたことを知り戦慄《せんりつ》を覚えて出家した女性も登場している。親も友人もなく夫や子どもにまで先立たれて身寄りのなくなった女性、子どもを亡くした悲しみで狂乱状態になってさ迷い歩いていた女性など、孤独な女性や悲しみに打ちひしがれた女性たちが登場している。夫に婢女《はしため》のように尽くしぬいても嫌われ続けた女性、何回結婚しても破局を迎えてしまうかわいそうな女性もいた。

釈尊は、こうした女性たちに、「いらっしゃい、〇〇よ」と語りかけ、仏弟子（sāvikā）として受け入れた。彼女たちは、釈尊の教え通りに修行に励み、それぞれに「ブッダの教えをなし遂げ」、「安らかな境地」（涅槃）に達したことを喜びをもって語っている。

バッダーという女性は、自らの出家の場面を次のように回想している。


〔すると、ブッダが〕「バッダーよ。いらっしゃい（ehi）」と言われました。それが、私にとっての受戒でありました。（『テーリー・ガーター』第一〇九偈）

最初期の仏教においては、釈尊から「いらっしゃい」（ehi）と言われて、仏《ぶっ》・法《ぽう》・僧《そう》の三宝《さんぼう》に帰依することが修行者としての受戒であった。

ヴェーダ文献によると、祭式において「供物を捧げる人」に対するバラモンからの呼びかけの言葉は、相手がバラモンであれば「いらっしゃい」（ehi）、ヴァイシャであれば「来なさい」（āgaccha）、王族であれば「走ってきなさい」（ādrava）、シュードラであれば「急いで来い」（ādhāva）と使い分けるとあり、相手によって丁寧の度合いが異なっていた。ehi は、最上級の丁寧な言葉であったのだ。

ehi を用いた受戒の言葉は、長老比丘たちの詩をまとめた『テーラ・ガーター』にも見られる。


そのとき、慈悲深い師であり、全世界を慈しむ人〔でいらっしゃるブッダ〕は、「いらっしゃい（ehi）、修行者よ」と私に告げられました。これが私の受戒でした。（第六二五偈）

このように、釈尊は男性だけでなく、女性たちにも「いらっしゃい」（ehi）と声をかけて授戒をし、仏弟子（男性＝sāvaka、女性＝sāvikā）として受け入れていたのである。『ジャータカ』序には、「いらっしゃい、修行者よ」という方式で三十人の青年たちを出家させたとも記されている。

中村元博士は、『原始仏教の成立』で、釈尊が新しく弟子になろうとするものに対してehiという最上級の丁寧な言葉を使っていたということについて、「万人は平等であり、師も新参者もともに兄弟である」（二一一頁）ことを意味すると述べている。中村博士は言及していないが、それは、男女の平等についても等しく言えることであった。

リス・デヴィッズ夫人は、『テーラ・ガーター』と『テーリー・ガーター』の両者を言葉遣いや、語法、感情表現、調子などの観点から綿密に比較して、『テーリー・ガーター』の大部分の詩が女性自身の手によって表現されたものであるに違いないと結論している（*Psalms of the Early Buddhists*）。さらには、長老比丘たちによる『テーラ・ガーター』には内面的な体験が多く、自然描写が重きをなし、外部的な経験に関説することは比較的まれである。それに対して、『テーリー・ガーター』のほうは外面的体験が語られ、現実生活の描写に勝れている。母として、女性として、一個の人間としての苦悩が赤裸々につづられていて、その生きざまや、人生の描写が豊かであって、「比丘の偈に欠けている個人的な調子にしばしば打たれる」と、オーストリアのインド学者、M・ヴィンテルニッツ（一八六三～一九三七）は指摘している（中野義照訳『仏教文献』「インド文献史」第三巻、八一頁）。そこには、男性修行者の側からの女性蔑視もなければ、女性自身の卑屈さも全く見られない。

むしろ、一人ひとりの女性が溌剌《はつらつ》として、修行者としての誇りに満ちて自らの体験を語り、解脱し、覚りを得て、安らぎに至った喜びをつづっている。このように、原始仏教において覚りは、男女間で全く平等であったということがうかがわれる。

拙訳『テーリー・ガーター——尼僧たちのいのちの讃歌』から、そのうちの主だった女性たちについて見てみよう。

第二節　尼僧たちに精進することを促す釈尊

仏弟子となった女性修行者たちは、釈尊から時間を無駄に過ごすことなく修行に精進するように励まされていた。『テーリー・ガーター』の第一章には、こうした釈尊の言葉が連ねられている。

見習い尼（sikkhamānā）のムッター尼に対して釈尊は、次の詩をもって教え諭したという。

ムッター〔尼〕よ、〔月食を引き起こす〕ラーフに捕らえられた月〔が束縛から逃れる〕ように、もろもろの束縛から逃れなさい。〔「解脱している」という意味のあなたの名前の通りに、〕解脱した心で、負債なく、〔托鉢で得た〕食べ物を受用するがよい。（第二偈）

プンナー尼には、智慧の完成を促している。

プンナー〔尼〕よ、〔「満たされている」という意味のあなたの名前の通りに、〕あなたは十五夜の月のように、もろもろの徳によって満ちなさい。智慧を完成して闇の塊を打ち破りなさい。（第三偈）

ティッサー尼には、戒《かい》・定《じょう》・慧《え》の三学《さんがく》を学ぶことを勧めている。

ティッサー〔尼〕よ、〔煩悩の〕束縛があなたのそばを通り過ぎないように、〔戒・定・慧の三〕学を学びなさい。すべての束縛を離れて、煩悩もなく、この世において過ごしなさい。（第四偈）

また、別のティッサー尼に対して、時間を空《むな》しく過ごすことがないように励ました。

ティッサー〔尼〕よ、もろもろの徳によって専念しなさい。瞬時も〔時が空しく〕あなたを過ぎ去ることがないように。実に時を〔空しく〕過ぎ去らせた人たちは、地獄に引き渡されて苦悩します。（第五偈）

ディーラー尼に対しては、涅槃に到ることを勧めている。

ディーラー〔尼〕よ、想いを静止することである楽しい滅尽を体得しなさい。この上ない安全な安穏である安らぎ（涅槃）に到りなさい。（第六偈）

また、別のディーラー尼と、ウパサマー尼に対しては、魔との対決において勝利することを教えた。

ディーラー比丘尼は、〔「堅固である」という意味のあなたの名前の通りに、〕堅固な徳によって、もろもろの感覚器官の働きを修した。軍勢を伴った魔に勝利して最後の身体をたもちなさい。（第七偈）

ウパサマー〔尼〕よ、極めて渡り難い激流である死神の領域を越えなさい。〔「寂静《じゃくじょう》」という意味のあなたの名前の通りに、〕軍勢を伴った魔に勝利して最後の身体をたもちなさい。（第一〇偈）

ミッター尼には、善き友と交わり、善き行ないを修するように励ました。

ミッター〔尼〕よ、信仰によって出家したからには、〔「友だち」という意味のあなたの名前の通りに、〕友との交わりを楽しんでいなさい。完全な安穏を獲得するために、もろもろの善い行ないを修しなさい。（第八偈）

ここで言う「友との交わり」は、おしゃべりや、遊びによる交わりのことではない。修行のためになる「善き友」（善知識《ぜんちしき》）との交わりのことである。

バドラー尼にも、善い行ないを促している。

バドラー〔尼〕よ、信仰によって出家したからには、〔「吉祥である」という意味のあなたの名前の通りに、〕吉祥なることを楽しんでいなさい。この上ない完全な安穏、もろもろの善い行ないを修しなさい。（第九偈）

ダンマディンナー尼に対しては、愛欲に執着しないように励ました。

あなたは、意欲を生じて、坐していて、心によって満たされているべきです。もろもろの欲望に対して執着心を持たない人は、〝上流にいるもの〟と呼ばれるのです。（第一二偈）

老いてから出家したスマナー尼に対しては、さらなる修行を求めることよりも、既に清涼となり、安らぎに達していると述べて温かく励ました。

老いたる尼よ、あなたは布片で〔衣を〕作って身に着け、安楽に横になりなさい。あなたの情欲は実に静まっていて、あなたは清涼となり、安らぎ（涅槃）を得ています。（第一六偈）

以上の言葉を見ても、釈尊は、男性出家者たちだけでなく、女性出家者たちにも等しく修行に励むように激励していたことが読み取れる。その中身も、「智慧の完成」を促し、「魔と対決し、勝利せよ」と教え、「煩悩を離れ、無くすこと」「涅槃に到ること」を目指すように励ましている。また現に「涅槃を得ている」と女性たちに語ってもいたのである。

第三節　やすやすと阿羅漢に到っていた尼僧たち

釈尊からこのように励まされた女性たちは、釈尊の教えを実行し、「ブッダの教えを成し遂げ」、「安らかな境地」に達していた。その心境をそれぞれの女性たちが詩でつづったのである。

『テーリー・ガーター』に登場する女性たちは、一様に覚りを得たと表明している。パターチャーラー尼、キサー・ゴータミー尼をはじめとする多くの比丘尼たちは、間接的な表現ではあれ阿羅漢を得たことを記している。すなわち、すべての煩悩を断じ、ニルヴァーナという不死・甘露の境地に達したという表現で阿羅漢を得たことを表明しているのだ。

このような言葉を拾い出してみよう。

私（ダンマー尼）の心が解脱しました。（第一七偈）

〔サンガー尼は、〕……貪欲・憎悪・無明〔いわゆる貪《とん》・瞋《じん》・癡《ち》の三毒《さんどく》〕を捨て、妄執をこ

とごとく根絶して、実に心が静まったものとなり、安らいでいます。（第一八偈）

私（アバヤマーター尼）は、このように住しているので、愛欲はすべて根絶されています。熱悩は断絶されました。〔私は〕清涼となり、安らぎに達しています。（第三四偈）

……私は、前世の暮らしを知り（宿命通《しゅくみょうつう》）、あらゆるものを見通す眼《まなこ》（天眼通《てんげんつう》）を浄《きよ》めました。心を熟知して、私〔名前の知られない比丘尼〕は、〔他者の心を見通す〕智慧（他《た》心通《しんつう》）と勝れた耳の働き（天耳通《てんにつう》）を清めました。自在な力（神足通《じんそくつう》）もまた覚り、私は煩悩の滅尽（漏尽通《ろじんつう》）に達しました。〔以上の〕六つの神通力（六通《ろくつう》）を覚って、私はブッダの教えをなし遂げました。（第七〇、七一偈）

私（サクラー尼）は、すべての煩悩を断ちました。私は清涼となり、安らいでいます。
（第一〇一偈）

私（ソーナー尼）は心をよく一点に集中していて、無相〔の境地〕を修しました。私はその直後に解脱いたしました。執着することなくして、安らいでいます。（第一〇五偈）

〔私にとって、心身を構成する〕五つの〔要素の〕集まり（五陰《ごおん》）は、〔その本性が〕熟知されていて、根が断たれたものとして存続しています。私は安定した存在根拠（基体）から生じたものであり、実に不動であって、今や〔迷いの世界に〕再生することはありません。（第一〇六偈）

こうした表現は枚挙に暇《いとま》がない。もと遊女であったヴィマラー尼も、次のように語っている。

〔私にとって、〕天上界と人間界のすべての束縛は、断ち切られました。すべての煩悩（漏《ろ》）を捨てて、私は清涼であり、安らいでいます。（第七六偈）

ここには、覚りを開くことができたという表明が、さり気なくなされている。女性が著しく差別されていた当時の社会にあって、自分の人生と生活について赤裸々に詩で表現し、また覚りを得たと表明する女性が多数いたということは驚くべきことである。これは、長老比丘たちの詩を集めた『テーラ・ガーター』と比べてみても、何ら劣るところがない。

次にスンダリーという女性を見てみよう。彼女は、ベナレスのスジャータというバラモンの娘で、兄弟の死に遭遇して悲嘆し、ヴァーセッティー尼の導きで父とともに出家した。

私の父は、子どもの〔死の〕悲しみに悩まされて、象・牛・馬と、宝石やイヤリングと、素晴らしいこの家の資産とを捨てて、出家しました。私もまた、兄弟の〔死の〕悲しみに悩まされて出家するでありましょう。（第三三八偈）

そして、ヴァーセッティー尼の勧めで、釈尊のいるサーヴァッティー市へと趣いた。スンダリー尼がやって来るのを見て、ヴァーセッティー尼がブッダに言った。

スンダリー尼がやって来るのをご覧ください。解脱していて、〔迷いの〕生存に結びつけ

る素因を滅していて、渇愛を離れ、束縛を断ち、なすべきことをなし終え、煩悩のない女《ひと》を〔ご覧ください〕。（第三三四偈）

これは、明らかに阿羅漢に達しているという表現である。

サーヴァッティー市（舎衛城）の銀行家の娘で、尼僧たちの間で感化力の大きい人であったパターチャーラー尼は、次のような詩を残している。ここには、身の回りの現象を通して解脱に到る象徴的な表現が見られる。

犂《すき》で田を耕し、大地に種子をまき、妻子を養いながら、人々は財を得ます。（第一一二偈）

私は、〔仏教徒として守るべき〕戒めを身に具《そな》え、師の教えの女性実践者であります。どうして安らぎ（涅槃）に到達しないことがありましょうか。〔私は〕怠けることもなく、浮《うわ》つくこともありません。（第一一三偈）

私は、両足を洗ってから、その水の中で〔灌水《かんすい》を〕なしました。そして、洗足用の水が高いところから低いところへと流れ来るのを見ていて、その時、賢い馬を調教するように私は心を安定させました。（第一一四偈）

それから私は、燈明《とうみょう》を手にとって僧坊に入りました。私は臥《ふ》すところを見渡して、臥床《ふしど》に近づきました。（第一一五偈）

それから私は、針を手にとって燈明の芯《しん》を取り去り〔、火を消し〕ました。〔その時、〕燈明の火が消えるように心の解脱が起こりました。（第一一六偈）

この詩には、安らぎに満ちた心象風景が美しく描写されている。日常生活の諸々の事象を通して自らの心を省みる女性修行者の心の豊かさが見えてくる。後に部派仏教の時代になって、修行の困難さを強調するようになるのとは大きな違いである。

コーサラ国のサーヴァッティー市に住む長者の娘であったウッパラヴァンナー（蓮華色《れんげじき》）尼はかつて、娘とともに「夫を共有するもの」であった。そのことを知って、ウッパラヴァンナー尼は、身の毛もよだつほどのぞっとする思いにかられ、マガダ国のラージャガハ（王舎城《おうしゃじょう》）で出家した。やがて、煩悩の消滅に達するが、そこへ悪魔が現われてウッパラヴァンナー尼をそそのかそうとする。それに対して、ウッパラヴァンナー尼は次のように答えた。

私は、心において自在となりました。神足通を確かに修め、六つの神通力を覚りました。（第二三三偈）

〔私は〕ブッダの教えをなし遂げました。もろもろの欲望は、刀や串に譬えられ、〔身心を構成する五つの〕要素（五陰《ごおん》）にとっての断頭台であります。今や、あなたが欲望と快楽と言っているもの、それは私にとっての不快なものなのです。（第二三四偈）

〔私にとって欲楽の〕喜びは、あらゆる面で打ち破られていて、闇の塊は粉砕されました。悪魔よ。このように知りなさい。破滅をもたらすものたちよ。あなたは、打ち破られているのです。（第二三五偈）

これも阿羅漢に到ったことの表明と見ていいであろう。

女性が阿羅漢に到ったということでは、特にサーケータ市に住んでいたマッジャという豪商の娘のアノーパマー尼の回想は注目される。アノーパマーは、父親が王子や富商の息子たちと、娘との結婚と引き換えに「アノーパマーの体重の八倍の黄金や財宝」をもらい受ける話を進めているのに嫌気がさして出家したという。人間ではなく「もの」として扱われることに失望したのであろう。「自己」とは何なのかという根源的な問いも抱いたのではないか。それだけに、「法」に基づき、「真の自己」の実現を説く釈尊の教えに感ずるものがあったのであろう。

そのゴータマ〔・ブッダ〕は、慈しんで私のために真理の教え（法）を説かれました。私はその座に坐っていて、第三の果〔すなわち、もはや二度と迷いの世界に戻ることのない位（＝不還果《ふげんか》）〕を体得しました。（第一五五偈）

それから、〔私は〕髪の毛を切って、出家して家のない状態となりました。私が渇愛を干《ひ》涸《か》らびさせてから、今日でそれは七日目の夜になります。（第一五六偈）

ここには、初めてブッダの教えを聞いて、即座に第三の位、すなわち阿羅漢果の一つ前の位である不還果の位に達したとある。この記述からすると、それは在家の時のことである。アノーパマーが出家したのは、この第三の位に至った後のことだ。その後に、「渇愛を干涸らびさせた」とあるから、これは不還果の次の位で、小乗仏教徒が特別視していた阿羅漢の位を得たということである。ここには、女性がやすやすと不還果と阿羅漢果に到ったことが記されている。在家の女性がブッダの教えを初めて聞いて第三の位に即座に到り、さらに出家後に最後の第四の位である阿羅漢の位に達したことなど、男性出家者中心の小乗仏教の担い手たちからすれば、許容し難い言葉であったであろう。いかんせん、この『テーリー・ガーター』は仏教教団が部派分裂を繰り返し小乗仏教化する以前にスリランカに伝えられ、今日に至ったものであり、この表現が今日まで無事に伝えられた。

阿羅漢は、サンスクリット語で「～に値する」「～にふさわしくある」を意味する動詞の語根アルフ（√arh）からできた名詞「アルハット」（arhat）の主格形「アルハン」（arhan）を音写したものであり、「供養に応ずることができるもの」という意味であった。その意味をとって、「応供《おうぐ》」と漢訳された。中村元博士は、「尊敬されるべき人」と訳している。それは、「仏の十号」の一つであり、ブッダの別称であった。多くの女性修行者たちが、ブッダの別称とされるその阿羅漢の境地を得たと述べている。それは、マハー・パジャーパティーの出家の際に釈尊が語ったとされる「女性も阿羅漢になることができる」という『パーリ律』（vinaya-pitaka）の犍度部（*khandhaka*）小品（*cullavagga*）の言葉とも符合している。それは、第一章第六節でも触れた通りである。こうした点を見ても、釈尊が男女間に本質的な差別を設けていなかったということは明らかである。

第四節　男性の誘惑を振り切ったスバー尼

次に男性の誘惑を敢然と振り切って、修行に励んだ女性の話を挙げてみよう。

スバー尼は、ラージャガハの富裕なバラモンの娘であった。「スバー」とは、「美しく輝く女」という意味である。釈尊と出会って仏教に帰依し、在俗信者となった。後にマハー・パジャーパティー尼のもとで出家し、「ジーヴァカ（耆婆《ぎば》）のマンゴー林に住むスバー尼」と呼ばれた。

あるとき、スバー尼が名医として名高いジーヴァカのマンゴー林に向かって歩いていると、一人の男性が行く手をさえぎった。そして、誘惑してきた。

〔男が言いました。〕「あなたは、若くて汚れていない。あなたの出家が何になるのでしょうか？　薄汚れた色の衣を脱ぎ捨てて、いらっしゃい。花が咲き誇る林の中で楽しみましょう。（第三七〇偈）

カーシー国製の繊細な〔衣服〕を着てください。花環《はなわ》や脂粉《しふん》、口紅を付けてください。私は、黄金、宝石、真珠など多くの種々の装飾品をあなたのために作りましょう」（第三七七偈）

〔男が言いました。〕「あなたの眼は、山の中の牝鹿《めじか》〔の眼〕のようであり、また〔妖精の〕キンナリー〔の眼〕のようです。あなたの眼を見てからというもの、私にとって愛欲を楽しむ思いがさらに強くなりました。（第三八一偈）

青睡蓮の花の蕾《つぼみ》に似ている、黄金のような汚れのない顔の中にあるあなたの眼を見てからというもの、私の愛欲の本性はますます強くなりました。（第三八二偈）

たとえ、〔あなたが〕遠くへ行ってしまっても、私は〔あなたのことを〕思い続けます。長い睫毛《まつげ》を持つ女《ひと》よ。清らかに見る〔眼を持つ〕女よ。実に私にとってあなたの眼よりも愛すべきものは存在しないのです。〔妖精の〕キンナリーよ。温和な眼を持つ女《ひと》よ」

（第三八三偈）

これに対して、スバー尼は、

私にとって、神々に伴われた世間には、情欲は実に存在しません。今や〔情欲の対象となる〕ものも、どこにもありません。また、私は、その〔情欲〕がいかなるものであるのか知りません。〔ブッダの説かれた〕道によって〔情欲の〕根源が絶やされているのです。

（第三八五偈）

〔世間には、未だ真理を〕省察していない女《ひと》、あるいは師に仕えたことのない女がいるでしょう。あなたは、そのような女を誘惑してください。その〔あなた〕が、見識ある女を〔誘惑しても、〕その女に悩まされることでしょう。

（第三八七偈）

罵《ののし》られようが、尊敬されようが、また楽しい時であれ、苦しい時であれ、〔心を堅固にたもっている〕私の一念は、確立しています。形成されたものは、不浄であると知ってから、〔私の〕心は、あらゆる点で汚されることはありません。

（第三八八偈）

その私は、人格を完成された人〔であるブッダ〕の女の仏弟子（sāvikā）であり、八つの項目からなる道（八正道）という乗り物に乗って行く女です。〔心臓に刺さった〕矢が引き抜かれていて、〔私には、〕煩悩がありません。私は、〔だれも住んでいない〕空き家に行って、〔一人で〕楽しみます。（第三八九偈）

と毅然として言い放つと、スバー尼は自分の眼をえぐり出してその男に与えた。それは、男にとって相当の驚きであったことであろう。次の言葉で、結ばれている。

すると、その男の愛欲の思いは、直ちに消え失せました。そして、その〔スバー尼〕に許しを乞いました。「清らかな行ないの女《ひと》よ。安穏でいらしてください。このようなことは、二度といたしません」（第三九七偈）

原始仏典には、女性は男性修行者にとって修行の妨げとなるということが書かれていると既に述べた。確かに、他の原始仏典と同様、女性修行者たちの詩を集大成したこの『テーリー・ガーター』自体にも、次のような記述がなされている箇所もある。

〔この村では〕女たちが、真理に基づいて生きる修行者たちを容色で束縛します。
（第二九四偈）

ところが、スバー尼のつづった詩には、それとは逆に男性が女性修行者の妨げとなる形で登場する。ということは、男性と女性の相互にとって、一方が他方の修行の妨げとなることを戒めていたことになる。このスバー尼の話は、女性にとっては男性も修行の妨げになるとする好例である。

男性と女性のいずれか一方から他方を見れば、それぞれにとって修行の妨げとなると言っているだけで、いずれか一方を悪く言っていたのではないことが分かる。ただ、仏典を編纂したのは男性修行者たちであったことから、男性の側からの言葉が多くなったのは自然の成り行きであった。現存する仏典に女性が修行の妨げとなるという表現が圧倒的に多く見られるのはそのためである。

第五節　女性蔑視の悪魔をやりこめたソーマー尼

スバー尼が、男性の誘惑を退けた話なら、次は女性を蔑視する悪魔をやりこめた女性の話である。

『スッタニパータ』には魔の十の軍勢として、①欲望、②嫌悪、③飢渇《けかち》、④妄執、⑤ものうさと睡眠、⑥恐怖、⑦疑惑、⑧みせかけと強情、⑨誤って得られた利得と名声と尊敬と名誉、⑩自己を誉《ほ》め称《たた》えて他人を軽蔑すること――が列挙されている。これらを見ても分かるように、悪魔は心の中に住む煩悩の働きを擬人化したものだといえよう。だから、『スッタニパータ』には、

心が混乱を感ずるならば、「魔の仲間」〔のせい〕であると〔思って〕、〔これを〕除き去

れ。　　　　　　　　　　　　　　　　　　　　　　　（第九六七偈）

という表現も見られる。「魔」はマーラ（māra）を音写した「魔羅」の略である。中村元著『佛教語大辞典』によると、「魔」の字は中国になかったため、古くは「摩」と書いたが、梁《りょう》武帝《ぶてい》（四六四〜五四九）が改めて作らせたものだという。けれども、実際はそれ以前に作られていたという。「マ」という発音だけならば、「麻」という音でも間に合う。あえて下に「鬼」という字を書き加えたのは、恐ろしいものというイメージを付加したかったのであろう（中村元著『原始仏典を読む』一六五頁）。

『テーリー・ガーター』には、悪魔がソーマー尼に語りかけた言葉がある。

〔悪魔が言いました。〕「到達し難くて、仙人のみによって得られるべきその境地は、二本指ほどの〔わずかな〕智慧しか持たない女が獲得することはできないのだ」（第六〇偈）

これは、当時のヒンドゥー社会における女性についての一般通念を悪魔の口を借りて語らせたものであろう。これに対して、ソーマー尼は、

心がよく集中していて、智慧が現に存在している時、正しく真理（法）を観察している人にとって、女性であることが一体、何〔の妨げ〕となるのでしょうか。（第六一偈）

と毅然として答えている。「女人であること」は「智慧が乏しいこと」であると見なしている悪魔に対して、ソーマー尼は、「正しく法を観察し」、また「智慧が生じている」という事実に立って、「女人であること」は智慧を獲得するのに何ら妨げとはならないことを主張している。

これと同文は、『サンユッタ・ニカーヤ』第一巻にも見られる。そこでは、そっくり同じこの文章に次の一節が付加されている。

「私は女であろうか、それとも男であろうか」と、あるいはまた、「私は何ものであろうか」と〈迷っている〉人、その人にこそ悪魔が話しかけることは値するのである。（一一九頁）

女性を蔑視していたヒンドゥー社会にあって、仏教教団の女性たちは、女性であることに何の引け目も感じることなく、男性と対等に振る舞っていたことをここに見て取ることができるのである。

第六節　バラモンの行者を改宗させたプンニカー尼

次は、『テーリー・ガーター』の中で男性のバラモンを説得し、仏教に帰依させた女性の話である。

サーヴァッティー市に給孤独《ぎっこどく》長者と称されたスダッタ（須達多《すだった》、須達《すだつ》）という長者が住んでいた。その長者のところで一人の召使いの女性が働いていたが、その召使いの女性にはプンニカーという娘があった。ある時、出家したプンニカー尼は、「沐浴によって悪業から脱れることができる」として、寒さを我慢して沐浴しているバラモンの男性修行者に、対話でその矛盾を自覚させ、仏教に帰依《く》させたことがあった。

プンニカーは、かつて水汲み女であった時、貴婦人たちにしかられたり、罰せられたりすることを恐れて、寒い日にも常に水の中に入って水汲みをしていたことがあった。そのような体験があったことから、プンニカーはバラモンに次のように問いかけた。

バラモンよ。あなたは、だれ〔、あるいは何〕を恐れて常に水に入っているのですか？あなたは、五体を慄《ふる》わせながら、厳しい寒さを感じています。（第二三七偈）

これに対して、バラモンは、

しかしながら、尊師プンニカーさんよ、あなたは、分かっていながら〔私に〕質問しておられる。〔私は〕善い行ない（善業《ぜんごう》）をなし、悪い行ない（悪業《あくごう》）を防いでいるのだ。（第二三八偈）

また、年老いた人であれ、若い人であれ、悪い行ないをなしたとしても、その人も水浴によって悪業から脱れることができるのだ。（第二三九偈）

と答えた。そこで、プンニカー尼は、

いったいだれが、無知でありながら、無知なあなたに、「水浴によって悪業から解放される」ということを説いたのですか？　（第二四〇偈）

〔もしも、あなたの言われる通りであるならば、〕蛙《かえる》も、亀も、龍も、鰐《わに》も、そのほかの水に潜っているものたちも、すべて確実に天上界に趣く（天に生れる）ことになるでありましょう。　（第二四一偈）

羊を屠《ほふ》る人も、豚を屠る人も、漁師も、猟師も、盗賊も、死刑執行人も、そのほかの悪業をなすところのそれらの人たちも、水浴によって悪業から脱れることになるでありましょう。　（第二四二偈）

もしもこれらの河川〔の流れ〕が、あなたが過去になした悪〔業〕を運び去ってしまうというのであるならば、これら〔の流れ〕は、善〔業〕（功徳）をも運び去ってしまうでしょう。それによって、あなたは〔善からも悪からも〕無縁のものとなってしまうでしょう。　（第二四三偈）

と、道理に照らして、その矛盾を突いた。そして、沐浴自体を自己目的化して、沐浴をすること自体に意義を見いだしているバラモンに対して、バラモンよ。あなたは常に恐れて水に入っておられますが、まさにそれをなさいますな。バラモンよ。あなたは、ご自分の冷えきった皮膚を害なわないようにして下さい。

（第二四四偈）

という言葉を静かに、しかもいささか皮肉を込めて投げかけた。それによって、バラモンの行者は目覚めた。バラモンの行者は、

あなたは、邪《よこしま》な道に陥っていた私を、聖なる道に導いて下さいました。尊師よ、私はあなたにこの水浴の衣を差し上げます。

（第二四五偈）

と語った。それに対して、プンニカーは、

衣は、まさにあなたのものにしておいてください。私は衣を欲しくありません。もしもあなたが苦しみを恐れ、もしもあなたにとって苦しみが憎むべきものであるならば、

（第二四六偈）

あらわにでも、ひそかにでも悪しき行ないをなしてはなりません。もしも、悪しき行ないを〔未来に〕なそうとしたり、あるいは〔現在に〕なすならば、

（第二四七偈）

たとえ、あなたが苦しみを恐れようが、たとえ、あなたにとって苦しみが憎むべきものであろうが、〔空中に〕飛翔してから逃げようとしても、あなたは苦しみから免れることは

ありません。

（第二四八偈）

と答える。苦しみは悪しき行ないの結果なのであり、悪しき行ないをなさないことが、苦しみから免れることである。悪しき行ないをなしたならば、空中に飛んで逃げようとしても、水に流そうとしても、苦しみから逃れることはできないということを説き聞かせた。そして、「ブッダと、真理の教えと、修行者の集い」に帰依するように促した。それを聞いて、バラモンの行者は、

私は、そのようなブッダ（仏）と、真理の教え（法）と、修行者の集い（僧）に帰依します。もろもろの〔仏教徒として守るべき〕戒めを受持します。それは、私のためになるでありましょう。

（第二五〇偈）

と、〈仏・法・僧〉の三宝《さんぼう》に帰依《きえ》するという決意を述べるに至っている。

ここには、プンニカー尼という社会的には召使いの娘で、水汲み女であった女性との対話によって、社会的には最高の権威と言われるバラモンの行者が、三宝に帰依したということがさり気なく書かれている。けれども、これは、次章で述べる当時のヒンドゥー社会の事情を考えると、重大な出来事であったことを知らなければならない。プンニカー尼が仏教に帰依させたバラモンは、仏典にはその性別が書かれていないが、バラモンの行者ということから当然、男性である。男性優位で女性蔑視の著しいヒンドゥー社会において女性が、しかも

バラモンの行者である男性を改宗させたということは、大変なことであり、画期的な出来事であったのである。中村元博士に、そのことを確認すると「全くその通りです」と同意されていた。

以上の言葉を見てくると、プンニカー尼の言葉が大変に合理的であり、道理にかなったものであることが納得できよう。全く迷信のかけらも見られないのだ。第一章において、仏教は「あるがままの真実に即した道理」によって迷信を否定していたと論じたが、ここにも迷信を排除した仏教の特質がうかがわれる。

これまで論じたように、『テーリー・ガーター』に登場する女性たちは、解脱し、覚りを得て、完全な安らぎに達していただけでなく、女性であるということが何ら男性に劣るという理由にはならないと主張し、迷信的なことにとらわれていたバラモンの男性修行者をも説得して、道理に目覚めさせ、仏教に帰依させたりもしている。女性修行者たちの自信に満ちた堂々たる姿が彷彿《ほうふつ》としてくる。こうした姿を見れば、ギリシア人のメガステネースが、男性に伍して議論する女性哲学者の存在に驚いたというのも納得できることである。

次に、子どもを亡くした三人の母親の話を見てみよう。

第七節　子を失った母・ヴァーシッティー尼

ヴァーシッティー尼は、子どもを亡くして、心が錯乱《さくらん》し、思いが乱れ、四つ辻や、ごみ捨て場や、死骸《しがい》を棄てる場所や、大道を三年もの間、髪をふり乱して、裸でさまよっていた。

そんな時に釈尊と出会って弟子となった。ヴァーシッティー尼は、そのときのことを次のように述懐している。

その時、人格を完成された人（善逝《ぜんぜい》）で、調練されていない人を調練する人（調御丈夫《じょうごじょうぶ》）、完全に覚っておられる人（正遍知《しょうへんち》）、どこにも恐怖のない人〔であるブッダ〕がミティラー市に行かれたのを見ました。（第一三五偈）
私は、自分の心を取り戻した後で、敬礼し、〔ブッダに〕近づき〔坐り〕ました。そのゴータマ〔・ブッダ〕は慈《いつく》しんで私のために真理の教え（法）を説かれました。（第一三六偈）
その〔ブッダの説かれる〕教えを聞いて、私は出家して家のない状態になりました。師の言葉において努力しつつ、幸せな境地を覚りました。（第一三七偈）
すべての悲しみは絶やされ、断たれ、ここに終極しています。もろもろの悲しみが生起する根源について、私はまさに完全に知り尽くしたのであります。（第一三八偈）

ここには、釈尊の説いた教えを聞いて、子どもを亡くした悲嘆から目覚め、覚りを得たことが述べられている。ここから、釈尊が在家の女性に対して教えを説いていたという事実が読み取れよう。

第八節　夫や子を失ったキサー・ゴータミー尼

『ダンマパダ』の注釈書（*Dhammapadaṭṭhakathā*）の第二巻（二七〇〜二七五頁）によると、キサー・ゴータミーは、サーヴァッティー市の貧しい家に生まれた。やせていたので、キサー（やせた）・ゴータミー（瞿曇弥《くどんみ》、憍曇弥《きょうどんみ》）と呼ばれていた。嫁にいって男の子を出産するが、子どもが死んでしまう。その亡骸《なきがら》を抱いて街の中を、「子どもを生き返らせる薬を下さい」と、さまよい歩く。人々は、彼女をあざ笑った。

釈尊は、キサー・ゴータミーを哀れに思い、「私が生き返らせてあげよう」と声をかけた。「そのためには、農家から芥子《からし》の実をもらってこなければならない」と。

それは、キサー・ゴータミーにとって、まさに文字通りの「地獄に仏」とも言うべき言葉であった。キサー・ゴータミーは喜び勇んで農家へと向かった。釈尊は、その背後から、「ただし、その家からは一人も死者を出したことがない家でなければならない」という条件を付け加えた。

キサー・ゴータミーは、一軒一軒訪ねて回る。ところが、どこにも死者を出したことのない家などあるはずもない。どの家でも、「祖母が亡くなった」「祖父が亡くなった」「母が亡くなった」「父が亡くなった」「妻が……」「夫が……」「子どもが……」――という言葉が返ってくる。それを繰り返しているうちに、狂気から我に返る。子どもの死という事実を事実として見ることができなかった、あるいは見ようとしなかったゴータミーが、死という厳粛なる事実を直視したのであろう。こうして、真理に目覚め、釈尊の弟子となった。

このようなエピソードが語り継がれているキサー・ゴータミー尼は、『テーリー・ガーター』において次のように述懐している。

出産間近となった私は、〔家に〕戻る途中に夫が路で死んでいるのを見つけました。〔しかも、途中で〕出産してしまったので、私は自分の家にたどり着くことができませんでした。（第二一八偈）

あわれな女〔である私〕にとって、二人の子どもが死に至り、夫が路上で死に、母と父と兄弟たちも一緒にまとめて積まれて火葬されました。（第二一九偈）

……………………………………………………

それからさらに、私は〔死骸を放置する〕墓場の中で子どもの肉が〔動物に〕食べられているのを見ました。〔私は、〕家系が断絶したものであり、夫に先立たれ、あらゆる人に嘲《ちょう》笑《しょう》されるものでした。〔その私が、〕不死〔の道〕を獲得しました。（第二二一偈）

私は、不死へと導く聖なる八つの項目からなる道（八正道）を修しました。私は、安らぎ（涅槃）を覚り、真理を映し出す鏡を見ました。（第二二二偈）

この詩の結びの部分には、

心が完全に解脱している長老のキサー・ゴータミー尼は、この〔詩〕を詠みました。

と、書かれている。ここにも、覚りを得たことの表明がなされている。

（第二一三偈）

第九節　子を失った母・ウッビリー尼

ウッビリー尼は、出家前にはコーサラ（拘薩羅《こうさら》、憍薩羅《きょうさら》）国の王妃であったが、ジーヴァーという娘を亡くして林で泣き叫んでいた。釈尊は、ウッビリーのところへ歩み寄って語りかけた。

母よ。あなたは、林の中で『ジーヴァーが……』と言って号泣している。ウッビリーよ。汝自身《なんじ》を知りなさい。ジーヴァーという名前を持つ八万四千人〔の娘〕がすべてこの墓地で荼毘《だび》に付されたが、そのうちのだれのことをあなたは嘆いているのか？

（第五一偈）

この言葉で、ハッと我に返ったウッビリーは、

あなたは、私の心臓に刺さっていた目に見えない矢を引き抜いてくださいました。悲しみに打ち負かされていた私のために、〔亡くなった〕娘の悲しみを取り除いてくださいました。

（第五二偈）

今、その私は、矢を引き抜かれていて、飢渇《けかち》（妄執）がなく、完全な安らぎを得ています。私は、尊者ブッダ（仏）と真理の教え（法）と修行者の集い（僧）〔の三宝〕に帰依いたします。
（第五三偈）

と言って、出家して釈尊の弟子となった。

釈尊の言葉を聞いてウッビリーは、自分の娘の死から八万四千人、すなわち無数のジーヴァーの死へと視野を開くことによって、娘の死という厳粛なる事実を直視したのであろう。また、自分以外の八万四千人のジーヴァーの母親の心をも感じ取ったのではないだろうか。この「八万四千」という数字は、仏典によく出てくるが、極めて大きな数を示す時に用いられる慣用句であり、「無数の」「一切の」といった意味である。

ウッビリー尼の言葉は、極めて素朴な表現ではあるが、釈尊の「汝自身を知りなさい」(attānaṃ adhigaccha) という言葉通り、自己という存在の本源、すなわち「真の自己」を覚知したのであろう。ここにも覚ったことの表明がなされている。しかも、それは出家前のこととしてである。

このように、釈尊は子どもを失ったかわいそうな女性たちを、法（真理）に目覚めさせ、心を解脱させ、そして安らぎの境地（涅槃）を得させて救ったのだ。

第十節　女性の仏弟子を代表する十三人

『テーラ・ガーター』『テーリー・ガーター』が作られたのは、釈尊の時代にまでさかのぼることができると本章の冒頭で述べておいた。当時の女性修行者たちの修行者としての誇りに満ちた溌剌《はつらつ》たる姿は、これまで見てきた通りである。

こうした傾向は、しばらく続いたのであろう。少し遅れて成立する『アングッタラ・ニカーヤ』には、多数の仏弟子の中から出家・在家、男女の別なく代表的な人物が選び出されて列挙されている。その代表的人物には、『テーラ・ガーター』『テーリー・ガーター』には出てこない名前も見られることから、その箇所がまとめられたのは大分遅れてからのことだと考えられる。

そこには、「わが男性の仏弟子にして比丘なるものたち」の代表として十大弟子のほかに三十一人の計四十一人、さらに「わが女性の仏弟子にして比丘尼なるものたち」の代表として十三人、「わが男性の仏弟子にして優婆塞《うばそく》なるものたち」の代表として十人、「わが女性の仏弟子にして優婆夷《うばい》なるものたち」の代表として十人を挙げている。ここでは、在家も出家も、男性も女性も、等しく「仏弟子」（男性＝sāvaka、女性＝sāvikā）として位置づけられている。しかも、仏弟子の代表的な人物として女性の出家者からも、女性の在家者からも選び出されている。女性が排除されていないのである。

その『アングッタラ・ニカーヤ』第一巻から、女性出家者について論じたところを引用しよう。

比丘たちよ、私の女性の弟子である比丘尼たちのうちで、経験を積んだものたちのうちの最上の人は、マハー・パジャーパティー・ゴータミーである。

大いなる智慧を持つものたちのうちの〔最上の人は〕、ケーマーである。

神通を有するものたちのうちの〔最上の人は〕、ウッパラヴァンナーである。

戒律を持《たも》つものたちのうちの〔最上の人は〕、パターチャーラーである。

法を説くものたちのうちの〔最上の人は〕、ダンマディンナーである。

禅定に専念するものたちのうちの〔最上の人は〕、ナンダーである。

精進に励んだものたちのうちの〔最上の人は〕、ソーナーである。

天眼を持つものたちのうちの〔最上の人は〕、サクラーである。

速やかに理解するものたちのうちの〔最上の人は〕、バッダー・クンダラケーサーである。

前世の暮らしを思い出すものたちのうちの〔最上の人は〕、バッダー・カピラーニーである。

大いなる神通力を得たものたちのうちの〔最上の人は〕、バッダー・カッチャーナーである。

粗末な衣を身に着けたものたちのうちの〔最上の人は〕、キサー・ゴータミーである。

信によって理解を得たものたちのうちの〔最上の人は〕、シガーラの母である。（二五頁）

それぞれの特質としてここに掲げられた項目は、男性出家者ともほぼ共通している。女性出家者の代表に対応する男性出家者名を**【表1】**にまとめた。

	女性出家者名	男性出家者名
経験第一	マハー・パジャーパティー・ゴータミー	アンニャー・コンダンニャ（憍陳如《きょうじんにょ》）
智慧第一	ケーマー	サーリプッタ（舎利弗《しゃりほつ》）
神通第一	ウッパラヴァンナー	マハー・モッガッラーナ（目犍連《もっけんれん》）
持律第一	パターチャーラー	ウパーリ（優波離《うぱり》）
説法第一	ダンマディンナー	プンナ・マンターニの子（富楼那《ふるな》）
禅定第一	ナンダー	カンカー・レーヴァタ
精進第一	ソーナー	ソーナ・コーリヴィーサ
天眼第一	サクラー	アヌルッダ（阿那律《あなりつ》）
理解第一	バッダー・クンダラケーサー	バーヒヤ・ダールチーリヤ
前世の記憶第一	バッダー・カピラーニー	ソービタ
大神通第一	バッダー・カッチャーナー	――
粗衣第一	キサー・ゴータミー	モーガラージャ
信解第一	シガーラの母	ヴァッカリ

表1

サーリプッタ（舎利弗）とともに、「大いなる智慧を持つものたちのうちの最上の人」（智慧第一）とされたケーマー尼は、合理的思考を徹底して、男性修行者たちにひけを取ることはなかったし、「法を説くものたちのうちの最上の人」（説法第一）とされたダンマディンナー尼も、智慧が勝れ、男性に向かってしばしば法を説いていたという（中村元著『仏弟子の生涯』三八九頁）。この点においても、メガステネースの記録と符合していることが分かる。

また、【表1】に挙げたバッダー・カピラーニーは、『テーリー・ガーター』において、釈尊滅後の後継者となったマハー・カッサパと自分自身とを比較して、その共通性を論じている。初めに、「ブッダの子にしてブッダの後継者」であるマハー・カッサパが、心を安定させていて、宿住通《しゅくじゅうつう》、天眼通《てんげんつう》、漏尽通《ろじんつう》の三種の明知を得た尊貴なる人であることを称え、それに続く偈《げ》で、次のようにつづっている。

　まさに同じように、〔私、〕バッダー・カピラーニーも、三種の明知を具え、死魔を退けていて、軍勢を伴った悪魔に勝利して、最後の身体をたもっています。（第六五偈）

　世間に禍《わざわい》があるのを見て、〔尊者マハー・カッサパと〕私の二人は出家いたしました。かくして、私たち〔二人〕は煩悩《ぼんのう》を滅ぼしていて、〔心を〕制御して、実に清涼になり、安らぎに達したのです。（第六六偈）

ここで「私たち二人」というのは、もちろんマハー・カッサパとバッダー・カピラーニーのことである。この二人は、バッダー・カピラーニーがマハー・カッサパから直接、指導を受けて覚りを得たという関係にあった（中村元著『仏弟子の生涯』五七二頁）。このように釈尊滅後、教団の中心者となる人物と並べて、女性修行者が「私たち二人」と称してその共通性を語った詩が残っているということは、女性修行者たちの立場が低く見られていなかったことを意味していよう。

こうしたことを考慮しても、『アングッタラ・ニカーヤ』の先の記述は、男性修行者たちと何らの格差もなく活躍する女性修行者たちが存在していたことをうかがわせてくれる。

第三章　ヒンドゥー社会の女性蔑視

第一節　『リグ・ヴェーダ』の女性観

これまで見てきたように、釈尊をはじめ、原始仏教教団においては女性を差別する要素は全く見られなかった。ところが、仏教教団以外のインドの社会に目を向けると、教団を取り囲む社会はヒンドゥー教（バラモン教）が支配的であった。当然のように、その影響を無視することはできない。

中央アジアで遊牧生活を営んでいたアーリア人は、紀元前二〇〇〇年紀に入ると南へと移動を開始したと言われる。その一部がイラン北東部に進み、アフガニスタンを経て、紀元前一五〇〇年ごろインド北西部に定住した。紀元前一二〇〇年から同一〇〇〇年ごろ、インドのパンジャーブ（五河）地方において彼らは、インド最古の文献と言われる神々の讃歌集『リグ・ヴェーダ』を編纂した。これに加えて、紀元前五〇〇年ごろまでに、『サーマ・ヴェーダ』（歌詠）、『ヤジュル・ヴェーダ』（散文祭詞）、『アタルヴァ・ヴェーダ』（呪法）、『ウパニシャッド』（奥義書）などの主要なヴェーダ聖典もまとめた。これらは、人間や、神によって作られたものではなく、いにしえの聖仙が神秘的霊感によって感得した啓示とされる天啓聖典（śruti）として絶対的な権威と仰がれ、バラモン階級を至上とする「ヴェーダの宗教」、すなわちバラモン教が形成されるに至った。

さらに、バラモン教自体は、その骨格を維持しながらも次第に非アーリア的なインド原住民たちの土着的な宗教を融合的に取り込んでいった。こうして形成されたのがヒンドゥー教である。

釈尊の滅後、時の経過とともにバラモン教的な女性観は、次第に仏教教団の中にも浸透し始めた。後世の仏教の女性観を考える上では、ここで、どうしてもこのバラモン教、あるいはヒンドゥー教の女性観を考察しておかなければならない。まず、古代インドの宗教を知る上で最も重視されている『リグ・ヴェーダ』で女性がどのように表現されているのかを見てみよう。

まず、次の言葉が見られる。

まさにインドラ神（帝釈天）でさえこう言った――女人の心は正し難いものである。しかも、〔その〕知性は実に軽薄である。（Ⅷ・三三・一七）

また、結婚相手として、眼の不自由な女性と、高価な宝石で身を飾られた女性が比較されているが、まず眼の不自由な女性について、次のように論じている。

その人の娘が生まれつき盲目であって、それを知っている誰が盲目の娘を〔妻として〕得たいと思うだろうか。彼女を〔妻として〕家に連れてくる人と、あるいは彼女を連れ去る人と、二人のうちのどちらがその人（父）に対して怒りを投げつけるであろうか。

（X・二七・一一）

それに対して、宝石で飾りたてられた女性については、次の通りである。

花嫁を求める若者からの驚くべき宝物で身を飾られた乙女は、いかなる価値があるのであろう。自分自身をきれいに装飾すれば、〔その乙女は〕美しい妻となるであろう。彼女は、多くの人々の中で伴侶を得る。

（X・二七・一二）

これらの二つの詩によると女性の価値は「高価な装飾品」次第であると言わんばかりである。外側が高価な装飾品で飾られた女性についての価値を論じていても、その内心については、

実に女たちの友情はあり得ない。女たち〔の心〕はハイエナの心である。

（X・九五・一五）

といったことが語られているのである。

第二節　『マハー・バーラタ』の女性観

次に、紀元前十世紀ころ北インドのクルクシェートラ（現在のデリー近郊）で起こったバラタ族の領土をめぐる親族間の争いを主題としている物語で、紀元四〇〇年ごろに成立したインドの国民的叙事詩である『マハー・バーラタ』ではどうであろうか。

『マハー・バーラタ』につづられた女性蔑視の言葉などは、次の書に詳しい。

B. Walker, *Hindu World*, vol. II, George Allen and Unwin Ltd., London, 1968, pp. 603-604.

J. J. Meyer, *Sexual Life in Ancient India*, Motilal Banarsidass, Delhi, 1971.

そこには次のような言葉が並んでいる。

・女とサイコロ（賭けごと）と睡眠は、破滅に関わりがある。
・女は本質的に邪悪で、精神的に汚れ、女がいるだけで周りが汚れ、解脱の邪魔になる。
・女は自制することができず、祭祀のうえで不浄である。
・内心は意地悪で、思慮分別に乏しい。
・女は虫も殺さないような顔をしているが、その心では情欲の炎が燃え盛っている。
・女は嘘《うそ》の権化《ごんげ》であるから、女の涙と抗議は取るに足りない。
・〔女は〕夫に不貞になるとか、家族の者たちに不実になるとかということについて良心の呵責《かしやく》がない。

・女はあらゆるものを食いつくす呪《のろ》いである。

第三節 『マヌ法典』の女性観

次に、『マヌ法典』を見てみよう。これは、紀元前二世紀ごろ成立した法律書である。二〇〇〇年以上も前につくられたこの法典が、現在のインドでもそのまま用いられており、法律系の大学では今でもテキストとして使われている。そこには、次のような言葉が羅列されている。

この世において、男たちを堕落させることが女たちのこの本性である。（二・二一三）

まさに女たちは、世間において愚者ばかりか賢者までをも、愛欲と怒りの力に従わせ、悪しき道に導くことができるのである。（二・二一四）

この世において、〔夫たちが、女たちを〕あらゆる努力をもって守っても、生来の男を追いかけ回す心、移り気、薄情さから、彼女らは夫たちを裏切るのである。（九・一五）

プラジャーパティ（バラモン教の世界創造神）の創造によって産み出されたこれらの女たちのこのような本性を知って、男は〔女たちの〕保護に向けて最善の努力を開始すべきである。（九・一六）

『マヌ法典』には、女性について言及したこうした言葉が見られる。このように、インドの文学書、法律書に一貫している女性観は、「不浄」「邪悪」「軽薄」「淫ら」ということである。

『マヌ法典』では、ヒンドゥー社会の女性観がそのまま条文に反映されている。そこには、

幼くても、若くても、年老いていても、女は独立して何も行なってはならない。家の中でなされるべきこと（家事）でさえもである。（五・一四七）

子どもの時は父親の、若い時は夫の、夫が死んでからは息子たちの支配下にあるべきであって、女は、独立（自由）を享受すべきではない。（五・一四八）

〔女は〕幼いときには父が守り、若いときには夫が守り、老いたときには息子たちが守る。女は、独立に値しないのである。（九・三）

といったことも規定されている。これらはまさに、「子どもの時には父親に従い、嫁しては夫に従い、夫の死後は息子に従う」という「三従」の考えである。

第四節　出産の手段とされた女性

このように厳しい評価がなされているのを見ていると、女性の存在意義は一体どのようなところにあったのだろうかと考えたくなる。それは、結婚して男の子を産むという一点にあった。

『マヌ法典』では、妻の在り方を定義したものとして、

夫が妻と交わり、妻の中に入って、胎児となってこの世に生まれる。その〔妻の〕中において〔夫が〕再び生まれる（jāyate）ということ、それが実に、産むもの（jāyā）、すなわち妻の妻たるゆえんというものである。（九・八）

という言葉が見られる。ここには、日本語の「妻」に相当する言葉が、「産むもの」（jāyā）として定義されている。また、次のようにも規定されている。

女は出産のために、男は家系を絶やさないために創造された。（九・九六）

その出産においても、

女は畑であると言われ、男は種子であると言われる。一切の身体を持つもの〔すなわち生き物〕の出生は、畑と種子の結合の結果としてあるのだ。（九・三三）

また、種子と母胎のうちでは、まさに種子のほうが秀でていると言われる。実にあらゆる生き物の子孫は、種子の特徴によって特徴づけられているのである。（九・三五）

と、女性の役割は畑としての母胎の提供のみで、生まれてくる子どもの特徴は男性のみによ

って決定づけられるとしている。

こうした考えは、『マヌ法典』以後に成立した古典ヒンドゥー法典の『ナーラダ法典』にもそっくりそのまま引き継がれていて、次のような記述がなされている。

女は、子どもを産むために創造された。よって、妻は畑であり、夫は種子を蒔《ま》くものであり、畑は、種子を持つものに授けられなければならない。（一二・一九）

このような考え方は、サンスクリット語の文法にまで影響している。サンスクリット語で子どもの出生を表現するとき、父親を示すのには、「～から」という出所、起源を意味する「奪格」（ablative）を用いるが、母親を示すのには、「～において」という場所を示す「処格」（locative）を用いる。例えば、辻直四郎著『サンスクリット文法』（二八三頁）には、

śūdrāyāṃ brāhmaṇāj jātaḥ /
〔男の子が〕シュードラの女を母に、バラモンを父に生まれた。

などの例文が挙げてある。日本語訳だけを見ると、父親と母親の位置づけの違いは分からないが、サンスクリット語の文章では違いが明確である。

例文においては、śūdrāyāṃ が「シュードラの女」を意味する女性名詞 śūdrā の単数・処格で、brāhmaṇāj（< brāhmaṇāt）は「バラモン」を意味する男性名詞 brāhmaṇa の単数・

奪格である。

子どもを産むということにおいては、父親のほうが主で、母親は従でしかなく、そのための場所（畑）にしかすぎないという考えがここには見られる。このような文法的規則も、こうしたヒンドゥー社会における女性観に関係があって決められたのではないだろうか。

こうした女性観は、ヒンドゥー教の先祖供養の在り方に関係している。ヒンドゥー教では、先祖に対する宗教的義務である先祖供養が重視されている。その祭祀を執り行なうのは、長男でなければならない。その先祖供養を断絶させないために、女性は男の子を産まなければならなかった。

ここに、長男が重視されるという理由があり、それに伴って女性の役割は男の子を産むということで位置づけられた。女性は、結婚して、男の子を産んではじめて一人前として扱われる。だから、結婚しない女性は、必然的に軽んじられることになった。

古代インドの祭式を説明したブラーフマナ文献の一つである『アイタレーヤ・ブラーフマナ』で、

家畜は結婚資金、妻は友、娘は厄介者《やっかいもの》、息子は最高天の光である。

と言われているのも、こうした考えを如実に物語っている。

『サンユッタ・ニカーヤ』第一巻によると、コーサラ国のパセーナディ（波斯匿《はしのく》）王の夫人、マッリカー（末利迦《まつりか》）が女の子を出産したとき、王はそれを喜ばなかった。それは、女子よりも男子の誕生を喜ぶというヒンドゥー社会的な背景があってのことであろう。そのとき釈尊は、王に対して次のように説き聞かせたという。

人々の王よ、女人であっても、実にある人は、男よりも勝れている。智慧があって、戒めをたもち、姑を天（神）のように敬い、夫に忠実である。彼女の産んだ息子は、勇敢で、地上の主となる。そのような良き妻の息子は、王国をも教え導くのである。（八六頁）

第五節　多くの悲劇招いた女性蔑視の思想

このような女性観を特徴とするヒンドゥー社会において、カースト制度が時代とともに強固になるにつれて、女性の自由は全く失われていった。特に十八、十九世紀には多くの悲劇が繰り返された。幼女殺しもその一つであった。女性に対する制約が厳しくなって、「娘の出生は前世に犯した罪の応報」とまで言われるようになった。その結果、生まれたばかりの女の子を密かに始末してしまう幼女殺しが増加した。十八世紀の記録には、ある村には、ほとんど女の子がいなかったとまで報告されているほどである。

『マヌ法典』には、

結婚において〔父親が、夫となるものに娘を〕**与える**ことが、〔夫の妻に対する〕所有権発生の原因となる。（五・一五二）

とあり、結婚は、父親が娘を花嫁として花婿に「与える」(√dā、あるいはpra-√dā)ことであって、いわば娘に対する父親の支配や、所有権を花婿の手に移行することを意味している。『マヌ法典』の三・二八条から三・三〇条まで、その娘の与え方が規定されている。インドでは今日に至るまで、女性たちは自分の結婚相手を自らの意志で選ぶことは許されず、父親がすべて取り決めるのである。

第二章第三節で触れたアノーパマーという女性の場合もまさにそうであった。√dāやpra-√dāという動詞は、日本語の「嫁にやる」というニュアンスではない。父親の側からは、「与える」という表現がなされているが、夫となる者の側からは、「妻をめとる」ことは、「連れてくる」(ā-√nī)という表現が用いられていた(『テーラ・ガーター』第七二偈)。

女性出家者たちが自らつづった詩集『テーリー・ガーター』には、何度嫁にいってもその度ごとに夫に嫌われたイシダーシー尼が、出家前のその体験を語る場面が出てくる。その中に、

父は、その人の嫁として私を**与えました**(adāsi)。　(第四〇六偈)

とある。このadāsiは、動詞√dāの第3類アオリスト(無限定過去)で「与えた」という意味で、これも、『マヌ法典』に規定された考えと共通するものである。

このような結婚の在り方に娘たちが疑いをもったり、間違いを起こしたりすることを恐れて、父親たちは早めに結婚させてしまうようになった。これが幼児婚を生み出す要因となった。

またインドでは、夫に先立たれた妻が殉死することを美徳としていた。これは、ヒンドゥー教徒の古い慣習であったようで、ローマ時代のギリシア人歴史家・地誌家のストラボーン（紀元前六四または同六三～紀元後二三）は、その真実性に疑問を抱きつつも、「〔インドでは〕妻は、夫が死ぬと自ら焚死《ふんし》してしまう」（*Geography*, XV, 30）と書き記している。

紀元前四〇〇年ごろに生まれ、紀元後四〇〇年ごろ現在の形として成立したとされる『マハー・バーラタ』は、月族の子孫バラタ族の流れをくむカウラヴァ（クル）家とパーンダヴァ（パーンドゥ）家の領土をめぐっての壮絶を極めた戦いを描いたものだが、戦いが終わり、クリシュナが死んだ後に、次のような描写がなされている。

> するとその時、〔クリシュナの〕妃であるルクミニー、ガーンダーリー、シャイビヤー、ヒマヴァティーも、そしてジャーンバヴァティーも、火の中に入った。

こうして死んでいった妻たちは、「サティー」（satī）と呼ばれた。satī は、「正しい」「有徳の」を意味する現在分詞サット（sat）の女性形で、「貞淑な妻」「貞節な妻」「貞女」と訳される。これは、あまりにも美化された言葉だが、サティーという習慣・制度の内実を考慮すれば、「寡婦《かふ》焚死《ふんし》」と訳すべきであろう。こうした慣習は、厳しい社会の掟《おきて》として寡婦たちに強要され、一族は、未亡人となった妻に醜態をさらすことなく殉死させるために、麻薬である阿片《あへん》を飲ませて夢遊状態にして炎の中に突き落とすこともあったという。殉死しないまでも、婚姻の首飾りをはずし、額に色粉の印も付けず、白いサリーを着て、ひたすら清楚に隠遁《いんとん》の生活を死ぬまで続けなければならなかった。

『マヌ法典』には、次のような条文もある。

①穀物と〔金銀以外の〕非貴金属と家畜を盗むこと、酒を飲む女を強姦すること、また②女・シュードラ・ヴァイシャ・クシャトリヤを殺害すること、そして③不信仰は準大罪（ウパパータカ）である。（一一・六七）

①は盗みや性犯罪に関するもの、②は殺害に関するものとして、それぞれ複合語でひとまとめになっている。③は信仰に関するものである。このように大きく分けて、類似のもので三つに分類している。

これによると、「酒を飲む女を強姦すること」は、穀物や非貴金属、家畜を盗むことぐらいにしか見なされていなかったことが分かる。②の殺害の場合の列挙の仕方は、罪の軽いものから重いものへと順に並べられていて、女性の殺害はその冒頭に出てくる。

「バラモン殺し」の罪が最も重い「大罪」で、これを犯した者は、森に小屋を建てて住み、乞食《こつじき》によって命をつながねばならない。犬、もしくは驢馬《ろば》の毛皮を身にまとい、人間の頭蓋骨を水飲み用に携帯し、寝台の足を杖代わりに持ち、罪と名前を告白して、「バラモン殺しの私にお恵みを」と言って乞食しなければならない。死ぬまでこのような贖罪《しょくざい》の生活を強いられ、生涯、社会復帰は認められないのだ（渡瀬信之著『マヌ法典』中公新書、一七三〜一七四頁）。

それに対して、②に挙げられたものは、皆「準大罪」で、「バラモン殺し」に比べると、罪は軽い。けれども、それぞれの間で罪の軽重が認められる。例えば、「クシャトリヤ殺し」を犯した者は、牡牛《おうし》一頭と牝牛《めうし》一千頭をバラモンに与え、さらに上記の「バラモン殺し」の贖罪を三年間実行しなければならない。「ヴァイシャ殺し」は、牡牛一頭と牝牛百頭をバラモンに与え、「バラモン殺し」の贖罪を一年間義務付けられ、「シュードラ殺し」は、牡牛一頭と白い牝牛十頭をバラモンに与え、さらに「バラモン殺し」の贖罪を半年間実行しなければならない（同、一七七〜一七八頁）。

クシャトリヤ、ヴァイシャ、シュードラの前に挙げられた「女殺し」の贖罪《しょくざい》についての記述は、『マヌ法典』には見られないが、「シュードラ殺し」よりも軽かったと想像される。岩本裕《ゆたか》博士（一九一〇〜一九八八）は、上記の『マヌ法典』の一節を次のように訳している。

女を殺すことは、穀物や家畜を盗んだり、酔っぱらった女を強姦したりするのと同じく、微罪 upapātaka である。（『仏教と女性』一三頁）

これは①と②の区別を無視して、同列に扱った強引な訳である。殺人の場合で既に述べたように、同じウパパータカであっても罪に軽重の差が設けられていた。盗みや性犯罪と、殺人の間にも罪の軽重に差が設けられているのであって、「女を殺すこと」と「穀物や家畜を盗んだり、酔っぱらった女を強姦したりする」こととは同列に論ずることはできないのである。

『マヌ法典』において、これほどまでに女性を蔑視する規定がなされていたことからすれば、これまで概観してきた女性蔑視というものは、ごく日常的に行なわれていたのであろう。

幼女殺しについては、一八〇二年に禁止令が出され、その後も罰則が強化されている。一八二九年には、「サティー」の禁止令も出された。しかし、いまだにこの悪習は後を絶たず、こうした事件が新聞などで報じられている。

以上、大まかにヒンドゥー社会における女性観を見てきた。仏教における女性観を考察するに当たっては、こうした女性観が、仏教教団を取り巻く社会に同時進行として根強くあったことを忘れてはならないのである。

第四章　部派分裂とともに加速する女性軽視

第一節　釈尊の滅後に始まった権威主義化

初期の仏教教団を取り囲む社会は、相変わらずのヒンドゥー的（バラモン教的）社会であった。釈尊が、ダルマ（法）に基づいて男女の平等を説いたといっても、それが実現されていたのは、厳密には教団内に限ってのことであったのではないか。教団の外では、既に前章で述べたようなヒンドゥー的女性観が根強く横行していたのである。

また、教団内の男性出家者を見ても、釈尊が生存していた当時のある時期には、約千二百五十人の男性出家者たちがいたとされているが、その構成はバラモン出身者が五〇％以上を占めていた（岩本裕著『仏教と女性』六頁）。こうした傾向は、その後もそれほど変わることはなかったであろう。

岩本裕博士は、このように男性出家者の教団内でバラモン出身者が高い占有率を占めていたということから、「仏教における女性観の根底に、あるいはその背景に、バラモン教なりヒンドゥー教における『性』の問題のあることを見逃すことはできない」（同）と述べている。

そうしたヒンドゥー社会の女性観が、次第に仏教教団にも影響を及ぼすことは自然な成り行きであろう。それは、釈尊の滅後、特に部派仏教、あるいは小乗仏教と呼ばれる時代に顕著になってくる。そのプロセスについては、本章で後に述べることとする。

釈尊の滅後、仏教の教団には徐々にとはいえ、変化の兆しが現われた。その一つが、在家に対する出家の優位の強調であった。セイロン上座部が伝えた『スッタニパータ』は最古の経典と言われ、詩の部分はアショーカ（阿育）が王に即位した紀元前二六八年以前、すなわち部派分裂以前にまとめられたものである（中村元著『原始仏教の社会思想』六七二頁）。そこに既に在家を低く見る出家優位の考えの萌芽が見られる。『スッタニパータ』におけるその変化のあらましをたどってみると、詩の中でも古いものには、

目覚めた人（ブッダ）を誹り、あるいはその〔ブッダの〕**遍歴行者や在家の仏弟子**を誹る人、その人を賤しい人であると知りなさい。（第一三四偈）

といった釈尊の言葉が見られる。出家者を意味する語として paribbājа（遍歴行者）が用いられているということは、この詩が極めて古いものであることを意味する。bhikkhu（食べ物を乞う人、比丘）が用いられるようになるのは、後のことである。

ここでは、遍歴行者という言葉で示された出家者と、在家者（gahaṭṭha）が、ともに等しく「〔ブッダの〕教え（声）を聞く人」（sāvaka）、すなわち仏弟子と見なされていることが注目される。sāvaka は、「聞く」という意味の動詞ス（√su）に行為者名詞を作る接尾辞

akaを付けたもので、「声を聞く人」を意味する。すなわち、「仏の教えを聞く人」のことで、「声聞《しょうもん》」と漢訳された。それは、「仏弟子」というほどの意味で用いられていて、当初は在家と出家をともに含んでいたのである。ところが、部派仏教の時代になると、出家者たちはsāvakaから在家者を排除してしまう。大乗仏教徒が「小乗」と呼んだのは、まさにそのような出家者たちのことであった。

　gahaṭṭha（在家者）という語は、第九〇偈にも見られる。その直前の第八九偈において、釈尊はまず、ずうずうしくて、傲慢《ごうまん》で、しかも偽りをたくらみ、自制心がなく、おしゃべりでありながら、いかにも誓戒《せいかい》を守っているかのごとく、真面目《まじめ》そうに振る舞う出家修行者のことを「道を汚す者」と述べた上で、次のように論じている。

> **智慧を具《そな》えた聖なる仏弟子である在家者**（gahaṭṭho… ariyasāvako sapañño）は、彼ら（道を汚す〈出家〉者たち）のことを洞察していて、「彼らは、すべてそのようなものだ」と分かっているので、以上のように見ても、その人の信仰がなくなることはないのだ。
> （第九〇偈）

　ここにおいても、釈尊は在家者を示すのにgahaṭṭhaという語を用いている。しかも、「道を汚す」出家者の言動を見ても少しも紛動されることなく、信仰を見失うこともない在家者のことを、「智慧を具えた聖なる仏弟子」と言っている。この表現に在家者を軽んずる姿勢は全く感じられない。

『スッタニパータ』では、このほか第四八七偈にも在家者を指すのに gahaṭṭha が用いられている。これは、「家」を意味する gaha と、「居る」「在る」を意味する形容詞 tha との複合語で、文字通りに「家に居る人」を意味している。

ところが『スッタニパータ』の他の偈で、出家者を指すのに bhikkhu（食べ物を乞う人）という語がしばしば用いられている。それに対して、在家者を指すのに「そばに仕える人」を意味する upāsaka（優婆塞《うばそく》と音写）という語の使用は、『スッタニパータ』では「ダンミカ経」の第三七六偈と、第三八四偈の二ヵ所に限られている。その第三七六偈は、次のようになっている。

教えを聞く人は、**家から出て家のない状態になる人**であれ、**在家の優婆塞《うばそく》**（upāsaka）であれ、どのように行なうのがよいのでしょうか？

ここでは、仏弟子を意味する「教えを聞く人」（sāvaka）という語が、在家を排除して出家のみに限定されるまでには至っていないが、在家のことを「優婆塞」という語で示すに至っている。

また第三八四偈は、次のように表現されている。

これらのすべての**比丘たちや、優婆塞たち**は、まさにこのように〔ブッダの教えを〕聞くために共々に坐っている。

ここでは、出家者を指す言葉として「遍歴行者」(paribbāja)ではなく「比丘」(bhikkhu)が用いられ、さらには在家者を指す言葉が「家にいる人」(gahaṭṭha)から「優婆塞」(upāsaka)に取って代わられている。ここに在家者と出家者との関係の若干の変化が見られる。ただし、この二つの偈は、釈尊の口によって語られたものではなく、在家の男性信者であるダンミカが諳《そら》んじたものであるということを考慮しなければならないであろう。

以上のように見てくると、最も古く編纂されたといわれる『スッタニパータ』において、在家者と出家者を表現するのに、何段階かの変化を経ていることに気づく。最も古い表現は、出家者を「遍歴行者」や「仙人」、在家者を「家に居る人」と呼んでいた。ところが、出家者についての表現が先に変化し、「食べ物を乞う人」(bhikkhu)が用いられるようになった。ところが、在家者についての表現は、『スッタニパータ』に限って見れば、「家に居る人」が用いられていて、釈尊が「そばに仕える人」(upāsaka)を使った形跡は全く見られない。それが用いられているのは、ダンミカという在家者が自分たちのことを指して用いた二カ所だけである。

ということは、『スッタニパータ』成立の段階では、まだ出家者の側で「優婆塞」(upāsaka)という語が用いられていなかった可能性が高い。ただ、在家の信者が仏教以外、すなわちバラモン教における伝統的な呼び方にならって用いたということは確実である。けれども、『スッタニパータ』も含めて経典を編纂したのは出家者であるから、在家者にそれを言わせる形をとった、あるいは言わせることを容認したとも考えられる。

比丘は、bhikkhu を音写したものであり、「食べ物を乞う人」を意味する。優婆塞は、「そばに坐る」という意味の動詞ウパ・アース（upa-√ās）に行為者名詞を作る接尾辞 aka を付けた upāsaka の音写語で、「そばに仕える人」を意味する。だれに仕えるのかといえば、比丘に対してである。後世には、男性出家者を「食べ物を乞う男」（bhikkhu、比丘）、男性在家者を「そばに仕える男」（upāsaka、優婆塞）で表わし、さらにそれぞれの女性形である「食べ物を乞う女」（bhikkhunī、比丘尼）、「そばに仕える女」（upāsikā、優婆夷《うばい》）を加えて、「四衆《ししゅ》」と言い、それが仏教徒の総称とされるに至るのである。当初は、男女の別なく出家も、在家もともに「仏の教えを聞く人」という関係であったけれども、次第に「食べ物を乞う人」と「そばに仕える人」という意味が加味され始める。この『スッタニパータ』の「ダンミカ経」の段階では、そこまでには至っていないが、既に僧俗の分裂と、優劣を規定する前兆がここにうかがわれる。

『アングッタラ・ニカーヤ』には、第二章第十節でも論じたように多数の仏弟子の中から代表的な人物を四衆ごとに列挙した箇所があった。そこでは、

わが男性の仏弟子（sāvakānaṃ）にして比丘なるものたち
わが女性の仏弟子（sāvikānaṃ）にして比丘尼なるものたち
わが男性の仏弟子（sāvakānaṃ）にして優婆塞なるものたち
わが女性の仏弟子（sāvikānaṃ）にして優婆夷なるものたち

と前置きして、それぞれの勝れた点と人名が列挙されていた。出家者と在家者を示す言葉が、比丘・比丘尼・優婆塞・優婆夷、すなわち「食べ物を乞う男／女」「そば近く仕える男／女」という言い方に変わってはいるものの、いずれの場合にも、「仏弟子」を意味する sāvaka、あるいはその女性形の sāvikā という語が四衆のそれぞれの語の前に付されている。ここには、『テーラ・ガーター』『テーリー・ガーター』に見られない女性修行者の名前が挙げられていることから、この両書よりも少し時代を経てまとめられたと考えられるが、在家も出家も、男性も女性も差別なく仏弟子と見なされている点は、まだ変わっていない。

　こうした在家と出家の関係の変化は、釈尊滅後、漸次に進行したと思われる。それは、紀元前三世紀末の部派分裂を経て顕著になった。原始仏教において「仏弟子」を意味していた sāvaka と sāvikā という語が、男性のみに限られ、その上、在家を排除して出家にのみ限定されてしまうのである。その代表が西北インドで最も有力であった説一切有部《せついっさいうぶ》（略して有《う》部《ぶ》）であった。彼らは、他に先駆けてサンスクリット語を用いたが、パーリ語の sāvaka に対応するサンスクリット語の śrāvaka という語を用いるのみで、その女性形 sāvikā に対応するサンスクリット語を用いた形跡は見られない。サンスクリット文法の造語法では、śrāvaka の女性形は śrāvikā に相当するが、「女性の仏弟子」を意味するこの語は辞典にも仏典にも見当たらない。すなわち、小乗仏教において「仏弟子」は、【表2】のように男性出家者に限られてしまったのである。こうした事情によって、大乗仏典において批判の対象とされた śrāvaka（声聞）も、当然のように小乗仏教の男性出家者を意味している。

	男性		女性	
	出家	在家	出家	在家
原始仏教（パーリ語）	sāvaka	sāvaka	sāvikā	sāvikā
小乗仏教（サンスクリット語）	śrāvaka	―	―	―

表 2

部派分裂が起こったのは、釈尊の入滅から百年余を経過したころのことだと言われる。ヴァイシャーリーにおける会議（結集《けつじゅう》）において、形式的な保守派に対して、現実的な革新派が、時代や地方によって異なる風俗・習慣・気候・風土に応じて十項目の戒律（十事）を緩和するように要求した。この問題をめぐって保守派と革新派との間に激しい論争が起こり、ついに教団は上座部《じょうざぶ》と大衆部《だいしゅぶ》とに分裂する（根本分裂《こんぽんぶんれつ》）。その時期を仏滅後百年余とすることは、セイロン上座部（分別説部）の『島史』（*Dīpavaṃsa*）と『大史』（*Mahāvaṃsa*）、それに説一切有部によって伝承されたカシュミールの史伝『異部宗輪論《いぶしゅうりんろん》』の南北両伝のいずれにも共通しているので、その確実性は高いといえよう。

釈尊の生存年代については、中村元博士の綿密な計算の結果、紀元前四六三〜同三八三年と推定されている（『インド史Ⅱ』五八一〜六一九頁）。それによると釈尊滅後百年余というのは、紀元前三世紀ということになる。それ以後も、さらに部派分裂は繰り返され、約百年の間（紀元前三〜同二世紀）に大衆部系統が細かく分裂し、次の約百年の間（紀元前二〜同一世紀）に上座部系統が細かく分裂した。最終的に紀元前一世紀ごろまでに約二十の部派に分裂していった（枝末分裂《しまつぶんれつ》）。これらは、紀元前後に起こる大乗仏教運動の担い手たちから、「小乗二十部」と呼ばれ、「小乗仏教」という言い方で貶称《へんしょう》された。上座部系はインドの西方と北方に、大衆部系は中インドから南方に主に発展したようである。

【『異部宗輪論』による部派分裂の形態】

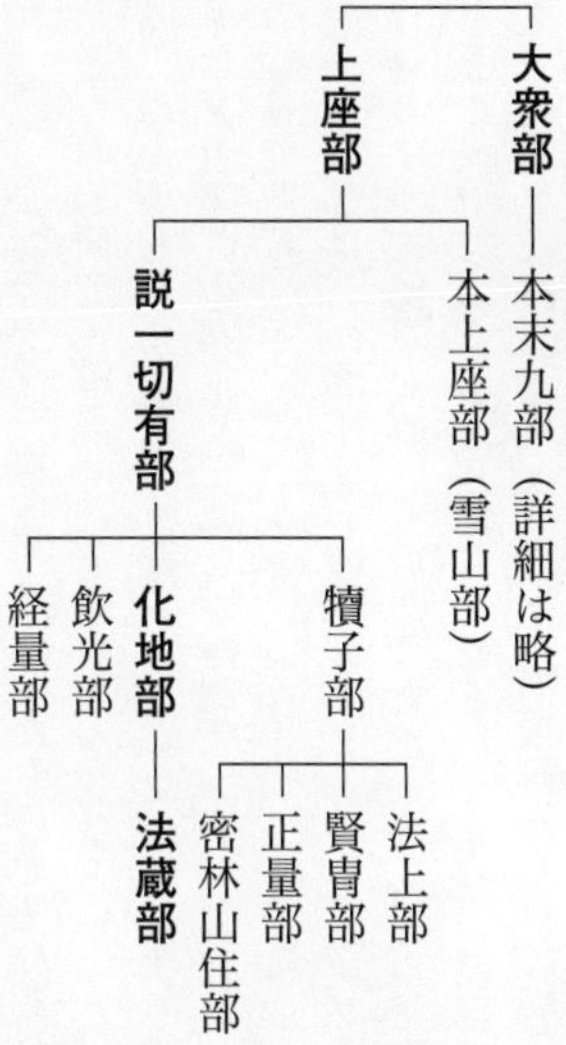

（ゴシック体は、律典が残っている部派）

これらの諸部派は、分裂・独立して後、自派の教説の正統性を権威付けるために聖典を集大成し直すこととなる。それには、自説に都合の悪い箇所を削除し、都合のよい有利な言葉を付加増広するということも行なわれたようだ（中村元著『原始仏教から大乗仏教へ』八五頁）。ブッダの教法と戒律を集大成したものをそれぞれ経蔵《きょうぞう》、律蔵《りつぞう》といい、その教法について弟子たちが研究・解説した著作などを論蔵《ろんぞう》といった。各部派は、それぞれ経・律・論からなる三蔵《さんぞう》を所有していたようだが、たいていは散失してしまっていて、現存するのは、主にセイロン上座部のパーリ三蔵と、西北インドを中心として有力であった上座部系の説一切有部の論蔵である[1]。

説一切有部は、西北インドのカシュミールやガンダーラを中心に繁栄した。物資の豊かなカシュミールに拠点を置いていたことが、法（ダルマ）の研究であるアビダルマ教学の精緻《せいち》な体系を確立することを可能にしたといえよう。諸部派の中でも、説一切有部に対立した学派として有名な経量部《きょうりょうぶ》のように、名前は知られているがその論書がほとんど伝えられておらず、教義の内容の詳細はよく分からない部派が多い。大衆部系は、上座部系に比べて勢力はそれほど大きくなかったようで、大衆部以外に名前の知られた部派は少ない。

マウリヤ王朝（紀元前三一七〜同一八〇年ごろ）以降には、西北インドを支配したインド・ギリシア王朝、サカ王朝、クシャーナ王朝（特にカニシカ王）による仏教保護によって、ガンダーラからカシュミール、マトゥラーにわたって説一切有部、正量部《しょうりょうぶ》、飲光部《おんこうぶ》、法蔵部《ほうぞうぶ》、化地部《けじぶ》、大衆部などの部派が栄え、後には大乗仏教も興起することになる。

上座部系統の各部派は、教理の面においても実践の面においても保守的であり、伝統的であった。それを支持していたのは、インドの上層部であった。それに比べて、大衆部系統の部派は、広く一般大衆に支持されていて、現実社会と密接な接触を保っていて、時代の趨勢《すうせい》に敏感で進歩的で改革的態度を持っていた。そうした傾向が、時代の変遷とともに大乗仏教を成立させる温床ともなったと言える（同、八三頁）。

部派分裂を経て、特に上座部系は権威主義的傾向を強めていったようだ。それは、出家中心主義、隠遁的な僧院仏教という特徴として表面化してくる。出家して比丘となり、戒律を守り、厳しい修行をする。在家と出家の違いを厳しくして、出家を前提とした教理体系や修行形態を築き上げ、僧院の奥深くにこもって、禁欲生活に専念し、煩瑣《はんさ》な教理の研究と、修行に明け暮れた。その修行も、他人の救済（parārtha、利他《りた》）よりも自己の修行の完成（svārtha、自利《じり》）を目指したものであった。それは、ややもすると利己的・独善的な態度に陥る傾向があった。

こうした傾向を助長する要因の一つとして、教団自体の富裕化が挙げられよう。教団は、王侯たちから広大な土地を寄進された。それは寺院の荘園《しょうえん》となり、王の官吏たちも立ち入ることができなかった。また、莫大な金銭の寄進を受け、教団はそれを商人の組合に貸し付けて利子を取った。こうして西暦紀元前後には、教団自体が大地主・大資本家と化していた（中村元著『インド史Ⅲ』一八九～一九〇頁）。出家者たちが大寺院の中に住んで瞑想に明け暮れ、煩瑣な教理の研究に没頭して、悩める民衆のことを考えなくなってしまった背景にはこうした事情もあったのである。紀元前後に登場する大乗仏教から、「小乗」と呼ばれるに至る理由はこうした点にあった。

小乗は、サンスクリット語の「ヒーナヤーナ」(hīnayāna) を訳したものだが、これは「劣った乗り物」「粗末な乗り物」「打ち捨てられた乗り物」という意味である。「小乗」と呼ばれた人たちが、自分たちのことをこのような言い方で呼ぶはずはなく、「マハーヤーナ」(mahāyāna、偉大な乗り物) と自分たちのことを呼んだ大乗仏教の徒によって付けられた貶称《へんしょう》であった。小乗と大乗の大きな違いは、前者が自利のみを探求するのに対して、後者が利他行に徹し、「他者の救済が自己の救済に通じ、自己の完成が他者の救済の原動力となる」という自利利他円満を目指す——という点にある。

大乗仏教徒によって「小乗」と呼ばれたのは、部派仏教全体なのかどうかは明らかではない。『大品般若経《だいぼんはんにゃきょう》』の注釈書で、ナーガールジュナ (龍樹) の著だとされる『大智度論《だいちどろん》』によれば、そこで批判されているのは「毘婆沙師《びばしゃし》」、すなわち『大毘婆沙論《だいびばしゃろん》』を信奉する説一切有部であったようだ。有部は、その論究方法の精緻さにおいて群を抜いており、理論仏教として勢力をふるい、他の部派 (後には大乗仏教) にも理論的に大きな影響を与えた。そのため、有部は上座部系の有力なる代表者と見られていた (平川彰著『インド仏教史』上巻、三二六頁。木村泰賢著『大乗仏教思想論』五三頁)。

スリランカや、東南アジアの仏教の場合は、小乗仏教と呼ぶのは適当ではなく、上座部仏教 (thera-vāda)、あるいは長老仏教と呼ばれている。

第二節　部派分裂の前と後の女性観

釈尊滅後から徐々に始まっていた仏教の変容は、部派分裂を経てさらに顕著になってくる。特に上座部系においては、仏教が出家中心となり、保守化と権威主義化が始まった。こうした変化と並行して、女性軽視、女性蔑視の傾向も強まってくる。部派分裂を境に釈尊在世のころからの原始仏教（初期仏教）の時代と、部派仏教（後に小乗仏教と呼ばれた）の時代とに分けることができる。その違いは、パーリ経典と、漢訳経典を比較相対することによってほぼ明らかになってくる。

パーリ経典は、アショーカ王の子（弟？）であるマヒンダによってセイロン（スリランカ）に伝えられたものだ。仏教がセイロンに伝えられると、セイロン王デーヴァーナムピヤ・ティッサ（紀元前二四七～同二〇七年ころ）は、マヒンダに帰依し、首都のアヌラーダプラに大寺（mahāvihāra）を建立した。これがセイロン上座部（分別説部）の起源である。マヒンダによって伝持された仏典は、マヒンダの母の生地、中インド西南のヴェーディサで有力であった仏教である。その地方一帯で用いられていた古代方言がパーリ語であった。その地域の仏教は、部派分裂後に上座部系となっているので、上座部的傾向性をはらんでいた仏教がセイロンにもたらされたと考えてよいであろう。

セイロンの『島史』と『大史』によれば、アショーカ王のころには既に部派分裂が完了していたことになるが、果たしてそれは信頼性のあるものであろうか。両史伝によると、部派分裂は釈尊入滅後百年目から二百年目までの百年の間に起こった出来事とされている。しかも、アショーカ王の即位を仏滅の二百十八年後としているので、アショーカ王の時代には既に多くの部派教団に分裂済みであったことになる。

ところが、アショーカ王によって残された碑文を検討してみると、教団（僧伽《そうぎゃ》）を分裂させることを厳しく戒めている。例えば、サーンチー法勅《ほうちょく》には、欠損し、摩耗して判読しにくいところもあるが、次のように記されている。

……〔教団を〕分裂させて〔はならない〕……。〔私の〕息子たちや、曾孫《ひまご》たちが〔統治する限り〕、月と太陽が〔輝く限り〕、比丘と比丘尼の〔教団の〕和合が命じられた。比丘であれ、比丘尼であれ、教団を分裂させるものは、白衣《びゃくえ》を着させて、住処《じゅうしょ》（精舎）でない所に住まわせなければならない。というのは、私の願いは、教団が和合して、永続することであるからだ。

また、サールナート法勅にも以下のような言葉が見られる。

だれであれ、教団を分裂させ〔てはならない〕。実に比丘であれ、比丘尼であれ、教団を分裂させるものは、白衣を着せしめて、住処（精舎）でない所に住まわせるべきである。この法勅は比丘教団と、比丘尼教団の両方において告知されなければならない。

白衣は、在家の人たちが着るものであり、「白衣を着させて」とは、出家を取り消し、還《げん》俗《ぞく》させることを意味している。

こうした記述は、サンガの分裂の前兆に対して警告するものであって、アショーカ王の時代に既に教団が分裂し、各部派教団が栄えていたとする『島史』や『大史』の記録とは相容れないと断定できよう。また、両法勅に出てくる教団（sangham）という語は単数形であり、教団は単一のものとして記述されている。従って、前二六八年から同二三二年まで在位していたアショーカ王のころには分裂の危機は迫ってはいたが、いまだ分裂はしていないといえよう。従って、「二百十八年説」は説得力を持ち得ない。

さらに、宇井伯寿（一八八二～一九六三）・中村元の両博士によって行なわれた釈尊の生存年代の推定の際にも論じられたように、①仏滅からアショーカ王の即位灌頂まで二百十八年というのは、長すぎである。釈尊からアショーカ王の時代まで五人の師が戒律を伝えたとも述べているが、五人で二百十八年間、伝承するのは無理であろう。また、②この説はセイロン上座部のみの所伝であり、この点が弱点である。③『島史』は四世紀後半から五世紀初頭にかけて、『大史』は五世紀末に著わされたものであり、紀元前三世紀前後のことの記述について信頼するには難点がある（中村元著『ゴータマ・ブッダI』一〇九頁）。

これに対して、北伝の『異部宗輪論』などほとんどすべての文献では、アショーカ王の即位を仏滅後約百年としていて、宇井伯寿、中村元、平川彰（一九一五～二〇〇二）、梶山雄一博士をはじめとする多くの学者に支持されている。北伝の記述に従うと、マヒンダによるセイロン（スリランカ）への伝承は部派分裂以前と見なすべきである。

マヒンダによって伝えられたその仏典はその後、紀元前一世紀ごろパーリ語で記録されて今日までほぼ原形を留めて伝えられ、「パーリ経典」と呼ばれている。諸部派の分裂以前に権威として認められていたもので、釈尊の教えをほぼ忠実に伝えたものとして最も信頼され、部派分裂以前の経典の内容を知るうえで貴重な資料となっている（中村元著『原始仏教の成立』六五頁）。

こうした事情から、仏教学者は経典の成立年代を推定する目安として一つの便法を用いる。すなわち、パーリ経典と、それに対応する漢訳経典を比較して、その両方に共通する記述があるならば、それはアショーカ王のころ、すなわち部派分裂以前から存在したものであると判断することができる。逆に、漢訳経典にあってパーリ経典になかったり、パーリ経典にあって漢訳経典になかったりする場合は、その記述の箇所は部派分裂以前にはなかったもので、分裂以後に付加・挿入されたものだと考えることができる（梶山雄一著『空の思想』一九九頁）。

この考えをもって、第一章に引用した『サンユッタ・ニカーヤ』第一巻の一節を再度引用しよう。

女性であれ、男性であれ、その人の乗り物がこのようであれば、その人は実にこの乗り物によってまさにニルヴァーナのそばにいる。（三三頁）

というパーリ経典の記述を調べてみると、説一切有部所伝の漢訳『雑阿含経《ぞうあごんきょう》』巻二二にも、

是《か》くの如《ごと》き妙乗は男女の乗る所にして、生死《しょうじ》の叢林《そうりん》を出でて安楽処を逮得《たいとく》せん。（大正蔵、巻二、一五六頁上）

とある。ここでも乗り物に乗る人として男女が平等に挙げられ、「ニルヴァーナ」（安らぎ）に対応して「安楽処」が示されて、そこに男女ともに達することができることを述べている。違うのは、「生死の叢林」という語があることぐらいだ。それもニルヴァーナに至る前には生老病死《しょうろうびょうし》の苦があるわけで、それを「叢林」に譬えて具体性をもたせただけである。あってもなくても意味は何ら変わることはない。このように、パーリ経典も漢訳も全く同じ表現であることが断定できる。

また、第二章に引用した悪魔とソーマー尼とのやりとりの場面もそっくり漢訳に確認される。それは、『サンユッタ・ニカーヤ』第一巻の第一集「詩を伴う集」、および『テーリー・ガーター』に出てくるもので、この『サンユッタ・ニカーヤ』第一巻の第一集は、その古さにおいてはアショーカ王以前にまとめられた『スッタニパータ』の詩の若干部分と並ぶものである（中村元訳『ブッダ　神々との対話』三四一頁）。そこにおいて悪魔がソーマー尼に対して、次のように語りかけた。

> 到達し難くて、仙人たちのみが得ることのできる境地は、二本指ほどの〔わずかな〕智慧しかない女性がそれを得ることはできないであろう。（一二九頁）

それに対して、ソーマー尼は、

心がよく集中していて、智慧が現に存在している時、正しく真理（法）を観察している人にとって、女性であることが一体、何〔の妨げ〕となるのでしょうか。（同）

「私は女であろうか、それとも男であろうか」と、あるいはまた、「私は何ものであろうか」と〔迷っている〕人、その人にこそ悪魔が話しかけることは値するのである。（同）

と応じていた。これらの一節に対応するものとして、説一切有部所伝の『雑阿含経』巻四五があるが、そこにおいて次のような漢訳が見られる。それは、

一時《あるとき》、仏は舎衛国《しやえいこく》の祇樹給孤独園《ぎじゆぎつこどくおん》に住せり。時に蘇摩比丘尼《ソーマーびくに》有り。

（大正蔵、巻二、三二六頁上）

という書き出しで始まっている。早朝に舎衛城（サーヴァッティー）で托鉢を終えた蘇摩比丘尼が、林の樹木の根もとに坐していると、そこへ悪魔がやってきて次の偈をもって語りかけた。

仙人所住の処《ところ》、是《こ》の処は甚《はなは》だ得難し。彼《か》の二指《にし》の智は、彼の処に到《いた》ることを得ること能《あた》わず。

（同、三二六頁中）

これに対して、蘇摩比丘尼も偈によって答えた。

心、正受《しょうじゅ》に入れば、女の形、復《ま》た何をか為《な》さんや。智の或《あ》るいは若《も》し生じ已《おわ》れば、無上の法を逮得《たいとく》せん。若《も》し男女の想いにおいて心倶《とも》に離るることを得ざれば、彼、即《すなわ》ち魔説に随《したが》わん。汝《なんじ》、応《まさ》に往《ゆ》いて彼に語るべし。（同）

これらは、パーリ経典の表現と寸分も異なるところがない。漢訳においても女性を差別するところはなく、女性を軽視する悪魔を毅然たる態度でやりこめるソーマー尼の姿が描かれている。

従って、少なくとも部派分裂の直前までは、女性を軽視する悪魔を女性に論破させたり、女性が無上の法を覚ることができるということを女性自身に語らせたりするといったことが行なわれていたのである。しかも、仏道修行者のことを「比丘」（bhikkhu）ではなく、「仙人」（isi）と言っていることから、この悪魔とソーマー尼とのやりとりは極めて古い詩に属すると見てよいであろう。釈尊在世、またはそれに極めて近いころ、既にこのような女性の姿が見られ、それが部派分裂の直前のころまで語り継がれていたのである。

ところが釈尊の滅後、釈尊という有力な理解者を失ったことで、比丘尼たちの地位が低下し、男性出家者たちの間に比丘尼を軽視する傾向が現われ始めた。『ミリンダ王の問い』が編纂された紀元前二世紀ごろには比丘尼の地位が低下していたとI・B・ホーナー女史は指摘している（*Women under Primitive Buddhism*, p. 291）。それは、後に詳述する女性の出家に当たっての「八つの条件」（八重法《はちじゅうほう》、八敬法《はっきょうほう》）を検討することによっても明らかとなる。

こうした傾向は部派分裂後にも続き、「三従」や「五障」といったことが言われるようになり、終に女性は成仏できないとまで主張されるようになるのである。『大智度論』（大正蔵、巻二五、四五九頁上）には、このような「女人不成仏」の考えは、第六章でも論ずるように、小乗（部派）仏教、特に説一切有部の教理として語られていて、それを裏付けている。

第三節　釈尊の神格化と差別思想

歴史上の人物としての釈尊は、第一章でも論じたように「真の自己の探求」と「法の具現」による人格の完成を人々に促した。そのためには、自らを反省することが必要であり、「あやまちを指摘し、忠告してくれる賢明な人」と交わるべきであり（『ダンマ・パダ』二二頁）、悪友（悪知識《あくちしき》）ではなく善友（善知識《ぜんちしき》）に近づくことを勧めていた（『サンユッタ・ニカーヤ』第一巻、八七頁）。そこにおいて、釈尊自身は自らを人々のための「善き友人」であると自任していたのである。

『サンユッタ・ニカーヤ』第一巻には、次のような言葉がある。

アーナンダよ、実に**善き友人である私**によって、〔迷いの世界に〕生まれることから解脱するのである。（八八頁）

釈尊は絶対者や、生きた神ではなく、一人の人間であった（中村元著『原始仏教の成立』一五〇頁）。

『サンユッタ・ニカーヤ』など多くの原始仏典には、釈尊の教えに触れ、弟子たちが目覚めた場面に必ず出てくる定型句として、次の一節がある。

素晴らしい。君、ゴータマさんよ。素晴らしい。君、ゴータマさんよ。あたかも、君、ゴータマさんよ、倒れたものを起こすように、あるいは覆われたものを開いてやるように、あるいは〔道に〕迷ったものに道を示すように、あるいは暗闇に油の燈し火をかかげて眼ある人が色やかたちを見るように、そのように君、ゴータマさんはいろいろな手立てによって法（真理）を明らかにされました。（『サンユッタ・ニカーヤ』第一巻、一六一頁）

ここで、「君」「ゴータマさんよ」と気軽に呼び掛けていることが注目される。また『テーリー・ガーター』では、釈尊のことを「ゴータマ」と呼んでいるところが何ヵ所もある。例えば、ヴァーシッティーという尼僧は、『テーリー・ガーター』で次のように語っている。

私は、自分の心を取り戻した後で、敬礼し、〔ブッダに〕近づき〔坐り〕ました。そのゴータマ〔・ブッダ〕は慈しんで私のために真理の教え（法）を説かれました。

（第一三六偈）

歴史上の人物としての釈尊は、「君よ」「ゴータマよ」と呼ばれても意に介することはなかった。釈尊は傲慢《ごうまん》ではなかったのだ。それは、先の『サンユッタ・ニカーヤ』で見た通り、「善き友人」という自覚が釈尊自身にあったからだ。権威主義的な考えは、本来の仏教とは無縁のものであった。ここでも釈尊自身が、他の修行者と同じ資格における修行者の一人であったことが確認される。

ところが、仏教がマウリヤ王朝の時代に国教とも言えるほどの地歩を確保すると、釈尊はもはや人間ではなく、超自然的な神的存在と考えられて、神格化されるに至った（中村元著『原始仏教から大乗仏教へ』四五〇頁）。アショーカ王の在位期間（紀元前二六八～同二三二）中にスリランカに伝えられた『テーラ・ガーター』では、釈尊について「神々を超えた者」(ati-deva)、「神々の神」(deva-deva) などといった表現がなされている。また紀元前二世紀中葉のバールフット彫刻の銘文には「偉大なる神」(mahā-deva) という表現も見られる（静谷正雄著『インド仏教碑銘目録』二五頁）。

紀元前一世紀ごろにまとめられた『アングッタラ・ニカーヤ』第二巻には、ドーナというバラモンが、釈尊に矢継ぎ早に質問する場面が描かれている。

「あなたは、神ではいらっしゃらないのですか？」

「あなたは、ガンダルヴァ（天の楽人）ではいらっしゃらないのですか？」

「あなたは、ヤッカ（夜叉《やしゃ》）ではいらっしゃらないのですか？」
「あなたは、人間ではいらっしゃらないのですか？」　（三八～三九頁）

釈尊はそれを一つひとつ否定する。そして、次のように答えたとされる。

バラモンよ、私は人間ではないであろう……バラモンよ、私をブッダであると思いなさい。　（同）

ところが、紀元前三世紀ごろにまとめられた『テーラ・ガーター』では、弟子たちはブッダ（目覚めた人）のことを、

人間であるところの完全に目覚めた人（ブッダ）　（第六八九偈）

と呼んでいた。〝人間であるブッダ〟から、〝人間を超越したブッダ〟に表現が改められている。

釈尊の神格化は、釈尊滅後、徐々に始まったであろうが、百年後のアショーカ王のころにはこのように確実なものとなっている。ただし、その百年間の経過の詳細を追うことは、資料不足で困難である。そうした制約があるけれども、部派分裂を前にしたアショーカ王の時代には、既に釈尊の神格化が始まっていたということだけは確実である。

その傾向は、部派分裂後にもとどまることはなかった。如来を呼ぶのに「ゴータマよ」と名前で呼んだり、「君よ」と呼んだりしてはならないといった記述が現われてくるのだ。例えば、小乗仏教の代表的な部派と見なされていた説一切有部は、その論書『阿《あ》毘《び》達磨《だつま》大毘婆《だいびば》沙論《しゃろん》』において、五人の比丘に対して行なわれた鹿野苑《ろくやおん》での初転法輪《しょてんぽうりん》の場面を、次のように記述している。

是の時、五人復《ま》た恭敬《くぎょう》すと雖《いえど》も、而《しか》も猶《なお》仏を呼ぶに具寿《ぐじゅ》と為《な》す。或《ある》いは復《ま》た仏を称して喬《ゴー》答摩《タマ》と為す。仏、即《すなわ》ち告げて言《のたまわ》く。「汝等《なんだち》、如来を呼ぶに具寿と為す勿《な》かれ。亦觸《またこと》に姓名を称する勿かれ。若《も》し故《ことさら》に爾《しか》れば、当《まさ》に長夜《じょうや》に於《お》いて無義利を獲《え》、諸の劇苦《ぎゃっく》を受くるべし」

（大正蔵、巻二七、九一四頁中）

ここに釈尊の神格化と、権威主義の萌芽が見られる。「具寿」は、āyus（寿命）と、所有を示す接尾辞 mat からなるアーユシマット（āyuṣmat）の訳で、「長老」「尊者」と漢訳されるが、いずれも直訳にすぎず、「あなた」「……様」「……氏」程度の意味である。「喬答摩」はゴータマの音写である。

説一切有部の実践論も、釈尊の神格化と関連していた。そこにおいては、修行の究極の境地が阿羅漢果とされた。その境地に到達した人、すなわち一切の煩悩を断じ尽くした人が阿羅漢（arhat）と呼ばれた。しかし、煩悩を断じて心の束縛を離れたとはいっても、肉体の存する限りは肉体的束縛を免れていないとされ「有余涅槃《うよねはん》」と呼ばれた。肉体が滅して心身ともに束縛を離れて初めて完全な涅槃になるのだとされて、それが「無余涅槃《むよねはん》」、すなわち煩悩の残余のなくなった涅槃として重視された。そこに至るためには、幾生涯にもわたった修行（歴劫修行《りゃっこうしゅぎょう》）の実践が求められ、四向四果《しこうしか》など、そのための多数の修行の階梯《かいてい》が考えられた。

　こうした実践論は、①成仏の困難さの強調、②修行の困難さの強調、③歴劫《りゃっこう》修行（天文学的時間をかけて修行すること）の考え方の導入、④阿羅漢の解釈の変更――といったことに結びつき、さらには、⑤限定された菩薩（bodhisattva）の考え方の導入――とも相まって釈尊の神格化を促進した。

　釈尊滅後、教団は、釈尊を過去無数劫《こう》[2]にわたって生まれ変わり、身命《しんみょう》を捨て、あらゆる善行を積み、常人にはない三十二相[3]という身体的な特徴を得るための特別な修行を行ない、その結果、インドに生まれてきてブッダとなった――と考えるようになった。このように、釈尊は人間からほど遠い存在にされてしまったのである。

　小乗仏教では、遥か昔の過去の六仏を除いて、未来の仏であるマイトレーヤ（弥勒《みろく》）菩薩が如来となって出現してくるまでは、ブッダは釈尊一人のみであり、弟子たちは何度も生まれ変わってきては、四向四果《しこうしか》という八段階を順次に上り詰め、煩悩を断じ尽くして初めて最高の阿羅漢に至るとしていた。「四向四果」とは、小乗仏教の立てる修行の階位のことである。①預流向《よるこう》、②預流果、③一来向《いちらいこう》、④一来果、⑤不還向《ふげんこう》、⑥不還果、⑦阿羅漢向《あらかんこう》、⑧阿羅漢果――の八つからなっている。それぞれを簡単に説明すると、

　①「預流」（srotāpatti）＝聖者としての流れに入った位のこと。

②「一来」（sakṛdāgāmin）＝一度だけ人界と天界を往復して覚りに到る位のこと。

③「不還」（anāgāmin）＝色界に入って覚りに到り、もはや欲界には還ってこない位のこと。

④「阿羅漢」（arhat）＝小乗仏教徒の言う阿羅漢は、命終の時に覚り（＝涅槃）に到り、二度と我々の住む欲界《よっかい》・色界《しきかい》・無色界《むしきかい》の三界《さんがい》（tri-dhātu）[4]には生まれてこない位のこと。

これらの四つをそれぞれ「向」と「果」の二つに分けたものが「四向四果」である。「向」というのは、修行の到達点に向かっている途上の位、「果」とは、修行の結果、到達した境地のことである。

このようなプロセスを経て、小乗仏教は阿羅漢に到ることを理想としていた。これによって、阿羅漢とブッダとの間には越えることのできない大きな隔たりがあるとされるようになったのである。ここに、原始仏教においてブッダの別称であった阿羅漢（arhat、尊敬されるべき人）が、ブッダよりも低いものとして格下げされてしまったわけである。すなわち、「〇〇が、覚った」「〇〇が、阿羅漢になった」「〇〇が、尊敬されるべき人になった」などと釈尊が感嘆の言葉を発していたことは、後に『法華経』において主張された「欲令《よくりょう》一切《いっさい》衆《しゅ》。如我《にょが》等無《とうむ》異《い》」、すなわち「一切の衆をして、我が如く等しくして異なること無からしめんと欲しき」（植木訳『梵漢和対照・現代語訳　法華経』上巻、一一〇頁）という意味であったのだ。それにもかかわらず、小乗仏教において弟子たちは「無異」から「有異」に引き下げられてしまったのである。それだけではなく、在家の人と出家者との間にも大きな隔たりが設けられ、在家はどんなに徳があり、学識があっても阿羅漢にすらなれないとされてしまった。

こうした傾向の中で、在家の聖者と、難行の実修者たる出家者との優劣について議論が展開された。この議論は、在家非阿羅漢論と呼ぶことができ、『カターヴァットゥ』（二六七〜二六八頁）や、『ミリンダ・パンハ』（二六四〜二六六頁）において議論されている。

『ミリンダ・パンハ』は、大乗仏教が興起するころに著わされ、『ミリンダ王の問い』（中村元・早島鏡正訳、全三巻）として現代語訳されている。漢訳では『弥蘭王問経』『那先比丘経』などと「経」という名前で呼ばれているが、釈尊が説いたものではなく、紀元前二世紀後半に西北インドを支配していたギリシア人の王メナンドロス（ミリンダ）と、仏教の論師ナーガセーナとの仏教教理に関する問答である。ギリシア的思惟とインド、あるいは仏教的思惟との比較として貴重な文献といえる。原形は紀元前二世紀後半にはできていたであろう。パーリと漢訳の対応する部分は紀元前一世紀から紀元後一世紀にわたって成立し、その後、増広されて四三〇年ごろまでに現在のパーリ文に近いものが出来上がったと見られる。

その中で、西北インドを支配していたギリシア人の王ミリンダ（弥蘭陀《みらんだ》）が、在家と出家の格差はないと主張する。これに対してインド人の僧ナーガセーナ（那先《なせん》）は、在家も阿羅漢に達することができるとしながらも、到達した後には二つの前途しかないと答える。その日のうちに出家するか、その日のうちに死を遂げるかのいずれかであると言うのだ。原理的には可能としながらも、実質的には「在家の阿羅漢」を否定していると言えよう。

さらにミリンダは、在家のままで真理を覚り不還果《ふげんか》に達した者が数知れず存在するのだから、衣食住についての貪りや欲望を払い捨てて仏道修行に励む出家者の頭陀行《ずだぎょう》は不必要ではないかと迫る。ナーガセーナは、在家のままで真実・第一義の涅槃を実証する者は、すべて前生において十三の頭陀の功徳を実修し、涅槃の実証の基礎を作っていたのであり、そのために在家のままで第一義の涅槃を実証することができたのだと答える（『ミリンダ・パンハ』三五二頁）。この答えは、いかにも幼稚な論法だが、ナーガセーナは、教団維持のためなのか、一貫して「出家者こそ、道の人（沙門《しゃもん》）という地位の主であり、長である」（同、二四三頁）と主張し続けている。ここに、在家に対する出家の優位が論じられていた当時のもようがうかがえよう。

小乗教団は、ブッダを人間からほど遠いものにするとともに、出家者の修行の困難さを強調した。ということは、翻って在家の人には及びもつかないものだということを言いたかったわけである。出家者は、はるかな時間にわたって何度も生まれ変わり、大変な修行を重ねてはじめてブッダに近付くことができる。しかし、近付くことができるだけで、そう簡単にはブッダになれない、阿羅漢止まりであるとした。これは、「歴劫修行」（何劫もの極めて長い時間を経て修行すること）と呼ばれている。ましてや在家は、阿羅漢にすらも到達できないとされたのである。

ところが、拙訳『テーリー・ガーター――尼僧たちのいのちの讃歌』（角川選書）には、出家後七日にして覚りに到ったイシダーシーという女性の次の手記がある。

出家して七日目に私は、三種の明知を獲得しました。　（第四三三偈）

さらには、アノーパマーという在家の女性が釈尊の教えを聞いてその場で阿羅漢の一つ手前の不還果に到り、出家後すぐに阿羅漢に到ったという記録もあった（第二章第三節参照）。また、最古の原始仏典『スッタニパータ』には、次のような表現が多数見られる。

目の当たりに、時間を要しない〔で果報を得ることができる〕清らかな行ないが見事に説かれました。（第五六七偈）

私は、現世における安らぎをあなたに説き明かしましょう。（第一〇六六偈）

彼（ゴータマ）は、目の当たりに、時間を要しない〔で果報を得ることができる〕法（真理の教え）を私に説き明かされました。（第一一三七偈）

こうした表現から、釈尊はニルヴァーナについて「時間を要せず、即時に体得されるもの」と説いていたことが分かる。これが、初期の仏教徒の覚りの実情であった。それにもかかわらず、部派仏教の時代になると想像を絶するような天文学的時間をかけた修養を経なければ覚りは得られないという筋書きが作られたのである（中村元著『仏弟子の生涯』四七六頁）。

「菩薩」という語は、釈尊自身が用いた形跡はない。紀元前二世紀ごろ造られたバールフットの仏塔の欄楯《らんじゅん》に施されたマーヤー夫人の托胎霊夢《たくたいれいむ》の彫刻に「**世尊入胎す**」（**bhagavato** ūkranti）とあって、後代の仏伝のように「**菩薩入胎す**」（**bodhisatto** 'vakrāmati）とはなっていないことから、紀元前二世紀ごろ部派仏教において用いられたと推測される。それも、ブッダとなる以前の釈尊を指すもので、「覚り（bodhi）を得ることが確定している人（sattva）」という意味で、「ボーディ・サットヴァ」（bodhi-sattva）という複合語が用いられるようになった。これが「菩提薩埵《ぼだいさった》」と音写され、略して「菩薩」となった。これは、西北インドで生まれたマイトレーヤ信仰の対象である五十六億七千万年後に仏となって登場するとされたマイトレーヤ菩薩を除いて、成道前の釈尊に限られていた。

第四節　小乗仏教が女人成仏を否定した理由

こうした動きの中で、成仏できるのは男性だけ（その中でも在家を除く）であり、女性は成仏できないという主張が出てきた。その女性差別の主張が、どのようにして出てきたのか、梶山雄一博士の考えを参考にして検討してみよう。

『現代思想』（青土社）一九七七年一月号に掲載された「仏教における女性解放運動」、および梶山雄一著『空の思想』（人文書院）の中の「仏教の女性観」という論文において梶山博士は、仏滅後に女性が成仏できないとされるに至った理由として、

①過去七仏と、未来に仏として出現するというマイトレーヤ（弥勒）菩薩に対する信仰による。
②釈尊滅後の教団における比丘尼の地位低下による。
③釈尊の神格化において三十二相の考えを取り入れたことによる。

④女性の出家を許す際に出されたとされる八つの条件（八重法、八敬法）による。

の四つを挙げておられる。この四項目について、ここでさらに検討を加え、考察してみよう。

まず第一点目について解説すると、釈尊滅後になって仏は釈尊だけではなく、釈尊以前にも①毘婆尸《びばし》仏、②尸棄《しき》仏、③毘舎浮《びしゃふ》仏、④拘留孫《くるそん》仏、⑤拘那含牟尼《くなごんむに》仏、⑥迦葉《かしょう》仏――の六人の仏がいたという過去七仏の考えが出てきて、釈尊は七番目の仏であるという信仰が仏教徒の間に広まった。また、五十六億七千万年後に、マイトレーヤ菩薩が釈尊の後継者になるという信仰も生まれた[5]。この二つから、ブッダに成ることができる者は既に決まっていて、そのいずれもが男性に限られているという考えが導き出されたというわけである。

しかし、男性優位で女性を軽視するインドだからこそ、釈尊以前の六人の過去仏と、未来仏を男性に限ったという見方もできるのではないかという思いも禁じることはできない。

第二点目については、比丘尼教団の発足に当たって、それを不満に思う比丘が一人もいなかったとは言えないのではないかということによるであろう。比丘尼教団が発足して、比丘尼たちはいくつかの事柄について権利を獲得していた。それは釈尊の口添えもあってのことであった。従って、釈尊が入滅してしまうと、彼女たちの立場は一気に低下していかざるを得なかった。例えば、女性の出家については、スバー尼がマハー・パジャーパティー尼のもとで出家したのをはじめ、スンダリー尼がヴァーセッティー尼のもとで出家している（中村元著『仏弟子の生涯』四四四頁、四八七頁）。ところが、後に触れるパーリ律の「八重法」では、比丘サンガと比丘尼サンガの両方で受戒を受けるべきであるとされて、比丘尼たちの権限が制約されている。

『マハー・パリニッバーナ・スッタンタ』には、釈尊の訃報《ふほう》を伝え聞いたマハー・カッサパ（大迦葉）ら一行が釈尊の死を嘆き悲しんだということが記されている。ところが、その一行の中に年老いて出家したスバッダという修行僧がいて、次のことを口にしたと記録されている。

やめなさい。友よ、悲しむな。悲嘆するな。われわれはその偉大なる修行者（沙門）からすっかり解放されたのだ。「これは、あなたたちに適当である」「これは、あなたたちに適当ではない」と〔言われて〕、われわれは煩《わずら》わされてきた。しかし今からは、われわれは、したいことを何でもなして、したくないことを何もなさないようにしよう。

（『ディーガ・ニカーヤ』第二巻、一六二頁）

こんな不謹慎なことを後世になってわざわざ書き足すようなことはまず考えられない。教団が保守化し、権威主義化する前に事実として伝承されていたものが、そのまま伝えられているとしか考えられない。こうしたことが記されていることからすると、一部には釈尊の存在を煙たく思っていた者がいたことが想像される。このことから類推して、釈尊の教えの全体ではないにしても教えの一部に納得していなかったものもいたのではないだろうか。従って、女性の出家などあり得ないことだとされてきたインド社会において、釈尊の意に反して比丘尼教団の存在を疎ましく思っていた比丘がいたと考えても不自然ではないであろう。そのため、釈尊の滅後には尼僧教団に対する風当たりも次第に厳しいものとなっていったのではないだろうか。

I・B・ホーナー女史によると、ギリシア人の王ミリンダと、インドの仏教僧ナーガセーナとの東西対話である『ミリンダ王の問い』が作成された紀元前二世紀ごろには女性の立場は、一層低下していたということである（*Women under Primitive Buddhism*, p. 291）。釈尊滅後の教団は、比丘尼教団の存在を足手まといであると思っていたのであろう。

こうした状況の中で、経典や律蔵の編纂がなされたわけであるが、それを担ったのは、男性出家者であった。女性出家者は、一切それに関与できなかった。こうしたこともあって、私たちが今日、目にする多くの経典に女性を差別する表現が含まれることになったともいえよう。

梶山博士の考えの第三点目については、釈尊の神格化の過程において、古代インド人にとっての理想的帝王である転輪聖王《てんりんじょうおう》に具わると考えられていた三十二相をブッダも具えていると考えるようになったことによるものである。『スッタニパータ』には、釈尊在世当時のバラモンが、

諸の神呪（manta＝ヴェーダ）の中に、完成された偉大な人の三十二の特相が〔伝えられて〕来た。〔それらは〕順次に説かれている。（第一〇〇〇偈）

と述べ、ブッダもそのような偉大な人の特相を具えているはずであると語った言葉が出てく

る。マンタ（manta）とは呪文のことだが、仏教徒は、『ヴェーダ』のことをバラモンが始終唱えている呪文という程度に理解していたようである（中村元著『原始仏教の成立』四二頁）。

この一節は、パーリ経典の中によく見られるが、このように、三十二相は元々は仏教の考えではなく、バラモン教において古代インドの理想的帝王である転輪聖王に具わるものだと説かれていた。

『スッタニパータ』では、仏教徒ではないバラモンの言葉として、「ブッダも三十二相を具えているはずだ」という表現がなされていたが、後にバラモンたちの考えを採り入れ、仏教徒自らがブッダの特徴として三十二相を定式化し、部派仏教においてもそれが踏襲された。ところが説一切有部においては、同じ三十二相でも転輪聖王のものよりもブッダのもののほうが一層勝れていると論じられるまでになっている。この点においても神格化が進められた。

その三十二相の中には、

第一一相：ほおが雄ライオンのように豊かで広い（師《し》子頬相《しきょうそう》）

第一九相：上半身が雄ライオンのように立派である（師《し》子上身相《しじょうしんそう》）

第二三相：馬のように男性器が体内に隠れている（馬《め》陰蔵相《おんぞうそう》）

といったものが含まれていて、これらの特徴はすべて男性に限られるものである。これによって、

ブッダ（目覚めた人）は、三十二相を具えている。

三十二相を具えているのは、男性でなければならない。

ゆえに、
ブッダ（目覚めた人）は、男性でなければならない。

という三段論法で、〈ブッダは男性に限る〉という図式が出来上がってしまった。こうした決めつけは、男性出家者がなしたことであるのは言うまでもない。

ところがこの三十二相は、大乗仏教運動が興った当初からやり玉に挙げられた。大乗仏典の『金剛般若経』では、三十二相によって如来の特徴を見るのは、「邪道を行ずるもの」（中村元・紀野一義訳註『般若心経・金剛般若経』一一四頁）と批判されている。大乗の文献ではないが、『ミリンダ王の問い』において、ギリシア人の王ミリンダが、インド人の僧ナーガセーナに対して「仏が具えると言われる三十二の特徴など信じることができない」と、合理的立場から質問を発している（『ミリンダ・パンハ』七五頁）ことも興味深いことである。

第五節　後世に創作・付加された八つの条件（八重法）

梶山博士の言われる第四点目は、釈尊が、女性の出家を許すときに課したとされる「八つの条件」（八重法、八敬法）が、後に釈尊の意図とは懸け離れてしまい、女性を差別する結果を招いたということである。

「八つの条件」は律蔵に出てくる。その律蔵は、完全な形で残っているものとして、六種が挙げられる。その成立順序について上田天瑞氏（『国訳一切経印度撰述部』律部、巻五、四

頁以下）は、

①『四分律』（紀元前一〇〇〜一年）
②『五分律』（紀元前一〇〇〜一年）
③『十誦律』（紀元後一〜一〇〇年）
④『パーリ律』（紀元後一〇〇年頃）
⑤『摩訶僧祇律』（紀元後一〇〇〜二〇〇年）
⑥『根本有部律』（紀元後三〇〇〜四〇〇年）

としている。ただし、パーリ三蔵の成文化が前一世紀であることを考慮すれば、『パーリ律』の成立は「紀元後百年頃」ではなく、「紀元前一世紀」と訂正すべきであろう。

中村元博士は、①『パーリ律』（最古のものである）、②『四分律』と『五分律』、③『摩訶僧祇律』、④『十誦律』、⑤『根本有部律』——の順であるとする説も挙げておられる。『パーリ律』を最古のものとしたのは、部派分裂以前にセイロン（スリランカ）に伝道されたということを考慮したものであろう。律蔵のサンスクリット原典の完全なものは存在しない。

八つの条件は、『パーリ律』をはじめとする六つの律蔵のすべてに登場している。『パーリ律』は、紀元前三世紀にアショーカ王の子（弟？）マヒンダによってセイロンに仏教が伝えられた時、一緒にもたらされ、紀元前一世紀に成文化された。インドのほうでは、セイロンに仏教が伝えられて後に部派分裂が繰り返され、それぞれの部派がそれぞれの律蔵を伝持することになる。従って、この『パーリ律』が比較的に古い形を保存しているといえよう。ただし、その漢訳も、チベット語訳もともに存在しない。

そこで、女性の軽視と八つの条件の関係について検討するために、セイロン上座部（分別説部）の『パーリ律』の犍度部（*khandhaka*）小品（*cullavagga*）に挙げられた八つの条件をすべてここに掲げ、考察しておこう。八つの条件は次の通りである。

①〔たとえ、〕受戒してから百年であったとしても、比丘尼は、その時受戒した〔ばかりの〕比丘に対しても、起って敬礼し、合掌して恭敬すべきである。
②雨期において比丘尼は、比丘のいない所に居住すべきではない。
③比丘尼は、半月ごとに行なわれる比丘のサンガ（僧団）からの二つの教え、すなわち斎戒についての質問会と、教戒についての手ほどきを待望すべきである。
④雨期を過ごした後に、比丘尼は、〔比丘と比丘尼の〕二つのサンガ（僧団）において三つの点、すなわち見たこと、聞いたこと、疑ったこと〔の反省によって〕満足しなければならない。
⑤〔この八重法のうちの〕重法を犯した比丘尼は、〔比丘と比丘尼の〕二つのサンガ（僧団）において半月ごとのマーナッタ〔という贖罪《しょくざい》の儀式〕を行なうべきである。[6]
⑥二年間、六つの法において学び訓練された正学女（sikkhamānā）は、〔比丘と比丘尼の〕二つのサンガ（僧団）において〔比丘尼となるための〕受戒を求めるべきである。
⑦比丘尼は、何かにかこつけて比丘を謗《そし》ったり、悪口を言ったりするべきではない。
⑧今後、比丘尼が比丘に対して公に訓戒すること（vacanapatha）は差し障りがある

が、比丘が比丘尼に対して公に訓戒することは差し障りはない。

以上が、八つの条件（八重法）のすべてである。梶山博士は、このうちの①と⑧の項目によって比丘尼が、比丘よりも劣ったものと見なされるようになったと論じておられる。

この二つの条件を善意で解釈すると、これは、男女間の能力差を言ったものではなく、教団を取り囲むヒンドゥー社会の根強い因習を考慮したものだとも理解することができよう。裏を返せば、女性も男性と同等に覚ることができると考えていたからこそ、釈尊は、比丘尼が比丘に対して訓戒することを禁じたのであり、それはヒンドゥー社会に対する配慮をしていたと考えられないこともないであろう。釈尊は、女性にそれだけの能力を認めていたわけである。

しかし、女性の出家など考えられもしなかったヒンドゥー社会にあって、女性が男性に教えを垂れている光景は、許されざることであった。従って釈尊は、そういう次元で社会との無用な軋轢《あつれき》を起こすことを避けたかったのであろう。「公に」という言葉が入っていることが、それを示唆している。以上の理由でこれらの八つの条件を付けたと考えることは不可能ではない。

梶山博士の考えは、この条件によって後世の比丘（男性出家者）たちが、比丘尼（女性出家者）を一段低く見るようになったというものである。しかも、そこにおいては、第三章でも述べたように、結婚しない女性は蔑視されるというヒンドゥー社会の考え方も手伝ったのではないかというのだ。

以上の梶山博士の考えは、この八つの条件が釈尊自身によって決められたということを前提として述べられている。ところが果たしてそれは、釈尊によって提示されたものだったのかどうか？　疑ってみる必要がある。筆者は、この八つの条件が後世の男性出家者たちによって創作され、付加されたという可能性は否定できないと考える。八つの条件は、律典に記録されているが、その律典においては男性出家者たちによって、「女性が出家したせいで、正法が五百年はもたなくなった」とか、「千年はもたなくなった」などといったことが釈尊の言葉として挿入されている。そんなことをするような男性修行者たちがいたのだから、八つの条件を釈尊滅後に創作・付加したということも一概に否定できないことであろう。『テーリー・ガーター』をはじめとする原始仏典を読んでいて、釈尊が女性に対して男性と何ら差別することなく平等に接している姿を見るとき、八つの条件の一つ一つとのギャップにどうしても違和感を覚えずにはおられない。『テーリー・ガーター』では、スンダリーという女性が、釈尊を訪ねてはるばるベナレスからやって来たとき、釈尊は、次の言葉を語って歓迎していたのだ。

賢い女《ひと》よ。そのあなたは、よくいらっしゃいました。それ故に、あなたは悪しく迎えられるはずがありません。（第三三七偈）

また、釈尊自身は、第二章第一節でも触れたように、弟子を受け入れるのに、男女の区別なく「いらっしゃい」（ehi）という最も尊重した呼びかけをもって語り掛けていた。こうした言葉を見るにつけ、八つの条件に見られる男性中心的傾向とのあまりにも大きな違いが納得できない。

「比丘尼が比丘に対して公に訓戒することは差し障りがある」というのも、紀元前三〇〇年ごろインドに滞在したメガステネースの言葉「インドには、驚くべきことがある。そこには女性の哲学者たちがいて、男性の哲学者たちに伍して、難解なことを堂々と論議している！」と全く相反する。

また、第二章第六節で紹介したプンニカーという女性が男性のバラモン行者を説得し、仏教に帰依させたという話とも相容れないものである。現に、智慧第一とされたケーマー尼や、説法第一とされたダンマディンナー尼という女性は智慧が勝れ、男性に向かってしばしば法を説いていたという（中村元著『仏弟子の生涯』三八九頁）。こうしたことを考慮しても、八つの条件は釈尊の滅後に男性修行者たちによって創作・付加されたと見たほうが自然である。

この八つの条件が出てくるところを原典に戻って見直してみよう。出家を願うマハー・パジャーパティーの気持ちを知ったアーナンダは、それを釈尊にとりなした。『パーリ律』の犍度部（*khandhaka*）小品（*cullavagga*, X, 1, 3）には、アーナンダが釈尊に、女性が阿羅漢果を得ることができるのかどうかを尋ね、釈尊が「可能である」と答える場面が記されていた。アーナンダが、釈尊に尋ねた。

尊師よ、女人は、如来によって説かれた法（真理の教え）と律とにおいて、出家して、家のない状態に至って、聖者としての流れに入った位（預流果《よるか》）、あるいは、もう一度人間界に生まれてきて覚りを得る位（一来果《いちらいか》）、あるいはもはや二度と迷いの世界に戻ることのない位（不還果《ふげんか》）、あるいは一切の煩悩を断じ尽くした位（阿羅漢果《あらかんか》）を証得することは、果たして可能なのでしょうか？

（『ヴィナヤ』第二巻、二五四頁）

これに対して、釈尊は、次のように答えていた。

アーナンダよ、女人は、如来によって説かれた法（真理の教え）と律とにおいて、出家して、家のない状態に至って、聖者としての流れに入った位（預流果）も、もう一度人間界に生まれてきて覚りを得る位（一来果）も、もはや二度と迷いの世界に戻ることのない位（不還果）も、一切の煩悩を断じ尽くした位（阿羅漢果）も証得することが可能なのです。

（同）

八つの条件は、このやり取りの直後に羅列されている。その上で、それに続けて釈尊が語ったとして、次の言葉が出てくるのである。

千年間は正法が存続するはずだったけれども、女性が出家したせいで五百年しか存続しないであろう。

「女性も阿羅漢果を得ることが可能である」という言葉は、釈尊が実際に語ったと考えて間違いないであろう。比丘尼教団の存在を疎ましく思っていた男性修行者たちが、これを後世において付加することなど考えられないからだ。それに対して、「五百年しか存続しない」という言葉は、明らかに後世の男性修行者たちの創作であり、付加されたものであろう。

釈尊が実際に語った言葉と、後世の男性修行者たちが創作・付加した言葉が近接して並べてある。その中間に「八つの条件」が挟まれている。「女性も阿羅漢になれる」という言葉は、男性修行者たちにとっては認めたくなくても、釈尊が語った言葉であったからいじるにいじれなかった。それで、釈尊の言葉を装って男性中心の「八つの条件」を付加し、さらには女性の出家のせいで正法の存続期間が短くなってしまったと論ずることによって、女性たちに負い目をもたせたのであろう。

第二章第一節で指摘したように、『テーリー・ガーター』には釈尊在世当時の受戒の場面が、女性修行者の言葉として次のように記されていた。

私は、跪《ひざまず》いて敬礼し、〔ブッダに〕面と向かって合掌していました。〔すると、ブッダが〕「バッダーよ。いらっしゃい（ehi）」と言われました。それが、私にとっての受戒でありました。（第一〇九偈）

『テーラ・ガーター』にも男性修行者の次の言葉が記録されていた。

そのとき、慈悲深い師であり、全世界を慈しむ人〔でいらっしゃるブッダ〕は、「いらっ

しゃい（ehi）、修行者よ」と私に告げられました。これが私の受戒でした。（第六二五偈）

中村博士は、「初期の仏教においては、ただ『来れ』（ehi）といわれて釈尊に帰依することが修行僧としての受戒（upasampadā）であった」「受戒というものも、もとは簡単なことであったらしい」（『原始仏教の成立』二一〇～二一一頁）と述べておられる。初期の仏教において、受戒には何ら複雑、面倒な手続きなど必要とはされていなかったのである。

ところが、この『パーリ律』では、八つの条件を挙げ、女性の出家を許したことで正法の存続が千年から五百年に短縮されたと述べておいて、マハー・パジャーパティーの出家の場面を、

それ以後、アーナンダよ、マハー・パジャーパティー・ゴータミーは、八つの条件（八重法）を受け入れたのである。それは、まさに彼女が具足戒を受けたということである。

（『ヴィナヤ』第二巻、二五七頁）

と締めくくっている。『テーリー・ガーター』における受戒の単純さと比べても、『パーリ律』でのマハー・パジャーパティーの受戒の場面は、八つの条件というあまりにも執拗《しつよう》で煩雑なことが言われていることが分かる。従って、この八つの条件は釈尊によって提示されたものではなく、後世に付加されたものと断定するべきであろう。

釈尊在世のころに作られた長老比丘尼たちの詩を集めた『テーリー・ガーター』は、アシ

ヨーカ王（在位、紀元前二六八〜同二三二）のころ、現在の形にまとめられたと言われる。そこには、「八正道」という言葉は出てきても、これらの「八つの条件」のことには一切言及されていない。当事者であるマハー・パジャーパティーもそれについては全く触れていない。そのことを考慮しても、後世に付加されたものと断定するしかない。

そうすると、「比丘尼に対する八重法によって女性が成仏できないとされるにいたった」という梶山博士の考えは論理が逆であるということになる。後世の男性修行者たちが、「八つの条件は女性修行者を男性修行者よりも低く見たものである」と解釈したことによって、女性修行者が低く扱われるようになったのではなく、男性修行者たちが女性修行者たちを低く見たから「八つの条件」を作って女性修行者たちを低く位置づけることを正当化したと言い換えるべきである。それは、いかにも釈尊自身が語ったようにして、しかも尼僧教団の創設者とも言うべきマハー・パジャーパティーにそれを受け入れさせるという場面設定でなされている。比丘教団と比丘尼教団にとっての二人の権威を登場させることによって、重みを持たせるという手の込みようである。

以上の考察から、小乗仏教で女性がブッダになれないとされた理由として、梶山博士が挙げられた四つの理由のうち「八つの条件」に関することは取り下げるべきであることが結論される。それは、むしろ第二の「釈尊滅後の教団における比丘尼の地位低下による」に含めるべきである。

こうして女性が、成仏や、阿羅漢果からも遠ざけられてしまい、地位の低下が行き着くところまで行き着くと、女性を出家させることは、釈尊の真意ではなかったという伝説が成立するまでに至るのである。さらには、女性の出家のきっかけを作ったアーナンダに対する非難の言葉が記録されるにも至っている。これも、『パーリ律』をはじめとする六つの律蔵すべてに例外なく記されている。『パーリ律』には、

尊者アーナンダよ、如来によって説かれた法と律とにおいて、女人が出家するための努力をあなたがなしたということ、これも悪しき行ないである。その悪しき行ないを懺悔《ざんげ》せよ。

（『ヴィナヤ』第二巻、二八九頁）

とあり、漢訳の『四分律』『五分律』『摩訶僧祇律《まかそうぎりつ》』にはそれぞれ、次のように規定されている。

大迦葉《だいかしょう》、阿難に語って言《いわ》く。汝《なんじ》、仏法中に於《お》いて先に女人を度《ど》することを求め突吉羅罪《ときらざい》を得。今、まさに懺悔すべし。（大正蔵、巻二二、九六七頁中）

迦葉、復《ま》た阿難を詰《なじ》って言く。汝は世尊に三請《さんしょう》して、女人の正法に於いて出家することを聴《ゆる》すことを求め、突吉羅《ときら》を犯す。亦当《またまさ》に罪を見、過《あやま》ちを悔いるべし。（同、一九一頁中）

時に尊者・優波離《うばり》、阿難に語りたもう。長老は有罪なり。清浄《しょうじょう》の衆中にてまさに過ちを悔いるべし。阿難、言く。何等の罪有るや。答えて言く。世尊、乃至《ないし》三たび制して、女人の出家を度することを聴したまわず。而《しか》るに汝、三請せり。是、越比尼罪《おつびにざい》なり。

（同、四九二頁上）

「突吉羅」は、パーリ語の dukkata、サンスクリット語の duskrta を音写したもので、「悪しき行ない」を意味する。これは、最も軽い罪で、一人で懺悔することが科される。越比尼罪は、比尼（vinaya）、すなわち戒律に違反した罪のことである。

このほか、『十誦律』（大正蔵、巻二三、四四九頁下）、『根本有部律』雑事（同、巻二四、四〇四頁下〜四〇五頁上）にも類文が見られる。

このようにマハー・カッサパ（大迦葉）の名前で、アーナンダが女性の出家のきっかけを作ったことを非難していることが多い。しかし、第二章第十節で触れたバッダー・カピラーニーという女性は、『テーリー・ガーター』において、釈尊滅後の後継者となったマハー・カッサパと自分を比較して、次のようにその共通性を語っていた。

まさに同じように、〔私、〕バッダー・カピラーニーも、三種の明知を具え、死魔を退けていて、軍勢を伴った悪魔に勝利して、最後の身体をたもっています。（第六五偈）

世間に禍《わざわい》があるのを見て、〔尊者マハー・カッサパと〕私の二人は出家いたしました。かくして、私たち〔二人〕は煩悩を滅ぼしていて、〔心を〕制御して、実に清涼になり、安らぎに達したのです。（第六六偈）

彼女は、マハー・カッサパから直接指導を受けて覚りを得ていた。従って、マハー・カッサパが女性の教団の存在を疎ましく思っていたとは考えられない。後世の男性出家者が、釈尊の後継者であるマハー・カッサパの名前で、女性の出家を斡旋《あっせん》したアーナンダを非難する言葉を創作・付加したものであろう。ウパーリの名前を用いたのも持律第一という権威を借りたものであろう。

女性の出家に当たっての「八つの条件」や、女性の出家のきっかけを作ったアーナンダに対する非難の言葉が、『パーリ律』を含めた六つの律蔵全部に出ているということは、アショーカ王以前に女性の出家をよく思っていなかった男性出家者たちがいて、女性軽視の動きは既に始まっていたということを意味する。こうした動きは、部派分裂を経てさらに加速し、紀元前二世紀ごろにはI・B・ホーナー女史が指摘しているように、比丘尼の地位は一層低下した。けれども、仏滅後からアショーカ王までの約百年間の女性軽視の推移の詳細については、資料が乏しく知ることは困難である。

こうした女性軽視の結果、先の『パーリ律』だけではなく上座部系の化地部(7)の律典『五分律』においても、

若不聴女人出家受具足戒。仏之正法住世千歳。今聴出家則減五百年。

（大正蔵、巻二二、一八六頁上）

と記されることになった。言い換えれば、

正法が千年続くはずだったけれども、女性が出家したせいで五百年しか続かなくなってし

まった。

ということである。千年が五百年に短縮されたというのが事実なら、仏教にとって由々しき大事件であり、そのきっかけを作ったアーナンダは重罪を犯したことになるはずだ。それなのに、『四分律』や『五分律』の判決は最も軽い突吉羅《ときら》罪となっている。これは、男性出家者たちが女性の出家を忌まわしいものとする際に、アーナンダを悪者にするのに少し気が引けたということであろう。

このように、釈尊滅後、時間を経るに従って男性修行者たちは、釈尊の言葉を装って女性軽視の傾向を強めていった。そのような傾向の中で、部派分裂を経て、「三従」「五障」説による女性差別が始まるのである。

第六節　「三従」説と「五障」説の出現

「三従」は、既に第三章で述べたように、ヒンドゥー社会の法典である『マヌ法典』に規定されていたものである。『マヌ法典』が、紀元前二世紀ごろに成立していること、および仏教教団が紀元前三世紀末以降、部派分裂を繰り返し小乗仏教化し始めていること、さらには紀元前一八〇年ごろ仏教を重んじていたマウリヤ王朝の崩壊とともにバラモン教が再興され始めたこと——などを考え合わせると、「三従」説は紀元前二世紀前後には仏教に取り入れられたのではないかと考えられる。

この「三従」説は、中国においても周末から秦、漢にかけての諸儒の古礼をまとめた『礼《らい》記《き》』、あるいは孔子《こうし》（前五五一～同四七九）の言行や、弟子との問答などをまとめた『孔子《こうし》家語《けご》』にも見られる。それは、

幼にしては父母に従い、嫁《か》しては夫に従い、老いては子に従う。

というものであるが、これはインドとは独立に言われていたようである。

男尊女卑の儒教社会である中国は、男子中心の社会であった。『詩経』には男の児が生まれたら床（牀）に寝かせ、玉《ぎょく》をもって遊ばせるが、女の児が生まれたら地面に寝かせて瓦《が》（素焼きの糸巻き）で遊ばせると歌い、男女の差別が甚だしい。家系を継ぐのは男であり、長子相続であったがゆえに先祖崇拝を強調する儒教倫理では、家系を継ぐ男子がなく、家系を絶つことは、不孝の最たるものとされた。

従って『礼記』には、妻が離縁される七つの理由（七去《しちきょ》）の一つとして「嫁して三年、子なきは去る」とある。すなわち、結婚は子どもを産むためであった。嫁は、子を産む道具にすぎず、人格を認められることもなく、ものと見なされていた。ここにも『マヌ法典』との類似性が見られる。ただし、両者の間の影響の有無を確認する証拠を示すのは困難である。それぞれ独立に主張されたことだと考えるしかない。

「五障」とは、女性がなることのできないものとして挙げられた五つの「地位」「身分」のことである。五障の出典としては、上座部系化地部の『五分律』、および上座部系説一切有

部の『中阿含経』、そして『瞿曇弥記果経《くどんみきかきょう》』の次の一節が挙げられる。

女人は五礙《ごげ》有りて、天帝釈、魔天王、梵天王、転輪聖王、三界の法王と作《な》ることを得ず。 （大正蔵、巻二六、一八六頁上）

阿難、当《まさ》に知るべし。女人は五事を行ずることを得ず。若《も》し女人の、如来にして著する所無き等正覚《とうしょうかく》、及び転輪王、天帝釈、魔王、大梵天と作《な》らば、終《つい》に是処《ぜしょ》（妥当なこと）無し。当《まさ》に知るべし。男子は五事を行ずることを得。若し男子の、如来にして著する所無き等正覚、及び転輪王、天帝釈、魔王、大梵天と作らば、必ず是処有り。 （同、巻一、六〇七頁中）

〔女人は、〕終に五事を得ず。如来にして著する所無き等正覚、及び転輪王と成ることを得ず。〔帝〕釈と為《な》ることを得ず。魔〔王〕と為ることを得ず。梵〔天〕と為ることを得ず。 （同、八五八頁上）

ここでは、「五礙」「五事」という語が用いられているが、内容的には「五障」と同じである。『五分律』のサンスクリット原典は現存せず、「五礙」が何の訳なのか不明である。『中阿含経』に対応するパーリの『マッジマ・ニカーヤ』には、「五障」に当たる言葉は見られない。水野弘元著『パーリ語辞典』や、雲井昭善著『パーリ語仏教辞典』にも見当たらない。『中阿含経』のサンスクリット原典（*madhyamāgama*）は現存していない。従って、「五事」が何の訳なのか、パーリ語、サンスクリット語のいずれからも分からない。けれども、それよりも遅れて成立した『法華経』においては、漢訳とサンスクリット語の両方が確認される。『法華経』でこの「五障」について触れた部分を、サンスクリット語の現代語訳、そして鳩摩羅什による漢訳の二つを併記しながら引用してみよう。

サンスクリット語の『法華経』では、第11章の「ストゥーパの出現」の章（鳩摩羅什訳では提婆達多品第十二）において、大海（sāgara）の中のサーガラ龍王（sāgara-nāga-rāja）の宮殿からマンジュシリー（文殊師利）菩薩が戻って来る。マンジュシリーは、サーガラ龍王の宮殿において多くの衆生を教化したことを語り、その代表的存在として不退転に到った八歳の龍女のことを紹介した。そこへ、龍女が現われ、覚りを得たことを表明する。

それに対して声聞、すなわち小乗仏教の立場を代弁する役回りで登場するシャーリプトラ（舎利弗）が龍女に対して「どんなに菩提心を発《おこ》し、不退転で、無量の智慧をそなえ、幾劫もの長きにわたって善行をなし、六波羅蜜を成就したとしても、女性である限り、ブッダの位に達することはできないのだ」と難癖をつけた。そして、言った。

女性は、今日まで五つの位（pañca sthānāni）に到達したことはないからだ。

（植木訳『サンスクリット原典現代語訳　法華経』下巻、三一頁）

これは、漢訳では次のようになっている。

又《また》、女人の身には、猶《なお》五障有り。

（植木訳『梵漢和対照・現代語訳　法華経』下巻、九六頁）

その「五つの位」について、サンスクリット語の『法華経』は、

第一はブラフマー神（梵天）の位、第二はインドラ神（帝釈天）の位、第三は大王の位、第四は転輪王の位、第五は不退転の菩薩の位である。

（『サンスクリット原典現代語訳　法華経』下巻、三一頁）

と述べている。これは、鳩摩羅什の訳では、次のようになっている。

一には梵天王と作《な》ることを得ず。二には帝釈、三には魔王、四には転輪聖王《てんりんじょうおう》、五には仏身なり。

（『梵漢和対照・現代語訳　法華経』下巻、九八頁）

上に引用したように、漢訳の「五障」に相当するサンスクリット語は、「パンチャ・スターナーニ」(pañca sthānāni) である。これは、「五位」とでも訳すべきところである。オランダのインド学者、H・ケルンは、five ranks（五つの位）と英訳した（*Saddharma-Pundarīka, or the Lotus of the True Law*, p. 252)。ところが、鳩摩羅什は漢訳するときに「到達することができない」という意味のほうを強調して「五障」と漢訳したのであろう。

その五つの位は、各経、各翻訳の間で多少異なっている。サンスクリット語の『法華経』

で三番目に登場する「大王」(mahā-rāja)は、鳩摩羅什訳では「魔王」、竺法護訳では「天魔」、チベット語訳では「四大天王」となっている。五番目を「不退転の菩薩」とすることは、サンスクリット原典、竺法護訳、チベット語訳で同じだが、鳩摩羅什訳が「仏身」としていることは、『五分律』『中阿含経』『瞿曇弥記果経』と共通している。『法華経』でサンスクリット語と鳩摩羅什訳の五つの位(五障)の内容は、『五分律』『中阿含経』『瞿曇弥記果経』も含めて、次の**【表3】**のように対照できる。

五分律	中阿含経	瞿曇弥記果経	*saddharma-puṇḍarīka-sūtra*(梵文法華経)	妙法蓮華経
①天帝釈	③天帝釈	③〔帝〕釈	②インドラ神の位 śakra-sthāna	②帝釈
②魔天王	④魔王	④魔〔王〕	③大王の位 mahā-rāja-sthāna	③魔王
③梵天王	⑤大梵天	⑤梵〔天〕	①ブラフマー神の位 brahma-sthāna	①梵天王
④転輪聖王	②転輪王	②転輪王	④転輪〔聖〕王の位 cakra-varti-sthāna	④転輪聖王
⑤三界の法王	①如来・等正覚	①如来・等正覚	⑤不退転の菩薩の位 avaivartika-bodhisattva-sthāna	⑤仏身

(丸数字は、列記された順番)

表3

サンスクリットの『法華経』だけが、「不退転の菩薩の位」となっていて、他では「仏身」や、「三界の法王」「如来・等正覚」と表現が異なっている。しかし、不退転に至ったということは、仏に成るのは時間の問題であって、「不退転の菩薩」と言おうと、「仏身」、あるいは「三界の法王」「如来・等正覚」と言おうとそれほど大きな違いはないと言えよう。

この中のブラフマー神（梵天王）、インドラ神（帝釈）、魔王（他化自在天《たけじざいてん》）の三つは、いずれも古代インドにおける高位の神々であり、転輪聖王も古代インドにおける理想的な帝王のことである。この四つは、バラモン教的というか、ヒンドゥー社会の色彩が色濃いものばかりである。従って、この四つは、ヒンドゥー社会の中で言われていたことであろう(8)。そこに仏教徒が、「不退転の菩薩」、あるいは「三界の法王」「如来・等正覚」「仏身」のいずれかを追加して、「五障」としたように考えられる。これによって、女性は、女性であるという理由だけで、いくら計り知れぬ智慧をそなえていても、仏法を信じ、精進して仏道を行じたとしても、「女人不作仏《にょにんふさぶつ》」、あるいは「女人不成仏」と言われ、ブッダにはなれないとされてしまったのである。

一体、こうした「三従」と「五障」という考えは、いつごろから仏教の経典の中に登場するようになったのであろうか。既に述べたパーリ経典と漢訳仏典の対応箇所の比較による方法を用いつつ、梶山雄一博士の考えを参考にしながら考察しておこう。まず、仏教において「三従」説は、「五障」説に先駆けて現われたと考えられる。しかも、いずれの考えの出現も、紀元前三世紀末以後から紀元一世紀までの間のことであったと大枠を設定することができ、さらにその範囲を限定して、「三従」説は紀元前二世紀前後、「五障」説は紀元前一世紀に初めて登場したと推測することができる。言い換えれば、「三従」「五障」のいずれの考えも、仏教がセイロン（スリランカ）に南伝した前三世紀以前、すなわち原始仏教の時代には存在しなかったし、部派分裂後のいわゆる小乗仏教の時代の産物であるということができるのだ。その成立時期を推測した根拠は、まず第一に『法句経』、あるいは『玉耶女経《ぎょくやにょきょう》』という、パーリ、漢訳両方に共通する経典群を比較して導かれることである。

『法句経』の系統としては、かなり古い成立（紀元前四～同三世紀）とされるパーリ語の『ダンマ・パダ』と、漢訳の『法句経』『法句譬喩経』が挙げられる。

①『ダンマ・パダ』（四百二十三偈、紀元前四～同三世紀成立）。

②『法句経』（五百偈、二二四年漢訳、大正蔵、巻四、五五九～五七五頁）。

③『法句譬喩経』（三百偈余、二九〇～三〇六年漢訳、大正蔵、巻四、五七五～六〇九頁）。

①、②は韻文からなるのに対して、③の『法句譬喩経』は、『法句経』の偈の約三分の二を取り上げ、その偈のそれぞれの説かれた因縁・譬喩を散文で付加している。従って、『法句譬喩経』が最も遅く成立したといえよう。「三従」説は、このうちの①と②に見られないが、③の付加された散文中に出てくる。ただし、それは、「三従」説の不自由を嘆くバラモンの女性たちを、釈尊が解放するというストーリーとして登場している。「五障」説は①～③のいずれにも出てこない。

次の『玉耶女経』の系統の経典は、サーヴァッティー（舎衛国）の給孤独長者と称されたスダッタ（須達多）長者の息子の嫁である玉耶（パーリ文ではsujātā、善生《ぜんしょう》）が、生家の富豪ぶりを鼻にかけて傲慢で婦道に欠けるところがあったのを、スダッタに頼まれて釈尊が教え諭すというストーリーからなる。この系統に属するものとしては、下記のものが挙げられる。

④『七種の妻の経』（『アングッタラ・ニカーヤ』第四巻、九一～九四頁）
⑤『増壱阿含経』非常品第五十一（大正蔵、巻二、八二〇頁下～八二一頁上）
⑥『仏説阿遬達経』（同、巻二、八六三頁上～下）
⑦『仏説玉耶女経』（同、巻二、八六三頁下～八六四頁下）
⑧『玉耶女経』（同、巻二、八六四頁下～八六五頁下）
⑨『玉耶経』（同、巻二、八六五頁下～八六七頁上）

このうち、「三従」説が出てくるのは⑦と⑨で、④、⑤、⑥、⑧には見られない。梶山雄一博士は、『空の思想――仏教における言葉と沈黙』（二〇五頁）において、「三従」説が出てくるのは『仏説玉耶女経』のみとされているが、『玉耶経』に、「十悪」の最後の三つとして「三従」説を挙げているのを見落としてはならない（第五章第二節参照）。

このように、この系統の経典群の一部に「三従」説が見られるけれども、「五障」説に関してはいずれにも一切見られない。主人公の女性の名前と、その実父と、義父の名前、婦道についての教えの内容に関しても、それぞれの経典の間では次の【表4】のように微妙に違いが見られる。

女性の名前が、善生（sujātā）と玉耶（サンスクリット原名は不明）というように異な

経名	女性名	実父の名	義父の名	婦道の教えの内容
satta-bhariyā-sutta（七種の妻の経）	sujātā（善生）	記述無し（異本で豪商 dhanañjaya）	給孤独長者	七種類の妻（三悪婦四善婦）。**三従も五障もなし。**
『増壱阿含経』非常品第五十一	善生	波斯匿王の第一大臣	給孤独長者	四種類の妻（一悪婦三善婦）。**三従も五障もなし。**
『仏説阿遬達経』	玉耶	「富家」と記述	阿遬達	七種類の妻（三悪婦四善婦）。**三従も五障もなし。**
『仏説玉耶女経』	玉耶	「長者」と記述	給孤独長者	五種類の妻（五善婦）。三障（**三従**）。十悪。五善・三悪。**五障はなし。**
『玉耶女経』	玉耶	「長者」と記述	給孤独長者	七種類の妻（二悪婦五善婦）。十悪。五善・三悪。**三従も五障もなし。**
『玉耶経』	玉耶	「長者」と記述	給孤独長者	七種類の妻（二悪婦五善婦）。十悪（最後の三つが**三従**）。五善・三悪。**五障はなし。**

表4

り、義父も給孤独長者と、阿遬達というように食い違い、実父についても『ジャータカ』第二巻のみ豪商ダナンジャヤとなっていて、他は記述がなかったり、波斯匿《はしのく》王の大臣となっていたり、単に長者となっているものもある。教えの内容も、妻の種類として挙げられている数の違い（第五章第一節参照）、さらには、「三従」を説かないものもあれば、説くものもあり、「三従」を説くものでも、十悪とは別立てで説くものがある一方で、その十悪の中に「三従」を含ませているものもある（第五章第二節参照）。その十悪に全く言及しないものもある。このような異同・出入が見られるということは、高慢な女性に対してブッダが婦道を説き聞かせるというテーマが初めに成立し、それが各部派でそれぞれに展開されていったと見るべきであろう。

このようにパーリの『ダンマ・パダ』と漢訳『法句経』、それにパーリの『七種の妻の経』と漢訳『玉耶女経』のいずれにも「三従」説が見られない。釈尊の言葉として「三従」に言及しているのは、漢訳の『仏説玉耶女経』と『玉耶経』の二つである。このことは、アショーカ王のころにはまだ、「三従」説は仏教において語られておらず、「三従」説が仏教において取り上げられたのは、部派分裂以降ということを意味している。

漢訳『法句譬喩経』にも「三従」説が見られるが、それは後世に付加された散文の部分においてであり、それも仏の教えとしてではなく、在家のバラモンの女性たちが、「三従」による不自由を嘆く言葉としてである。仏は、彼女たちの悩みを聞き入れ、「三従」から解放するために教えを説き、彼女たちを歓喜させている。従って、『法句譬喩経』において、「三従」に言及しているといっても、仏教の教義として説かれたものではないということに注意すべきである。

さらに上記の①〜⑨の経典は、いずれも「五障」説が見られないことで共通している。このことから、仏教教団において「五障」説が採用されるようになったのは、「三従」説よりも後のことであると判断される。

第二に、①から⑨以外の漢訳経典で、パーリ経典の対応箇所を比較すると、「五障」説が両方にそろって出てくることはなく、一方にあって他方には見いだされないという事実が挙げられる。例えば、マハー・プラジャーパティーの出家と、尼僧教団の成立に触れた次の経典群を比較してみよう。

⑩『パーリ律』の小品（『ヴィナヤ』第二巻、二五三〜二五七頁）
⑪『四分律』（法蔵部所伝、大正蔵、巻二二、九九二頁上）
⑫『五分律』（化地部所伝、大正蔵、巻二二、一八六頁上）
⑬『中阿含経』（説一切有部所伝、大正蔵、巻一、六〇七頁中）
⑭『瞿曇弥《くどんみ》記果経《きかきょう》』（大正蔵、巻一、八五七頁下〜八五八頁上）

このうち、⑩と⑪には「五障」説は見られず、⑫、⑬、⑭に「五障」説が出てくる。律蔵に限ってみても、『パーリ律』『四分律』に五障は出てこないが、『五分律』には出てくるというように部派によって異なっている。このことから「五障」説は、仏教教団の部派分裂（紀元前三世紀末）以前にはまだ存在せず、部派分裂以後に成立したということができる（梶山雄一著『空の思想』一九六〜二〇〇頁）。

第三に、上記のマハー・プラジャーパティーによる比丘尼教団成立に関して記述された経典群における正法の存続期間についての比較から、「五障」説の成立は、大まかに見て比丘尼教団成立から約五百年後ごろと考えられる。というのは、これらの⑩〜⑭の経典群は、

もしも、女性が出家しなかったならば、正法は五百年間存続するはずだった。〔それなのに、女性が出家してしまったので、もはや五百年存続することはないであろう。〕

と主張するものと、

正法は、千年間存続するはずだったのに、女性の出家を許したので五百年間しか存続しないことになろう。

と主張するものの二種類に分類できることによっている。

前者に属するものが、上座部系法蔵部[9]の『四分律』であり、次の言葉が見られる。

仏、阿難に告げたまわく。若《も》し女人、仏法に於いて出家せずんば、仏法は当《まさ》に五百歳に久《く》住《じゅう》することを得べし。（大正蔵、巻二二、九二三頁下）

後者に属するものが、セイロン上座部（分別説部）の『パーリ律』、上座部系化地部の『五分律』、上座部系説一切有部の『中阿含経』、それに『瞿曇弥記果経』である。まず『パ

ーリ律』は、次の通り。

アーナンダよ、もしも女人が、如来によって説かれた法（真理の教え）と律とにおいて出家して、家のない状態に至ることを許されることがなかったならば、またアーナンダよ、清らかな行ないは久しく住することになり、**正しい教え（正法）は千年、存続したであろう。**ところが実に、アーナンダよ、女人が、如来によって説かれた法と律とにおいて出家して、家のない状態に至ってしまった。今や、アーナンダよ、清らかな行ないが久しく住することはないであろうし、今や、アーナンダよ、**五百年しか正しい教えは存続しないであろう。**

（『ヴィナヤ』第二巻、二五五頁）

続いて、上座部系化地部の『五分律』は、

女人は五礙《ごげ》有りて、**天帝釈、魔天王、梵天王、転輪聖王、三界の法王と作《な》ることを得ず。**若《も》し女人に出家して具足戒を受けることを聴《ゆる》さずんば、**仏の正法は世に千歳住せん。今、出家を聴せば、則ち五百年を減ず。**

（大正蔵、巻二二、一八六頁上）

上座部系説一切有部の『中阿含経』では、

若《も》し女人、此の正法と律の中に於いて至信に家を捨て家無くして道を学ぶことを得ずんば、正法は当《まさ》に千年住すべし。今、五百歳を失い余に五百年を有す。阿難、当に知るべし。女人は五事を行ずることを得ず。若し女人の、如来にして著する所無き等正覚、及び転輪王、天帝釈、魔王、大梵天と作らば、終に是処（妥当なこと）無し。当に知るべし。男子は五事を行ずることを得。若し男子の、如来にして著する所無き等正覚、及び転輪王、天帝釈、魔王、大梵天と作らば、必ず是処有り。（同、巻一、六〇七頁中）

最後に『瞿曇弥記果経』では、

若し女人、此の法と律に於いて信楽《しんぎょう》し、出家して家を棄《す》て道を学ばずんば、遺法、当に千歳に住すべし。今、已《すで》に五百歳減じ、余に五百歳を有す。此れ阿難、是処有ること無く女人を容れる可からず。〔女人は、〕終《つい》に五事を得ず。如来にして著する所無き等正覚、及び転輪王と成ることを得ず。〔帝〕釈と為《な》ることを得ず。魔〔王〕と為ることを得ず。梵〔天〕と為ることを得ず。（同、八五七頁下～八五八頁上）

となっているのである。

これらの二つの経典群における正法存続期間の描写の違いは、比丘尼教団成立から五百年の坂を越える前と後の時点における表現の違いであろうと考えられる。それは、「まだ五百年を経過していないが、五百年までもたないのではないか」という不安と、「五百年はもったけれども、千年はもちこたえられないのではないか」という懸念が、この表現の違いとなったと考えられるからである。そう考えると、『四分律』の表現は古い形を保存していることになる。

このように成立時期を異にする二つの律典のうち、前者の『四分律』では「五障」説への言及はなされていないが、後者の経典群は、『パーリ律』を除いていずれも「五障」説に触れている。これは、比丘尼教団成立から五百年たったたと思われるころ、正法存続期間について、「五百年はもったけれども、千年は無理だろう」という懸念を書き記す際に、そのころ論じられていた「五障」説を付加したグループがあったと理解できる。

第一章第六節で考察したように、比丘尼教団の成立は釈尊の成道から十五年目以後、二十年目以前のことであった。すなわち、紀元前四一三年から同四〇八年のことであった。だから、比丘尼教団成立から五百年目に当たるのは西暦八七年ないし九二年となる。梶山雄一博士は、『空の思想』（二〇六頁）で、アーナンダの出家を釈尊の成道から五年後と考えて、それを基準にして尼僧教団成立から五百年目の年を西暦七七年としている。しかし、成道から五年後の時点でアーナンダは十歳であり、若すぎるのが難点であるので、筆者は採用しない。

ただ、ここで言う「五百年」というのは正確な年数というよりも、大まかな目安であって、そこまで厳密に年数を割り出す必要はないであろう。インドにおいては歴史意識が希薄であり、百年前後の誤差はしばしば見られることである。

むしろ、上記の経典の成立時期から年代を割り出すべきであろう。『中阿含経』に対応するパーリ経典の『マッジマ・ニカーヤ』には、「五障」説は出てこない。そのサンスクリット原典は現存していないので確認できない。『中阿含経』の場合と同様、『瞿曇弥記果経』に対応するパーリ経典の『アングッタラ・ニカーヤ』には「五障」説が見られないし、そのサンスクリット原典も現存していない。パーリになくて漢訳にあるという理由で、「五障」説が『中阿含経』『瞿曇弥記果経』に付加されたのは部派分裂以後、すなわち紀元前三世紀以後と見るべきであろう。それも、『五分律』との兼ね合いから紀元前一世紀と見るのが妥当であろう。『五分律』の成立は紀元前一世紀であった。

『瞿曇弥記果経』の成立はセイロン（スリランカ）への伝播以前のことで、正法の存続期間を五百年とする記述や、「五障」説は後世の付加だとされる（鎌田茂雄ほか編『大蔵経全解説大事典』一七頁）。その時期も前二経にならい前一世紀のことであろう。

第四に、紀元一世紀ごろ成立し始める初期大乗経典の『八千頌般若経《はっせんじゅはんにゃきょう》』や『法華経』が、「五障」説に言及していることを考慮すると、これらの経典が成立する以前に、「五障」説が先立って現われていたとするのが自然であろう。とすると、「五障」説が現われたのは、紀元前一世紀ごろだろうと考えることができるというわけである。

いずれにしても、紀元前一世紀ごろには「五障」（五礙）説は、部派仏教で公認されていた。『大智度論』を見ても、「女人有五礙」の説を声聞乗（小乗仏教の男性出家者のための教え）の説として扱っている（大正蔵、巻二五、一二五頁上）。化地部所伝の『五分律』、説一切有部所伝の『中阿含経』が「五障」に言及していること、『大智度論』が部派仏教の中でも説一切有部に焦点を当てて批判していることも考え合わせると、「五障」説は当時の説一切有部や化地部などの部派仏教の見解であったことがうかがわれる。すなわち、「小乗」と貶称された比丘たちによってなされた主張であった。その背景には、当時のヒンドゥー教的な女性蔑視の観念の影響があったことも忘れてはならない。

わが国では、この「女人五障」説によって高野山のような女人禁制の聖地がつくられた。

第五章　大乗仏教による女性の地位回復

大乗仏教が起こったのは、これまで見てきたように部派（小乗）仏教において「三従」「五障」ということが、まことしやかに論じられているころのことであった。

小乗仏教と貶称《へんしょう》された部派仏教の中でも、特に説一切有部は教団としての勢力も強く、教理の面でも精緻な体系を打ち立て、大乗仏教も無視できないほどの体系化された教理を築き上げていた。ただ、それは行きすぎると、庶民の生活とはかけ離れた煩瑣《はんさ》哲学となり、自利のみを求め、在家や女性を低く見なすという問題点もあったことは否めない。釈尊の本来の精神を見失って、保守化し、権威主義と、形式主義に陥ってしまった面もあった。大乗仏教はそうした点を批判し、いわば「釈尊の原点に還れ！」という復興（ルネッサンス）運動を展開した。そこにおいては、当然のごとく小乗仏教の女性観も批判の対象になった。

こうして大乗仏教は、その運動の目指すものの一つとして、従来のヒンドゥー教（バラモン教）的な観念の下で形成された女性蔑視の思想——それは小乗仏教の中にも反映されていた——を宗教的にいかに乗り越えるかということに取り組むこととなった。特に、原始仏教のころには存在せず、小乗仏教の時代にヒンドゥー社会の通念を反映して仏教に導入されたこの「三従」と「五障」の両説を克服するために大乗仏教の諸経典は大変な努力を払ったといえよう。

肯定的であれ、否定的であれ、「三従」説が出てくる主な経典としては、『仏説玉耶女経《ぶっせつぎょくやにょきょう》』『玉耶経』『法句譬喩経《ほっくひゆきょう》』『賢愚経《けんぐきょう》』『大方広仏華厳経《だいほうこうぶつけごんきょう》』（四十華厳《しじゅうけごん》）が挙げられる。『仏説玉耶女経』の系統には、パーリの『七種の妻の経』、漢訳の『増壱阿含経《ぞういつあごんきょう》』非常品第五十一、『仏説阿遬達経』『玉耶女経』『玉耶経』がある。この中で最も素朴なものは『七種の妻の経』であって、単に七種類の妻の在り方が説かれているだけである。その他のものには、「十悪」「五善・三悪」「三従」といったものが見られるが、それは後世に付加されたものと見ることができよう。

第一節　夫と妻のお互いの尊敬と奉仕を強調した仏教

初めに仏教で説かれた妻の在り方を見てみよう。『仏説玉耶女経』と同系統の経典の間でも、その分類の仕方は経典間で若干異なっている。

パーリの『七種の妻の経』に説かれる七種類の妻（三悪婦・四善婦）とは、次の七つである。

①殺人妻（vadhā bhariyā）＝悪心を抱き、夫のためを思うことなく、他のことに心を寄せて夫を軽蔑し、夫を殺そうと望む妻。

②盗人妻（corī bhariyā）＝夫が仕事に励んで得た財産を少しでも夫から奪おうとする妻。

③嬶《かかあ》妻（ayyā bhariyā）＝仕事を好まず、怠けて、大食ばかりして、粗野で、汚い言

葉を発し、勤勉な夫を支配する妻。
④母親妻（mātā bhariyā）＝常に夫のためを思い、母親が子に対するように夫を護《まも》り、夫の蓄えた財を守る妻。
⑤妹妻（bhaginī bhariyā）＝妹が兄を尊ぶように夫を尊び、恥じらいの心を持ち、夫に従順である。
⑥友人妻（sakhī bhariyā）＝久しぶりに会った友人を見て喜ぶように、主人を見て喜ぶ、貞淑で、戒めと務めを守る妻。
⑦召使妻（dāsī bhariyā）＝夫に何を言われても怒らず、悪心なく耐え忍び、夫に従順な妻。
『増壱阿含経』非常品に説かれる四種類の妻（一悪婦・三善婦）は、次の四つからなる。
①似母婦、②似親婦、③似賊婦、④似婢婦
『仏説阿遬達経』に説かれる七種類の妻（三悪婦・四善婦）は、次の七つからなる。
①〔夫にとって〕〔怠〕惰の人と居を共にするが如〔き妻〕
②〔夫にとって〕怨家と居を共にするが如〔き妻〕
③〔夫にとって〕偸盗《ちゅうとう》と居を共にするが如〔き妻〕
④〔夫に対して〕母の子を見るが如〔き妻〕
⑤〔夫に対して〕妹の兄を見るが如〔き妻〕
⑥〔夫に対して〕朋友の如〔き妻〕
⑦〔夫に対して〕婢女《はしため》の如〔き妻〕

とんど同じである。
『仏説玉耶女経』の五種類の妻（五善婦）は、次の五種である。

①母婦、②臣婦、③妹婦、④婢婦、⑤夫婦（夫を尊敬し憍慢の情がない妻）

『玉耶女経』と『玉耶経』に説かれる七種類の妻（二悪婦・五善婦）は、次の七種類で、ほとんど同じである。

①母婦、②妹婦、③〔善〕知識婦、④婦婦（婦節を修めて欠けるところがない妻）、⑤婢婦、⑥怨家婦、⑦奪命婦

以上を見てくると、仏教において在家の女性たる妻の在り方は、夫を中心として位置づけられていて、妻に対してばかり要求がなされているように思えてくる。けれどもこれは、傲《ごう》慢《まん》で婦道に欠けていた息子の嫁がいて、そのことを悩んだ父親が釈尊にお願いして、妻の在り方を息子の嫁に説いてもらったという状況での説法であることを念頭に置いて読まねばならない。

これとは逆に、男性に夫の在り方を説いた教えも併せて見ておかなければ、偏った見方になってしまうであろう。幸い、妻に対する夫の在り方など六種類の人間関係について、在家の男性に対して説かれた『シンガーラへの教え』という経がある（序章第二節参照）。そこには次のような言葉が出てくる。

資産家の息子よ、実に夫たるものは、妻に五つの点で仕えるべきである。すなわち、①尊敬すること、②軽蔑しないこと、③道からはずれないこと、④主権（自在）を与えること、⑤宝飾品を施与《せよ》すること――によってである。

（『ディーガ・ニカーヤ』第三巻、一九〇頁）

「夫が妻に仕える」ということは、ヒンドゥー社会における旧来の倫理とは異なるもので、極めて仏教的なものである。例えば、④の「主権（自在）を与えること」を『マヌ法典』の次の規定と比べてみよう。

幼くても、若くても、年老いていても、女は独立して何も行なってはならない。家の中でなされるべきこと（家事）でさえもである。（五・一四七）

子どもの時は父親の、若い時は夫の、夫が死んでからは息子たちの支配下にあるべきであって、女は、独立（自由）を享受すべきではない。（五・一四八）

これらの言葉と比べただけで、在家の青年シンガーラに対する釈尊の教えは、女性の主権を認め、自立を認める言葉であり、いかに画期的なものであるかは明らかである。

また、⑤の宝飾品は、インドでは飾りというよりも財産の意味が大きく、女性の財産権を認めた言葉である。ということは、世界で初めて女性の自立と財産権を認めたのは釈尊ではないかと筆者は考えている。

このように『玉耶女経』の系統と、『シンガーラへの教え』を併せて読めば、釈尊が、夫にも、妻にも、お互いに尊敬し合い、お互いに奉仕し合うべきであるということを説いていたことが明らかになってくる。従って、釈尊は出家の男女の平等だけではなく、在家の男女が互いに尊敬し合い、奉仕し合うという意味での平等を説いていたのである。

第二節　「三従」説への対応

『七種の妻の経』と同系統の経典群の中で「三従」説が登場してくるのは、『仏説玉耶女経』と『玉耶経』である。『仏説玉耶女経』は、既に述べたようにサーヴァッティー（舎衛国）の給孤独長者と称されたスダッタ（須達多）の息子の嫁である玉耶（パーリの『七種の妻の経』では sujātā、善生）が、生家の富豪ぶりを鼻にかけて傲慢で婦道に欠けるところがあったのを、釈尊が教え諭すというストーリーからなる。サンスクリット原典は散逸して現存しない。

釈尊の話は次の言葉で始まる。

仏、玉耶に告げたまう。女人の法に三障十悪有るも、自ら覚知せず。玉耶、仏に白《もう》す。何等か三障十悪なるや。仏、玉耶に告げたまう。一には、小時に父母に障えられ、二には出嫁して夫主に障えられ、三には老時に児子に障えらる。是を三障と為す。

（大正蔵、巻二、八六四頁上）

ここに「三障」とあるのが、「三従」に相当しているということは容易に理解できるであろう。これは、『仏説玉耶女経』からの引用だが、『玉耶女経』の相当箇所は、

女人の身中に十の悪事有るも、自ら覚知せず。（同、八六四頁下〜八六五頁上）

とあるのみで、『仏説玉耶女経』の「三障」に当たる部分が見当たらない。ところが、『玉耶経』になると釈尊の言葉として、「女人の身中に十の悪事有り。何等をか十と為す」と自問して、十の悪事を挙げている。その最後の三つとして、

八には、女人、小にして父母の撿録する所と為《な》り。九には、中にして夫婿の制する所と為《な》り、十には年老いて児孫の呵する所と為る。生まれてより終わりに至るまで、自在を得ず。（同、八六六頁上）

とある。ここでは、「三障」や「三従」といった言葉こそ見られないが、内容的に「三従」について言及している。ところが、パーリの『七種の妻の経』は、七種類の妻を列挙するのみで「三従」説は見られない。

『仏説玉耶女経』『玉耶経』には、女性にとっての十悪として、「誕生しても父母が喜んでくれない」「養育しても無意味である」「懐妊や、出産には大変な困難が伴う」「常に夫に畏《かしこ》まっていなければならない」「常に自由が与えられない」「常に夫を畏《おそ》れ、其《そ》の顔色をうかがいながら懼《おそ》れている」——といったものが列挙されているが、いずれもヒンドゥー社会における女性たちの実態を示している。

『仏説玉耶女経』『玉耶女経』『玉耶経』の三つの経は、いずれも「五善・三悪」を説いている。これは、舅《しゅうと》や姑《しゅうとめ》、そして夫に仕えるという立場に置かれた妻について善とされる五項目と、悪とされる三項目のことである。岩本裕《ゆたか》著『仏教と女性』（三四～三七頁）にならい、それぞれを比較してみると、「五善」は、【表5】のように整理される。また「三悪」は、【表6】の通りである。

以上の「五善」「三悪」は、「十悪」とともに、釈尊が説いたという設定で述べられているが、これらはパーリ文にも、『増壱阿含経』非常品にも全く出てこないことから、部派分裂後に付加されたものであろう。ここに説かれた「五善」としての妻の在り方は、妻が一方的に夫や、舅、姑に仕えなければならないということが強調されている。ブッダの名前を借りてヒンドゥー社会での妻（嫁）の在り方を論じているように見える。この系統の経典群は、パーリ文のように素朴に七種類の妻の在り方を説いたものが基本形としてあって、それに乗じて部派分裂後にヒンドゥー社会の妻（嫁）の在り方が増広・付加されたと言えよう。従って、『玉耶女経』の系統は、ヒンドゥー社会での通念としての妻（嫁）の在り方をブッダの口を通して語らせた形を取っているもので、その一部に釈尊の言葉として「三従」が入っているのは、その操作の延長上のことであり、『マヌ法典』に規定された通念が、仏教の装いをもって語られたということであろう。

これに対して、『法句譬喩経』は「三従」に悩む女性を救済する姿勢を見せている。『法句譬喩経』と同系統の経典には、パーリの『ダンマ・パダ』（四百二十三篇の詩集）と、漢訳『法句経』（五百篇の詩集）とがあるが、そのいずれにも「三従」説は見られない。従って、

	仏説玉耶女経	玉耶女経	玉耶経
一	晩（おそ）く眠り早く起きて、家事を修治す。所有の美膳は自ら口に向くることなく、先ず姑舅、夫主に進む。	後に臥して早く起き、美食は先ず進む。	晩く臥し早く起きて、櫛（くし）もて髪綵を梳（す）き、衣服を整頓し、面目を洗拭し垢穢有ることなし。作事を執るに先ず所尊（神仏を安置したところ）を啓（ひら）き、心は常に恭順にして、設（たと）い甘味有るも先に食することを得ず。
二	家物を看視して漏失せしむることなし。	〔夫、〕打ち罵るも、恚（いか）りを懐くことを得ず。	夫婿の呵（か）し罵（ののし）るも、〔妻は〕瞋（いか）り、恨むことを得ず。
三	其の口、語を慎みて、忍辱にして少瞋なり。	一心に夫に向かいて邪婬を得ず。	一心に夫婿を守り、邪婬を念（おも）うことを得ず。
四	矜荘（威儀の正しい）、誡慎にして恒に及ばざるを恐る。	夫の長寿を願い身を以て奉使す。	常に夫婿の長寿を願い、〔夫婿の〕出行すれば、婦、当に家中を整頓すべし。
五	一心に姑舅、夫主に恭孝して、善名（名声）有らしめ、親族、歓喜し、人の誉むる所と為（な）る。	夫婿、遠行すれば家中を整理し、二心有ること無し。	常に夫の善を念じ、夫の悪を念じず。

表5

	仏説玉耶女経	玉耶女経	玉耶経
一	未冥に早く眠り日出ずるも起きず。夫主、訶（か）すれば、瞋りて反（かえ）りて嫌〔悪〕を見せて罵る。	夫婿を軽慢し、大長（姑舅）に順わず、美食は自ら喰う。未冥に早く臥し、日出ずるも起きず。夫婿、教訶すれば、目を瞋らせて怒応す。	婦礼を以て姑舅・夫婿に承事せず、ただ美食を先に欲して之を喰う。未冥に早く臥し、日出ずるも起きず。夫、教呵せんと欲すれば、目を瞋らせて夫を視（み）て、応（まさ）に拒（こば）み猶（なお）罵るべし。
二	好食は自ら喰い、悪食は便ち姑舅、夫主に与う。姦色、欺詐、妖邪なること万端なり。	夫を見て心に歓ばず、常に敗壊（落胆）し、他の男子の好きことを念う。	一心に夫婿に向かわず、ただ他の男子を念う。
三	生活を念わず、世間に遊冶す。他の好醜を道（い）い、人の長短を求む。口舌もて闘乱し、親族を憎嫉して、人の賤しむ所と為る。	夫の早く死に、更に〔他の男子に〕嫁せんことを願う。	夫をして死なしめ、早く更に〔他の男子に〕嫁することを得ることを欲す。

表6

アショーカ王のころには、「三従」説はなかったといえよう。『ダンマ・パダ』はかなり古いもので、紀元前四～同三世紀に編集されたと見られているが、『法句経』が漢訳されたのは西暦二二四年のことである。『法句譬喩経』は、二九〇～三〇六年に漢訳されたものだが、これは漢訳『法句経』の約三分の二の偈《げ》（詩）に、それぞれの偈の説かれた事情などをつづった散文が付加されたものである。「三従」はその『法句譬喩経』華香品第十二の散文の中に出てくる。

華香品を現代語訳しながら、内容をたどってみよう。

昔、仏がサーヴァッティー（舎衛国）におられ、その国の東南の海に台《うてな》があり、その上に華香樹があったという場面設定で始まる。その上で、次に、

> 婆羅門《ばらもん》の女、五百人有り。異道に事《つか》え奉り、意に甚だ精進するも、仏の有ることを知らず。時に諸の女、自ら相《あ》い謂《い》いて曰《いわ》く。我等、形を稟《う》けて生まれ、女人と為《な》る。少《わか》きより老いに至るまで三事もて鑑《かんがみ》られ、自由を得ず。（大正蔵、巻四、五八四頁下）

という言葉が続く。これは、ブッダの存在を知らないバラモンの家系の在家の女性たちが、若い時から年老いるまで三つのこと（三従）において監視される立場に立たされていて、自由がないと嘆いた言葉である。

彼女らは、「命は短いものであり、姿形も幻化のようなもので、死を免れることはない。みんなで華香台に行って香華を採取するよりほかない」と思う。精進・持斎して梵天（ブラ

フマー神）に祈り、梵天〔の世界〕に生まれて、長寿となり不死を得て、〔「三従」という監視を免れて〕自在を得、監視されることがなくなり、諸罪を離れて憂患《ゆうげん》がなくなることを願った。そして、斎供を具して台の上に行って、華香を採取して、身を屈めて梵天に一心に願った。

その様子を見ておられた世尊は、「世俗の斎戒をなすとはいえ、その心は精進している。教え導いて済度してやろう」と、多くの弟子、菩薩、天、龍、鬼神とともに虚空に飛昇して台の上に至り、樹下に坐した。諸の女たちは歓喜して、自分たちの願いがかなえられ梵天が現われたと思う。

ところが、一人の天人が、「この方は梵天ではありません。三界において尊敬されるべき人で、ブッダという名前です。無量の人々を済度されます」と述べた。

諸の女たちは、仏の前に至り、礼をなして言った。「私たちは、垢穢《けがれ》が多いために女として生まれました。〔三従によって〕監視されることから解放されることを求めて、梵天〔の世界〕に生まれたいと願っています」と。

仏は、このような願いをよくぞ発《おこ》したとほめ、「世の中には二つのことがあり、その報いは明らかであり、審《つまび》らかである。善をなすことによって福徳を受け、悪をなすことによって殃《とが》を受ける。世間の苦と天上の楽、有為《うい》の煩〔悩〕と無為《むい》の寂《じゃく》〔静《じょう》〕の二通りがあるけれども、だれがよく選択して真なるものを取るであろうか」と説き聞かせた。

次いで、仏は偈を説き、それを聞いて諸の女たちは、真の道を学ぶことを願って比丘尼となった。頭髪はおのずから堕《お》ち、法衣も具足した。寂静を思惟し、すぐに阿羅漢の覚りを得た。

それを見て阿難は、諸女がたった一度教えを聞いて、出家して覚りを得ることができた理由を仏に尋ねた。仏は、昔の迦葉仏《かしょうぶつ》の時代のことを話す。その時、大長者がいて、夫人、綵女《さい》《にょ》(侍女)が五百人いたが、長者は嫉妬深くて、門を閉ざしたままでなかなか開くことはなかった。夫人たちは、仏にお会いしたいと思っても、決して許されることはなかった。ある日、国王が大臣たちを集め一日中、宴会を催すことがあった。夫人たちは、長者が宴会場に入るのを見届けるや、すぐに仏の所に行き、教えを聞いた。そして、それぞれに「私が生まれるたびに悪人と出会うことがなく、生まれた所で常に覚りを得て徳を具えた聖人と会うことができますように」「来世に現われる釈迦牟尼《しゃかむに》と出会って出家し学道し、訓戒を受持したい」と発願したという。

仏はこのことを語り終えると、その時の五百人の夫人と綵女たちが今の五百人の女性たちであるということを明かした。

華香品は大要、以上の通りである。ここでは、「三従」によって不自由な立場に置かれていた女性たちの悩みを仏が聞き、それから解放するという趣旨を読み取ることができる。解放の具体策は抽象的ではあるが、仏教が、「三従」説を容認するのではなく、「三従」説のために自由を制約されていた女性たちを解放し、喜びを与えようとする姿勢は読み取れよう。

さらに『賢愚経』の摩訶斯那優婆夷品《まかしなうばいぼん》(大正蔵、巻四、三七三頁上〜三七六頁中)には、「三従」にとらわれず自らの意志に随ってブッダの教えを実行する在家の女性を讃歎する話が出てくる。その女性は、世尊から与えられた『法句経』を読誦《どくじゅ》していたと記されている。

『賢愚経』は、河西《かさい》の沙門《しゃもん》であった曇覚《どんかく》、威徳《いとく》らがコータンにおいて聞いたものをトルファンの大安寺で四四五年に訳したものだと言われる。コータンでは、カローシュティー文字で書かれたガンダーラ語の『法句経』が発見されているが、それは紀元後一〜三世紀に属するものだとされる。『法句経』は、古来最も広く愛誦されたもので、コータンでも『法句経』が広く読まれていたことを想像させる。

『賢愚経』には、「過去の諸仏、恒河沙《ごうがしゃ》の如く尽《ことごと》く法句〈経〉を説き、未来の諸仏、恒河沙の如く亦《また》是の経を説く」（大正蔵、巻四、三七三頁中）という多仏思想に立った言葉が見られることからすると、大乗の仏典であろう。

『賢愚経』摩訶斯那優婆夷品では、摩訶斯那《まかしな》（mahāsenā か？）という在家の女性と出会ったシャーリプトラ（舎利弗）が、その女性に対して、「実に奇特なことである」と讃歎する。摩訶斯那は、「私は、女人の身で、しかも在家の身であります。けれども二十身見を除滅し須陀洹《しゅだおん》（預流果《よるか》）を得ることができました」と語る。これに対してシャーリプトラは、「あなたは、非常に奇特な人であります。女性の身でよく須陀洹を成じておられます」と答える（同、三七四頁中〜下）。

摩訶斯那の夫と、四人の子どもたちは皆、悪しき邪見にとらわれていて、仏・法・僧の三宝について全く知ることもなく、敬おうともしない。摩訶斯那が三宝に供養し、貧窮《びんぐ》の人に何か布施するようなことがあれば、夫や子どもたちは、「われわれが家業に励んでいるのに、お前は無益なことをする」と言って怒りを生ずる。摩訶斯那は、それでも求道《ぐどう》心をもって善を修し、布施をなし、全く退くことがなかった。しかも、夫や子どもたちに対して怒ることも、恨むこともなかった。それを聞いて、シャーリプトラが摩訶斯那を讃歎する。

　婦人の法は、一切の時の中に常に自在ならず。少小〔の時〕には則ち父母護《まも》り、壮時には則ち其《そ》の夫護り、老時には則ち子護る。而《しか》れども、汝《なんじ》は夫子の為《ため》に制せられず、意に随って善を修す。（同、三七四頁下）

ここに「婦人の法」（婦人の決まり）として挙げられているものは、「三従」のことである。摩訶斯那は、その「三従」に束縛されることなく、自らの意志に従って善を修していたというのだ。

その夕べ、摩訶斯那は、近くの林に来訪した釈尊を訪ねた。説法を聞いて歓喜し、「この村の人は、みな邪見で、仏法を知りません。仏の徳を知らず、布施することを好みません。仏および弟子の皆さんにこの村に滞在していただき、私たちの供養を受けていただきたい」とお願いした。一人の病の比丘を見つけ、摩訶斯那が供養を申し出ると、「新鮮な肉で作った温かい肉汁を食するように医者に言われている」ということだった。

翌日、使用人に肉を求めに行かせたが、その日（十五日）は殺生《せっしょう》が禁じられた日で、どこにおいても入手できなかった。困り果てた摩訶斯那は、尸毘《しび》王が自らの肉を鷹に与えて鳩を助けたという故事を思い出し、自らの太腿《ふともも》の肉で作った肉汁を供養し、病の比丘はそれと知らずに食べた。それを知った夫のバラモンが、「釈尊の弟子が人肉を食った。班足王《はんそくおう》のように」と触れ回った。

釈尊は、その比丘を呼び、肉を布施された時は、食べてよいものか、そうでないかを確認するべきであることを注意する。(1) そして、摩訶斯那の家を訪ねた。如来が大光明《こうみょう》を放つと、その光明に触れた摩訶斯那は苦痛がなくなり、太腿の傷は平復してもとのようになった。そこで仏は教えを説き、それを聞いた夫のバラモンをはじめとする人々は、須陀洹《しゅだおん》や、斯陀《しだ》含《ごん》、阿那含《あなごん》、阿羅漢《あらかん》を得るものがあり、大道心を発《おこ》すものもあって、歓喜しないものはだれ一人としてなかった。ここには、在家のままで阿羅漢に達したことが記されていて、注目される。

これは、インドにおいて一般社会の通念となっていた、いわゆる「三従」に背いて、「夫子の為に制せられず、〔自らの〕意に随って善を修す」る女性の主体的な生き方が、夫や村人を道に目覚めさせるという結果をもたらしたという内容である。ここには、「三従」説にとらわれず、むしろそれを容認しない仏教の立場が表明されているといえよう。

第三節　『華厳経』における「三従」説

次に『華厳経』について見てみよう。正式の名称は『大方広仏華厳経』だが、その原典は西域のコータン辺りで、紀元後四〇〇年前後、早くて四世紀後半には存在していたと言われる。個別に成立していた経典を集めて配列し、何章かを付け加えて一つの経典の体裁を整えたものである。サンスクリット語で書かれたものだが、そのままの形でインドに伝わった形跡は見られない。その中の十地品に相当する『十地経』(*daśabhūmika-sūtra*)と、入法界品に相当する『ガンダヴューハ』(*gaṇḍavyūha-sūtra*) はサンスクリット原典が現存していて、その異本が東南アジアにまで伝わっている。『華厳経』としては、コータン辺りで成立して一直線に東進し、中国、朝鮮、日本へと流伝した。その漢訳には、完本としてチベット語訳のほかに、次の三種が存する。

①東晋・仏駄跋陀羅《ぶつだばつだら》 (buddhabhadra) 訳、略称『六十華厳』(大正蔵、巻九、三九五～七八八頁、四一八～四二〇年訳)。

②唐・実叉難陀《じっしゃなんだ》 (śikṣānanda) 訳、略称『八十華厳』(同、巻一〇、一～四四四頁、六九五～六九九年訳)。

③唐・般若《はんにゃ》 (prajñā) 訳、略称『四十華厳』(同、六六一～八五一頁、七九五～七九八年訳)。

③の『四十華厳』は、①、②の最終章である「入法界品」を著しく増補拡大したものである。『華厳経』において「三従」説は、この『四十華厳』の普賢行願品 (同、七八八頁上～七九七頁中) に出てくる。既に述べたように、四四五年以前に既に西域のコータンに『賢愚経』が存在していた。従って、『華厳経』の編纂者たちも『賢愚経』を目にしていたことであろう。『賢愚経』では、「三従」にとらわれない女性を讃歎する態度が表明されていたが、その影響が、『四十華厳』普賢行願品にも及ぼされたことは充分に考えられる。それを要約すると以下の通りである。

文殊師利菩薩に会い、発心して南方へ求法の旅に出発した善財《ぜんざい》 (sudhana) 童子は、観音、弥勒をはじめとする五十三人の善知識を遍歴する。その中でも普賢行願品において釈女・瞿波《くば》（gopā）と会い、教えを受ける。瞿波は、かつて大樹妙高《たいじゅみょうこう》吉祥《きっしょう》という都に財主という王がいた時のことを善財に語って聞かせた。その太子の名は威徳主《いとくしゅ》といった。その都に善現という母と、具足艶吉祥《ぐそくえんきっしょう》という名の娘がいた。娘は、王都を出る太子の姿を見て心惹かれる思いを生じた。「此の人に敬事したい」と願い、それができなければ死ぬしかないと母に語った。母は、身分の違いを言い聞かせた。けれども娘は、決意も固く諦めなかった。

それは、王都の中で勝日身如来が等正覚を達成して七日目のことであった。遊観して疲れきった娘は、うたた寝をしたが、その如来が夢に現われ神変を現じた。夢から覚め、仏の功徳の加持《かじ》を得て、その心は畏れるものがなくなり、晴れやかな気持ちになった。太子を敬慕して、娘はその面前で、「〔太子は〕三十二相の荘厳《しょうごん》する所にして、必ず此の界において〔転《てん》〕輪《りん》〔聖《じょう》〕王《おう》と作《な》らん。唯《ただ》願わくは慈悲もて納受を垂れたまえ」と偈（詩）によって思いを伝えた。

それに対して、太子もまた偈によって世間における女人の多くの禍患を列挙し、女人が世間と、出世間の楽だけではなく、無上菩提の障害になることを延々と述べ立てた（同、七八九頁下〜七九一頁上）。その中から、主だったものをいくつか拾い出してみると、

・智人の説く所は、諸の煩悩、一切の過業（あやまった行ない）は女に由《よ》りて生ずと。況《いわ》んや卑族を取りて以《もっ》て妻と為《な》すこと、世間の極悪、此れに過ぎること無し。女人は弊執《へいしゅう》

もて其《そ》の性《しょう》と為《な》す。

・五通の仙人、大威徳も神通を退失すること女人に因《よ》る。
・炎火、黒蛇、刀の毒薬あるも、女人の害を為すこと此れに過ぐ。
・閻魔《えんま》は衆生を殺すことを厭《いと》わず。女人の男心を欲すること亦爾《またしか》り。
・一切の男子は悉《ことごと》く馳求《ちぐ》し厭《いと》うこと無く恣《ほしいまま》に欲情すること是《か》くの如し。
・心中は猛悪にして毒害を興《おこ》す。是の故に女の言は定めて信じ難し。
・外に美容を現わし諂《へつら》い媚《こ》びを懐《いだ》くも、一切の愆違《けんい》（過《あやま》ちと邪）、腹中に満つ。

こうした言葉が、多数列挙されて、

処女《しょにょ》は家に居て父母に随《したが》い、笄《けい》年には事に適《かな》いてまた夫に従い、夫亡き〔時〕には子に従いて嫌疑を護《まも》る。是《こ》れに由《よ》りて常に不自在と名づく。（大正蔵、巻一〇、七九〇頁中）

という偈（詩）が出てくる。笄年とは、女子が初めて笄《かんざし》を付ける年齢（十五歳）のことで、女子が成年に達したことを意味する。これは明らかに「三従」説を述べたものである。

女性に対する厳しい言葉は、これで終わることなく続く。

・女人の喜怒の情は見難く、染心の邪は計量するも涯無《はてな》し。世間の名称の諸の智人も、能《よ》く女心を知る者有ること無し。五通の神仙、及び天主、能《よ》く大海の水の多少を知るも、終身に計算して能《よ》く一一の女人の差別の意を知ることなし。諂《へつら》いの言は耳を悦ばせ、甘きこと蜜の如く、心は利剣の如く人を害す。意を乱すこと巧妙にして人心を奪う。

・愚童の毒樹の枝に攀《よ》じることを楽しみ、癡乱《ちらん》して毒蛇の窟に住むことを欲し、狂人の熱鉄に執持す。女色に親近《しんごん》すること是れに過ぐ。

・菩薩は、法の為《ため》に女人を摂す。恒《つね》に教授すと雖《いえど》も心は遠く離る。

・女人は能《よ》く愛欲の網を張り、一切諸の愚夫を羅捕《らほ》す。世間の欲に染まりし諸の衆生は、魚の鉤《はり》を呑《の》んで食する所と為《な》るが如し。

・是《か》くの如《ごと》く女人の身を厭離《おんり》す。云何《いか》に此《ここ》に於《お》いて貪著《とんじゃく》を生ぜんや。女身は虚幻なること浮く泡の如し。老病死の苦の所依の処《ところ》なり。積集《しゃくじゅう》する不浄は、山岳に過ぐ。云何《いか》に此《ここ》に於いて貪著を生ぜんや。

こうした言葉が羅列される。

その上で、太子は、「汝はだれの娘か？」「先祖はだれか？」と家柄を問う。

それに対して、母親は、娘が太子と同じ日に、蓮華より生まれたことや、智慧の勝れていることなどを話す。

そこで威徳主太子は、その娘に対して、「我、阿耨多羅三藐三菩提《あのくたらさんみゃくさんぼだい》（この上ない正しく完全な覚り）を求めんが為《ため》に尽未来《じんみらい》に菩薩行を行じることを願う」と決意のほどを語り、さらに「当《まさ》に爾《そ》の時に於いて汝《なんじ》は、或《ある》いは我に障難を作《な》し、我が施行をして円満を得ざらしむべし。財物を施す時、汝の心は慳吝《けんりん》にして、男女を施す時、汝の心は痛く悩み、肢体を割《さ》く時、汝の心は憂悶し、汝を捨てて出家するに汝は心に悔い恨まん」と語り、さらに、「汝、能《よ》く我が菩提心に順ぜよ。我も亦当《またまさ》に汝の意に随わん」と述べた。

これに対して娘は、「善きかな、丈夫よ。仁（あなた）の所問の如く諸の菩薩行は行じ難くして能《よ》く行じ、忍び難くして能く忍び、是《か》くの如く一切、我れ当《まさ》に随順して精勤修習すべし。親近《しんごん》して捨てず、影の形に随うが如く、仁の願う所をして皆、成満《じょうまん》することを得せしめん」と語る。さらに仏道を志す太子の決意に対して、娘は自分も全く同じであることを表明し、

我が心、本、豪富を求めず。亦復《また》、五欲の楽を貪《むさぼ》らず。ただ、同じく法の為《ため》に共に修行せん。是《これ》に由《よ》りて仁を以《もっ》て主と為《な》すことを願う。

と諳《そら》んじ、夢に勝日身如来が現われ、手で頭をなでられ、心に歓喜を生じたこと、仏の加持《かじ》を蒙《こうむ》って太子にまみえることができたこと、昔、願ったことが悉《ことごと》く満足したことを語り、「願わくは、共倶《とも》に如来に往詣《おうけい》し、同心もて共に菩薩道を学ばん」と語った。

太子は、勝日身如来の名前を聞いて即座に清浄心を得て、摩尼宝華《まにほうけ》を娘の上に散じ、吉祥《きっしょう》蔵摩尼宝髻《ぞうまにほうきつ》を冠し、色彩豊かな火焔摩尼宝衣《かえんまにほうえ》を娘に着せた。娘は、心静かに念《おも》いを正して動揺することなく、ただ一心に合掌して太子を仰ぎ見た。

母の善現は、「此の女《むすめ》は希有にして人間の宝なり」「蓮華より生じ……女人の過《あやま》ちは咸《ことごと》く皆離れ、太子に随い共に修持するに堪えん」と語った。

そこで、威徳主太子と、具足艶吉祥童女は、勝日身如来に親近《しんごん》し、恭敬し、供養したいと思い、如来のところへ訪れた。太子は、仏のために五百の精舎《しょうじゃ》を造立した。如来は、太子の機根が既に成熟しているのを知り、普眼燈門経を演説した。それにより、太子は十の三昧海門を証得し、具足艶吉祥童女も三昧を得て、阿耨多羅三藐三菩提《あのくたらさんみゃくさんぼだい》において不退転を得た。太子と、具足艶吉祥童女は、その場を辞退し宮殿に帰り、王に事の次第を伝えた。勝日身如来の出現を喜んだ財主王は、位を退いて太子に譲り、如来の下で出家した。こうして太子は転輪聖王となり、具足艶吉祥童女とともに王国を治めたという。

以上の話を終えると、瞿波は善財童子に、その時の威徳主太子が現在の毘盧遮那《びるしゃな》如来であり、具足艶吉祥童女が瞿波自身であるということを明かした。

以上が、釈女・瞿波が善財童子に語って聞かせた話であった。ここには、太子の言葉として、ヒンドゥー社会の女性観、あるいは部派仏教の女性観が随分と反映されている。その中に「三従」説が登場している。結局、そうした女性観を持っていた太子は、具足艶吉祥童女が、全くそのような女性とは異なっていることを知る。こうして、具足艶吉祥は太子の伴侶となった。しかも、不退転の位に到ったとしている。このように、『四十華厳』普賢行願品は具足艶吉祥童女という女性についての話を通して「三従」をはじめとするヒンドゥー社会の女性観を否定しているといえよう。

ただし、女性一般に対しては、「菩薩は、法の為《ため》に女人を摂す。恒《つね》に教授すと雖《いえど》も心は遠く離る」という考えが貫かれていて、この話は「此の女《むすめ》は希有にして」とか「一切の女人に与《とも》に等しきもの無し」「(此の女は) 女人の過ちは咸《ことごと》く皆離れ」などという一節が有るように、具足艶吉祥童女を特別扱いしていて、すべての女性のこととして論じたものではないことが問題として残る。これは、「三従」の不自由に悩まされていた五百人の女性たちが、ブッダと出会い、教えを聞いて一同に目覚め、歓喜するという設定になっていた『法句譬喩経』と比べても、大きな違いである。「五百」という数は、インドにおいて多数を意味する慣用語である。

以上の「三従」説についての概観をまとめておこう。『玉耶女経』と『法句経』の系統の経典を見ると、「三従」説は、いずれのパーリ経典にも見られず、それぞれの漢訳に「三従」説に言及していないものと、しているものとがあった。これは、部派分裂以前には「三従」説が仏教内において論じられていなかったことを意味している。「三従」説に言及しているものは、『玉耶女経』系の六経のうち『仏説玉耶女経』と『玉耶経』のみで、釈尊の言葉として「女性に三従がある」と述べている。これは、部派分裂後の紀元前二世紀ごろに付加されたのであろう。『法句経』系の中でも相当遅く成立した『法句譬喩経』は、「三従」説に言及しているとはいえ、「三従」説を仏教の立場としているのではなく、「三従」に悩む仏教以外の女性たちをブッダが解放するという内容である。『賢愚経』は、「三従」の制約を自らの意志で拒否してブッダの教えを求め、夫や、息子たちをも仏教に帰依させた女性の話である。また『華厳経』は、「三従」説などの偏見をもって女性を見ていた太子の認識を女性が改めさせるという物語であった。このように、一方で「三従」説を仏説のようにして取り込んだものがあったが、他方でそれを乗り越えようとするものもあったということができる。

「三従」説に言及する経典の名前だけを列挙した論文が多いが、その経典が「三従」説を肯定しているのか、否定しているのか明らかにしていないのはよくないことである。

このような「三従」説と「五障」説の耐え難さを比べてみると、「五障」のほうが女性にとっては過酷なものではないだろうか。「三従」について言及した仏典のいずれにも「不自由」「不自在」とあるように、「三従」説は女性の自由を許さないものであった。『マヌ法典』で規定されていたように、世俗の生活における女性蔑視であったのだ。

それに対して、「五障」説のほうは仏教徒の女性にとっても致命的なものである。「五障」説は、女性がブッダ（覚者）になれないということを断定するもので、成仏（人格の完成）、智慧の獲得の可能性を全否定しており、女性の全人格を否定するものであった。「三従」説の場合は、『賢愚経』のようにそれに従わなければすむ問題である。例えば、出家すればそれらの桎梏《しっこく》からは免れることができる。ところが、「五障」説の場合は出家しても、しなくても女性であることだけで成仏の可能性が全否定されてしまっている。従って、「三従」説に比べれば、「五障」説のほうが、大乗仏教にとって重大な問題であった。

第四節　「空」の思想と「変成男子」の強調

「五障」説に対する克服の方法は、主に①男女の性差は「空《くう》」（śūnya、または śūnyatā）にして「不二《ふに》」（advaya）、「平等」（sama、または samatā）という考え方と、②「変成男《へんじょうなん》子《し》」説——の二つの観点からなされた。

①の「空」「不二平等」という観点を主張した経典には、『八千頌般若経《はっせんじゆはんにやきよう》』『三昧王経《さんまいおうきよう》』『勝《しよう》鬘経《まんきよう》』『如来蔵経』『首楞厳三昧経《しゆりようごんさんまいきよう》』『維摩経《ゆいまきよう》』(2)——などがある。

②の「変成男子」を主張する経典の代表としては、『法華経』をはじめとして、『大樹緊那《たいじゆきんな》羅王所問経《らおうしよもんきよう》』『大宝積経《だいほうしやくきよう》』『転女身経《てんによしんきよう》』——の四つを挙げることができる。『大樹緊那羅王所問経』は、月氏《げつし》(月支)(3)から一七八年ごろに中国入りした支婁迦讖《しるかせん》(4)によって漢訳されている。そのことから、大乗仏教において「変成男子」(転女身)の思想は一七八年よりも以前に打ち出されていたことが判断される。

大正新脩大蔵経巻一四に収められた五五六番目の『仏説七女経』(大正蔵、巻一四、九〇七〜九〇九頁)から五七四番目の『仏説堅固女経』(同、九四六〜九四八頁)までは二、三の例外を除きすべてこの「変成男子」が説かれている。それらは『仏説龍施女経』(同、九〇九〜九一〇頁)のように、阿含経《あごんきよう》以来の「女人の五礙」(五障のこと)を正面から否定しようとするもの、『順権方便経』(同、九二一〜九三〇頁)などのように、自ら願って方便として女身を現しているとするもの、『婦人遇辜経』(同、九四四頁)のように、女人も不退転地に至ることができるとするもの——に分類される(平川彰著『初期大乗仏教の研究I』三八二〜三八六頁)。それぞれに女性差別を超克しようとしていたことが読み取れる。

第五節　「空」の思想からの女性の地位回復

まず初めに、男女の性差は「空《くう》」にして「不二平等」という考え方からの女性の地位回復が、どのようになされたのかを見てみよう。

「空」という考えは、釈尊自身も語っていたようだ。原始仏典の中でも最古の経典といわれ、釈尊のなまの言葉に近いといわれる『スッタニパータ』に、

モーガラージャよ、常に憶念して、自我に固執した誤った考えを捨て去り、世界を空《くう》であると観察せよ。死を乗り越えることは、このようであるべきである。このように世界を観察する人を、〈死の王〉は見ることがないのである。（第一一一九偈）

という釈尊の言葉が記録されている。自我に固執すること（我執）によって、自他《じた》・有無《うむ》・彼此《ひし》といった二元相対の差別相にとらわれてしまい、それを不変の実体ととらえてしまって、真実が見えなくなってしまう。その我執を離れたところに二元相対を超えた「空」があるというのである。

『増壱阿含経《ぞういつあごんきょう》』第六によると、解空《げくう》第一とされたスブーティ（須菩提《しゅぼだい》）は「恒《つね》に空《くう》の定《じょう》を楽しみ、空の義を分別するは、所謂《いわゆる》須菩提比丘是《これ》なり」とあり、「空法を観ず」ることを勧めていたという。ところが、それは小乗仏教で重要視されることはなかった。彼の存在をクローズ・アップしたのは大乗仏教であった。大乗仏教になると、特にこの「空」という観点が脚光を浴びることになる。そして女性の地位回復ということも、「空」という観点から強力に主張された。

大乗仏典の中で最初に登場したのは般若系経典であり、その特徴は「空」の論理を強調したことである。最も大部なものとしては、鳩摩羅什訳の『摩訶般若波羅蜜経《まかはんにゃはらみつきょう》』（大品般若経）が挙げられるが、その平等品第八十六（大正蔵、巻八、四一三頁下〜四一五頁中）などでも、「一切法の平等」について論じている。ただし、仏教における「平等」や「差別」という用語は、「男女平等」や「男女差別」というような用い方とは異なる。仏教用語としての「差別」（anyatva）は「しゃべつ」と読み、現象世界に織り成されるものごとが千差万別であることを言うものであり、英語のdiscriminationではなくdifference、すなわち「差異《さい》」という意味である。そこには、いずれかの優劣を価値判断する意味は含まれていない。

「平等」（samatā）とは、千差万別の差別相からなる現象世界も、如実に観察すれば普遍的真理（法）が貫かれていて、そのことに気づいた時にあらゆるものが無差別・平等の世界として現われてくるというように用いるのである。ある意味では、「空」の別の表現と言えよう。この『大品般若経』は、このように一切法、すなわちあらゆる事象の差別相にとらわれず、平等相を見る立場を打ち出している。男女の差異も、あらゆる事象（一切法）の一つには違いないが、この平等品では取り立てて男女の「平等」に焦点は当てられていない。

「空」の思想から男女の性差に不変の実体はないとする経典としては、まず『首楞厳三昧《しゅりょうごんさんまい》経《きょう》』が挙げられる。この経のサンスクリット原典は散逸してしまい伝わっていないが、鳩摩羅什訳（同、巻一五、六二九〜六四五頁）とチベット語訳が残っている。ここでは、丹治昭《たんじてる》義《よし》博士（一九三二〜）の現代語訳を引用させていただく。

そのとき、ドリダマティ菩薩はゴーパカ天子につぎのように尋ねた。「天子よ、あなたはどれほどの善根（を積んだこと）によって、女性の身体から変身し（て、男子となっ）たのですか」

答える。「良家の子よ、大乗に進むものにとっては、女性であろうとも、男性であろうとも、そのことは欠点とはなりません。それはどうしてかというと、全知者の心は三界とともにはたらくのではないからで、女とか男とかは、（凡夫の）心によって（みだりに）あらわし出されたものにすぎません……私が（女性でありたいと）願っていたあいだは、私には女性の姿があらわれていました。良家の子よ、私に男性の姿が生じるようなときにも、私は女性としての固有の本性（法性《ほつしよう》）を捨てはしません……たとえば、女性であるとか男性であるとかと執着することは倒錯して執着していることとです。良家の子よ、（しかし）およそ倒錯と無倒錯という二者は、不二であって、二つに区別されないのです。それはどうしてかというと、良家の子よ、あらゆるものはまったく二元性を離れているからです」

（長尾雅人・丹治昭義訳『維摩経・首楞厳三昧経』二五〇〜二五二頁）

という表現がなされている。ここでは、男女の区別は本質的なものではない、「不二平等」であって、「空」であると主張されている。

ここで、ドリダマティ菩薩が「変成男子」について尋ねる相手をゴーパカ（gopaka）天子という名前にしたのは、理由があるようだ。原始仏典の『ディーガ・ニカーヤ』第二巻にゴーピカー（gopikā）という女性が、釈尊の教えを信じて実践した結果、死後に帝釈天の息子となったという話が伝えられていることによるのであろう。その帝釈天の息子の名前が、ゴーパカ天子であった。それによると、ゴーピカーは、自ら次のように語っている。

私は、実に女でありつつ、ブッダを信じ、法を信じ、サンガ（僧団）を信じ、戒において行ないが完成されたものであり、女の心の貪欲を離れ、男の心を修してから、身体が破壊され死して後に、至福の天上の世界に生まれました。三十三天に住むインドラ神（帝釈天）の息子となったのです。（『ディーガ・ニカーヤ』第二巻、二七二頁）

さらにゴーパカ天子として生まれて後、韻文において次のような感懐を述べている。

〔わたしはかつて〕女であったけれども、まさに今は男であり、天の楽しみを具えている神であります。（同、二七三頁）

『首楞厳三昧経』は、この原始仏典の記述を念頭において、ゴーパカ天子を登場させたのであろう。この質問者は、女性が男性として生まれてくるというこの原始仏典の記述を見て、女身は欠点あるものと考えたのであろう。そして、男子であるか、女子であるかという二元相対的概念の枠組みにとらわれてしまって、倒錯に陥ったところで人間を見て、大事なものが見えなくなってしまっているといえよう。『首楞厳三昧経』は、その点を突いているのである。

また『維摩経』は、シャーリプトラと天女との対話というドラマチックな表現で男女の性差が「空」であることを論じている。『維摩経』は、鳩摩羅什訳（大正蔵、巻一四、五三七〜五五七頁）のほか支謙訳（同、五一九〜五三六頁）、玄奘訳（同、五五七〜五八八頁）と、チベット語訳とが現存しているのみで、長年、サンスクリット原典は残っていないとされてきた。ところが、この学位論文をお茶の水女子大学に提出し、審査が始まった後の二〇〇一年十二月十五日付の新聞で、中国・チベット自治区のポタラ宮で原典写本が一九九九年に発見されていたことが報じられた。博士論文の執筆には間に合わなかったが、学位取得後、その影印版《えいいんばん》を入手し、二〇一一年に『梵漢和対照・現代語訳　維摩経』（岩波書店）を出版することができた。従って、以下の『維摩経』からの引用を拙訳に差し替えた。

その場面は、天女が天の華を仏弟子たちの上に散じるところから始まる。その華が、菩薩たちのところに至ると何ごともなく落ちてしまった。ところが、シャーリプトラをはじめとする大弟子たる声聞たちのところに至ると、どうしたことか身に付着してしまった。あわてた大弟子たちは、華を取り払おうとするが、取ろうとすればするほどますます取れなくなってしまう。

そこで、天女がシャーリプトラに尋ねる。

「あなたは、これらの花々をなぜ取り払おうとなさるのですか」

シャーリプトラは、

「これらの花々は、〔出家者にとって法に〕かなっていないからだ」

と答えた。これに対する、天女の言葉が見事である。

尊者シャーリプトラよ、あなたは、そのように言ってはなりません。それは、どんな理由からでしょうか。実にこれらの花々は、〔法に〕かなったものであるからです。理由は何でしょうか。まさにそのように、これらの花々は考えることもなく、分別することもありません。しかしながら、大徳シャーリプトラ〔こそ〕が、考え、分別しているのです。

尊者シャーリプトラよ、よく説かれた法（真理の教え）と律（出家者の守るべき規則）のもとで出家して、〔あれこれと〕考え、分別するならば、それらの人〔こそ〕が〔法に〕かなっていないのです。しかるに、大徳は〔花々についてあれこれと〕考え、分別しておられます。しかしながら、〔あれこれと〕考えず、分別しないならば、それらの人たち〔こそ〕が〔法に〕かなっているのです。

尊者シャーリプトラよ、ご覧なさい。もちろん、〔これらの菩薩たちは、あれこれと〕考えることや分別することをすべて打ち破っていることから、これらの偉大な人〔である菩薩〕たちの身体には花々は付着しないのです。

（植木訳『梵漢和対照・現代語訳　維摩経』二九九頁）

天女はこのように語った。この対応箇所を、鳩摩羅什は次のように漢訳している。

此の華を謂《い》いて如法ならずと為《な》すこと勿《なか》れ。所以《ゆえん》は何《いか》んとなれば、是の華に分別する所無し。仁者《なんじ》は自ら分別想を生ずるのみ。若《も》し仏法に於いて出家して、分別する所有らば、如法ならずと為す。若し分別する所無くんば、是れ則ち如法なり。諸の菩薩を観《み》るに、華の著《つ》かざるは已《すで》に一切の分別想を断ぜるが故なり。（同、二九八頁）

自我に固執するがゆえに、自他《じた》・有無《うむ》・彼此《ひし》などの二元相対的な差別相にとらわれてしまう。華が、あれやこれやと分別しているのではなく、シャーリプトラこそが、あれやこれやと分別しているがゆえに華にとらわれているというのである。それを華が付着して離れないという表現で示しているのだ。

釈尊の十大弟子の中でも智慧第一とまで言われていたシャーリプトラが、ここで天女に一本取られてしまった。ところが、それにもこりず、シャーリプトラはまたもや余計なことを言って天女にやりこめられてしまう。


〔シャーリプトラ（舎利弗）が〕言った。

「天女よ、あなたは、どうして女であることを転じ〔て男の身を示さ〕ないのか」

〔天女が〕言った。

「私は、まるまる十二年間にわたって、女であることを求めていますが、それを得ることはありません。さらにまた、尊者シャーリプトラよ、幻術師によって化作《けさ》されたところの女性、その〔女性〕に、『あなたは、どうして女であることを転じ〔て男の身を示さ〕ないのか』と、このように人が言うならば、その人は、何を言っているのでありましょうか」

〔シャーリプトラが〕言った。

「その〔化作された女性〕には、真実に完成されたものは決して何もないのだ」

〔天女が〕言った。

「まさにこのように、尊者シャーリプトラよ、あらゆるものごと（一切法《いっさいほう》）は、幻術によって化作されたという固有の性質（自性《じしょう》）を持つものであり、完全なものではない、それにもかかわらず、『あなたは、どうして女であることを転じ〔て男の身を示さ〕ないのか』〔など〕と、あなたにこのような〔思いが〕どこから生ずるのでしょうか」

そこで、その天女は、次のような神通《じんつう》を発揮した。〔その結果、〕大徳シャーリプトラは、その天女のような、そのような姿として現われ、同様に、その天女は、大徳〔シャーリプトラ〕のような、そのような姿として現われた。

そこで、シャーリプトラの姿をしたその天女が、天女の姿をしているシャーリプトラに尋ねた。

「尊者シャーリプトラよ、〔あなたは、〕どうして女であることを転じ〔て男の身を示さ〕ないのですか」

天女の姿をしているシャーリプトラが言った。

「どのように元に戻すのか、〔どうして〕男の姿が消滅し、私に女の姿が生じたのか、私はわからない」

〔天女が〕言った。

「もしも、大徳〔シャーリプトラ（舎利弗）〕が女であることを元に戻すことができるのならば、その時は、すべての女性たちもまた女であることを元に戻すでありましょう。大徳〔シャーリプトラ〕が、女でないのに、女のような〔姿を〕顕現しているように、そのようにすべての女たちにもまた女の姿が具わっているのであり、しかも女でないのに、女の姿が観察されるのであります。これを結論して、世尊は『あらゆるものごと（一切法）は、女でもなく、男でもないのだ』と言われました」

そして、その天女は、その神通を解いた。すると、尊者シャーリプトラは、まさに再び〔元の〕自分の姿を具えたものとなった。そこで、その天女が尊者シャーリプトラにこのように言った。

「尊者シャーリプトラよ、あなたが得ていた女の姿は今、〔いったい〕どこへ行ったのでしようか」

〔シャーリプトラが〕言った。

「その〔女の姿〕は作られたのでもなく、作り変えられたのでもないのだ」

〔天女が〕言った。

「まさにそのように、あらゆるものごとは、作られたのでもなく、作り変えられたのでもありません。そこには、作られることもなく、作り変えられることもありません。それが、ブッダの言葉なのです」（同、三〇九、三一一頁）

鳩摩羅什は、これを次のように漢訳している。

舎利弗言わく、「汝は何を以《もっ》て女身を転ぜざるや」と。天の曰《いわ》く、「我、十二年より来《このかた》、女人の相を求むるに、了《つい》に不可得なり。当《まさ》に何の転ずる所かあるべきや。譬えば幻師の幻女を化作《けさ》するが如し。若《も》し人有りて、何を以て女身を転ぜざると問わば、是の人、正しく問えりと為《な》すや不《いな》や」。舎利弗の言わく、「不《いな》なり。幻に定相《じょうそう》無し。当に何れに転ぜらるるべきや」。天の曰く、「一切の諸法も亦《また》復是くの如し。定相有ること無し。云何《いかん》が乃《すなわ》ち女身を転ぜざるを問わんや」と。

即時に天女は、神通力を以て、舎利弗を変じて天女の如くならしむ。天は自ら身を化して舎利弗の如し。而して問うて言わく、「何を以て女身を転ぜざるや」と。舎利弗、天女の像を以て而《しか》も答えて言わく、「我今、何《いか》に転じて、而も変じて女身と為《な》れるやを知らず」。天の曰く、「舎利弗よ、能《よ》く此の女身を転ずれば、則ち一切の女人も亦《また》、当《まさ》に能く転ずべし。舎利弗の女に非ずして、而も女身を現ずるが如く、一切の女人も亦復是くの如し。女身を現ずると雖《いえど》も、而も女には非ざるなり。是の故に仏は、『一切の諸法は男に非ず、女に非ず』と説きたまえり」と。即時に天女は還《ま》た神力を摂《おさ》めり。舎利弗の身は還復故《またもと》の如し。天、舎利弗に問えり。「女身の色相、今何所《いずこ》にか在る」。舎利弗の言わく、「女身の色相は在ることも無く、在らざることも無し」。天の曰く、「一切の諸法も亦復《またまた》是くの如し。在ることも無く、在らざることも無し。夫《そ》れ在ることも無く、在らざることも無しとは、仏の説きたもう所なり」

(同、三〇八、三一〇頁)

ここには、「女身」という固定した実体なるものは存在しないことが論じられている。そんなものは、幻のようなものにすぎない。〈あるのでもなく、ないのでもない〉という「空」の論理によって、「一切のものは男に非ず、女に非ず」と述べ、外見としての男身や女身に固定的実体としてとらわれることの迷妄を打ち破っている。それは、また文字通りの「変成男子」説の無意味さを指摘するものでもあった。『維摩経』はこうした論理によって、女性が女性のままで成仏できることを訴えたのであった。

第六節　悪条件を他者救済の原動力とする女性たち

そして、このやり取りを引き取るように、主人公のヴィマラキールティ（維摩詰(5)）がシャーリプトラに語る。

この天女は、九十二・コーティもの〔多くの〕ブッダたちに親近《しんごん》し、神通の智慧により自在に振る舞い、誓願を満たし、〔無生法《むしょうぼう》〕忍《にん》を得て、不退転〔の位〕に入っていて、衆生を成熟させるために誓願の力によって欲するままに、そのように〔天女として〕あり続けているのである。（同、三二一五頁）

これを鳩摩羅什は、次のように漢訳した。

是の天女は已曾《かつて》九十二億の仏を供養し已《おわ》りて、能《よ》く菩薩の神通に遊戯《ゆげ》す。所願具足して、無生忍を得、不退転に住せり。本願を以ての故に、意に随《したが》いて能く現じて、衆生を教化するなり。（同、三二四頁）

今度は、〈あるのでもなく、ないのでもない〉という単なる「空」の論理にとどまらず、天女自身は既に不退転の菩薩の境地に住していて、いつでも仏に成ろうと思えば成れるのに、衆生教化のために敢えてそれを思いとどまっているということが語られる。女性の姿をしていることについては、衆生、なかんずく女性を教化するために自ら願って女性の姿を現じているということなのだ。すなわち、「誓願の力によって」敢えて女性として生まれてきたのであると説いた。こうして、女性として生まれてきたことの自発性と、積極的意義を明かした。

このように、女性と生まれたことを「衆生（女性）の救済のため」と位置付ける大乗経典には、『大宝積経』『涅槃経』『宝女所問経』『大集経』『順権方便経』などが挙げられる。

これは、ちょうど「業《ごう》」（karman）というヒンドゥー教（バラモン教）的観念が次第に仏教に入り込み、過去に縛られたものとして現在の自己をとらえるようになってしまったことに対して、「願兼於業《がんけんおごう》」（悪業で苦しむ衆生を救うために自ら願って〈悪〉業を身に兼ねること）という考え方を強力に打ち出していったのとよく似ている。それは、俗っぽい言葉で言えば、「業があるから何なんだ」と開き直ったようなものであった。それによって、大乗仏教徒は、恵まれない条件を主体的に受け止め、菩薩道という他者救済の原動力としていったのである。

『倶舎論《くしゃろん》』によると、業は、身《しん》・口《く》・意《い》の三業《さんごう》、すなわち「行ない」（身業《しんごう》）、「言葉」（口《く》業《ごう》）、「思い」（意《い》業《ごう》）の三つの行為によって作り出され、未来において何らかの結果をもたらすものだとされる。業の本来の意味は、単に「行為」「行ない」ということである。それが因果関係と結びついて、以前の行ないの影響が連続して機能する一種の力だと見なされた。言い換えれば、善い行ないをすれば決まって善い結果がもたらされるし、悪い行ないをすれば必ず悪い結果がもたらされると考えられた。この業の観念によって輪廻《りんね》思想が生み出された。この業の影響する範囲はさらに拡大され、前世から来世にまで一貫して機能すると考えられた。

この思想はインド哲学全般に影響を及ぼし、インドの一般的な通念とさえなった。業の思想はまた、よき来世を保証するためには、現在における人の努力が大切であるとして、仏教でも採り入れられた。それは、現在の行ない（karman）の大切さを強調するという意味で、仏教的なアレンジが施されていた。けれども、それは次第に一種の運命論に陥ってしまったことは否めない。すなわち、現在の生活は前世の業（宿業）によって決定づけられていると言われるようになった。その結果、仏教は本来の教えとは異なるものに変化することを余儀なくされた。

中村博士は、紀元前一八〇年ごろのマウリヤ王朝の崩壊に伴って顕著になった仏教における業の観念の変質を論じておられる（『インドと西洋の思想交流』四六一～四六三頁）。それは仏教が小乗仏教となり、保守的で、権威主義的になっていることでもある。仏教を重んじたマウリヤ王朝の崩壊とともにバラモン教が再興され、カースト制度が徐々に復活し始めた。その際、仏教は業の教理によってその動きに適応を図ろうとしたというのである。それは、『ミリンダ王の問い』にも反映している。そこには、仏教僧ナーガセーナの言葉として次のような記述が見られる。

大王よ、このように**業の異なっていることによって人々は、すべて平等ではない**。大王よ、世尊もまたこのことを説かれました。「バラモンの学生《がくしょう》よ、生きているものたちは業を持つものであり、業を相続し業を母胎として〔生まれた〕ものであり、業を親族として、業をよりどころとするものたちである。**業は、生きているものたちを卑しいものと尊いものとに分けるのである**」と。

（『ミリンダ・パンハ』六五頁）

本書の第一章第四節と第五節で、生まれによる差別を否定していた『スッタニパータ』などの徹底した平等思想を紹介したが、それと比べると、これは首を傾げたくなる言葉である。

確かに業の観念は、一面では未来に向かって人が悪事をなすことを制止する働きを持っている。その半面、過去から現在をとらえる視点に重心を置きすぎると、現在の在り方は運命であり、仕方ないものであるとして、それに甘んじてしまうことになってしまいがちである。また、他人の不具合に対して、過去世の業が悪かったからだと非難する材料とされるに至ったりもする。

まさにそのような批判が、小乗仏教徒から大乗仏教徒に浴びせられていたのであろう。同様に女性と生まれたことも過去世の業の結果として、論じられたりしていた。それに対して、大乗仏教徒は、「それで何が悪いのだ」「業があるから人の苦しみが理解できる。だからこそ人を救うことができるのだ」「我々は、自ら願って悪業を身に体して生まれてきたのだ」と開き直った。

これと同様に大乗仏教徒は、女性蔑視の著しいヒンドゥー社会にあって女性として生まれてきたことを嘆くことなく、主体的に、積極的にその事実を受け止め、他の悩める、差別された女性の救済に立ち上がった。先ほどのヴィマラキールティの言葉にもその考えがうかがわれる。

さらに、ヴィマラキールティの言葉に、「天女は、不退転〔の位〕に入っていて」とあったことにも注意する必要があろう。既に述べたように、「五障」の一つが、鳩摩羅什訳『妙法蓮華経』では「仏身」となっていたが、サンスクリット語の『法華経』などは「不退転の菩薩の位」を挙げていた。ということは、ヴィマラキールティのこの言葉は、小乗仏教徒が主張していた「五障」説を全面的に否定していることを意味しているのだ。

また、このヴィマラキールティは在家の実業家（gṛhapati、居士《こじ》）であり、在家の菩薩であったということも、大乗仏教の特徴を象徴的に示している。大乗仏教は、在家の人たちも主体的に関わっていた運動だったからである。

第七節　『法華経』に見る女性の地位回復

次に、「変成男子」の説が出てくる『法華経』を見てみることにする。『法華経』第五の巻の提婆達多品第十二《だいばだったぼん》（第11章）において、提婆達多とともにサーガラ龍王の娘、いわゆる龍女《りゅうにょ》の成仏が明かされている。これまで嫌われてきた女人の身である龍女が、この提婆達多品において、わずか八歳にして即身成仏《そくしんじょうぶつ》を事実の姿で示した。

経典では、まず大海の龍宮で化導していたマンジュシリー菩薩が登場し、龍宮で化導した衆生の数が無量であることを告げ、その代表として、八歳の龍女のことを次のように紹介する。

良家の息子よ、サーガラ龍王の娘（龍女）がいるのだ。その娘は、生まれて八年で、大いなる智慧を具《そな》え、研ぎ澄まされた能力を持ち、智に基づいた身体と言葉と心の行ない（身《しん》口《く》意《い》の三業《さんごう》）を具えており、あらゆる如来が説かれた象徴的表現の意味を会得していて、ダーラニー（陀羅尼《だらに》）を得ており、あらゆる事物や衆生に対して精神集中する幾千もの三《さん》昧《まい》を一瞬にして獲得しているのだ。サーガラ龍王の娘は、覚りを求める心において**不退転であり**、広大なる請願を持ち、一切衆生に対して自分のことのように愛情を抱いており、さらに徳性を生み出すことができる。それらを欠いていることはないのだ。

（植木訳『サンスクリット原典現代語訳　法華経』下巻、二九～三〇頁）

これを鳩摩羅什は、次のように漢訳した。

智慧利根《りこん》にして、善く衆生の諸根の行業《ぎようごう》を知り、(6)陀羅尼《だらに》を得、諸仏の所説の甚深の秘蔵悉く能《よ》く受持し、深く禅定に入って、諸法を了達し、刹那《せつな》の頃《あいだ》に於いて、菩提心を発《おこ》して、**不退転を得たり**。弁才無礙《むげ》にして、衆生を慈念すること、猶《なお》、赤子《しやくし》の如し。功徳具足して、心に念《おも》い口に演《の》ぶること、微妙《みみよう》広大なり。慈悲・仁譲《にんじよう》、志意《しい》和雅《わげ》にして、能《よ》く菩提に至れり。（植木訳『梵漢和対照・現代語訳　法華経』下巻、九四頁）

これは、次のように現代語訳することができよう。

〔サーガラ龍王の娘は〕智慧が極めてすぐれていて、衆生が諸々の感覚器官〔、すなわち身と口と意〕を通してなす行ないをよく知っており、ダーラニー（法を理解し記憶し心にとどめる能力）を得ており、諸々の仏が説かれた甚だ深い秘密の教えの蔵を一つ残らずすべて受持し、深く禅定に入って、あらゆるものごとの真実の姿を明らかに覚って、瞬く間に覚りを求める心を発して、**もはや退転することのない境地を得ている**。その弁舌の才能は滞ることがなく、衆生を慈しみ心に思い続けることは、赤子に対してなすがごとくである。功徳がそなわっていて、〔彼女が〕心に思い、口で語ることは、計り知れないほどすぐれて見事で、また広大なものである。慈悲深く、思いやりがあり、控えめで、その心根は柔和で、上品であって、覚りに至ることができたのである。

ここには、ブッダとなるために不可欠なものが列挙されているが、それらのすべてを龍女が具えているとマンジュシリーは述べている。なかんずく不退転に到っているというのである。

ところが、これに対してプラジュニャークータ（智積《ちしゃく》）菩薩が、次のような疑問を投げかける。

私が、世尊であるシャーキャムニ如来を見るに、シャーキャムニ如来は、幾千という多くの劫《こう》にわたって菩薩であり、覚りを求める意志が熱心で、多くの善行をなし、また、いかなる時にも決して努力精進《しょうじん》を緩められるようなことはありませんでした。三千大千世界において、このシャーキャムニ如来が衆生の幸福のために身を投じなかった場所は、地上には芥子《けし》の実ほどの広さでさえも決して存在しません。シャーキャムニ如来は、このように努力精進をしてその後に、覚りを得られたのです。

それに比べて、このサーガラ龍王の娘が、一瞬のうちにこの上ない正しく完全な覚りを得ることができるということを、いったい誰が信ずるでしょうか？

（『サンスクリット原典現代語訳　法華経』下巻、三〇頁）

これを鳩摩羅什は、次のように漢訳した。

我、釈迦如来を見たてまつるに、無量劫に於《お》いて、難行苦行し、功を積み、徳を累《かさ》ねて、菩提《ぼだい》の道《どう》を求むること、未《いま》だ曽《かつ》て止息したまわず。三千大千世界を観《み》るに、乃至《ないし》芥子《けし》の如き許《ばか》りも、是れ菩薩にして、身命《しんみょう》を捨てたもう処《ところ》に非ざること有ること無し。衆生の為《ため》の故なり。然《しか》して後に、乃《すなわ》ち菩提の道《どう》を成ずることを得たまえり。此《こ》の女《にょ》の須臾《しゅゆ》の頃《あいだ》に於いて、便《すなわ》ち正覚《しょうかく》を成ずることを信ぜじ。

（『梵漢和対照・現代語訳　法華経』下巻、九四、九六頁）

これは、釈尊でさえ広大な時間をかけて困難な修行をひるむことなく行なった結果、覚りを得ることができたのであって、幼い少女が一瞬にして覚りを得ることなど信じられないというのである。それは、小乗仏教の成仏観と女性観を反映したものであった。ここには、前に触れた歴劫《りゃっこう》修行の考えが持ち出されている。

そこへ、智積《ちしゃく》菩薩がこの言葉を言い終わらないうちに、龍女が登場する。そして、詩によって次のように宣言する。

私にとって完全なる覚りは思うがままであり、その際、私の証人は如来であります。私は、衆生を苦しみから解き放つ広大な法を説きましょう。

（『サンスクリット原典現代語訳　法華経』下巻、三二一頁）

これを鳩摩羅什は、次のように漢訳した。

又、聞いて菩提を成ずること、唯《ただ》仏のみ当《まさ》に証知したもう。我、大乗の教《おしえ》を闡《ひら》いて、苦の衆生を度《ど》脱《だつ》せん。（『梵漢和対照・現代語訳　法華経』下巻、九六頁）

そこで今度は、シャーリプトラが難癖をつける。

良家の娘よ、あなたが、覚りのために全き心を発《おこ》し、**退転することもなく**、無量の智慧を具えているとしても、それでも正しく完全に覚った位は得難いのである。良家の娘よ、一人の女性がいて、努力精進をゆるがせにしないで、幾百もの多くの劫にわたって、また幾千もの多くの劫にわたって諸々の善行をなし、六種類の完成（六波羅蜜）を成就したとしても、今日までブッダの位に達したことはないのだ。

（『サンスクリット原典現代語訳　法華経』下巻、三二頁）

智積菩薩の非難は、釈尊ですらあれほどの難行苦行を長い間なしたのだから、あなたがブッダとなることができたことは信じられないと述べたもので、智慧があり、才能に恵まれ、難行苦行を長期間やりさえすれば、可能ではあるが……という余地を残していた。ところがシャーリプトラは、女性がどんなに優秀で、才能に恵まれていようとも、いくら努力・精進したとしても、女性であるという理由だけでブッダの位に達することはできないのであり、今日までだれも到達したものはいないと主張して、その余地さえ否定し去ってしまっている。漢訳では、これに相当する箇所は次のようになっている。

汝久《なんじ》しからずして無上道を得たりと謂《おも》えり。是《こ》の事信じ難し。所以《ゆえん》は何《いか》ん。女身は垢穢《くえ》にして、是れ法器《ほうき》に非ず。云何《いかん》ぞ能《よ》く無上菩提を得ん。仏道は懸曠《はるか》なり。無量劫を経て、勤《ごん》苦《く》して行を積み、具《つぶ》さに諸度を修《しゅ》して、然《しこう》して後に乃《すなわ》ち成ず。

（『梵漢和対照・現代語訳　法華経』下巻、九六頁）

これらの梵・漢からの二つの訳を比べると、先のサンスクリット原典からの現代語訳が、仮に女性の能力を最大限に認めたとしても、それでも成仏できないとしていたのに対して、漢訳では、仮定としてもそんな能力を女性に認めようとすることもなく、「女身は垢穢」「法器に非ず」と頭ごなしに決めつけている。鳩摩羅什が用いたサンスクリットの原典がどうなっていたかは不明だが、いずれにしても、小乗仏教の余臭ふんぷんとして龍女の成仏を否定しているのだ。

このような智積菩薩や、シャーリプトラの言葉を見ていると、第二章第五節に挙げた女性を蔑視する悪魔の言葉と似ていることに気づく。悪魔はソーマー尼に、

到達し難くて、仙人のみによって得られるべきその境地は、二本指ほどの〔わずかな〕智慧しか持たない女が獲得することはできないのだ。

（『テーリー・ガーター』第六〇偈）

と語りかけていた。こちらの表現は単純で、複雑化していないが、女性は智慧がわずかで、ブッダの境地には到れないとする論理構造は全く同じである。

天台大師智顗《ちぎ》は、こうした智積菩薩とシャーリプトラのことについて、『法華文句《ほっけもんぐ》』で、

智積は別教に執して疑いを為《な》し……身子《しんし》は三蔵《さんぞう》の権《ごん》を挟んで難ず。

（大正蔵、巻三四、一一七頁上）

と評している。「三蔵（教）」と「別教」とは、天台大師の言う「化法《けほう》の四教」（釈尊の教えを内容的に蔵教《ぞうきょう》・通教《つうきょう》・別教《べっきょう》・円教《えんきょう》の四段階に分類したもの）のうちの第一と第三のことである。龍女を非難する智積と舎利弗の言葉の程度の違いを先ほど指摘したが、その違いの理由を天台大師はこのようにとらえたのである。

「別教」とは、小乗仏教（蔵教）とも、大乗と小乗に通ずる大乗の初門である般若思想（通教）とも、一切衆生が平等に成仏できる完全円満な教えとされる『法華経』（円教）とも別な教えで、卓越した菩薩のみの教えのこととされた。具体的には『華厳経』のことを指し、エリートとされる菩薩以外は対象外の教えという意味が込められている。これらの〔三〕蔵教、通教、別教、円教は、一切経は釈尊が実際に説いたものであるという前提に立って、各経典間の内容の食い違いを踏まえて、天台大師が、四つに分類したものである。智積菩薩の言葉は、その別教の教えに執着したものであると、天台大師は述べたのである。

「三蔵」(tri-pitaka) とは、経蔵（仏の説いたとされる経）、律蔵（教団の規則を集大成したもの）、論蔵（経を整理・注釈・研究・要約したもの）のことで、本来は仏教聖典の全体を意味していたが、中国においては小乗仏教の経典のことと理解された。「権《ごん》」とは、「かり」と読ませて、仮に説かれた教え、すなわち権教《ごんきょう》のことを意味している。「身子」とは、舎利弗のことである。「舎利弗」とは、サンスクリット語の「シャーリプトラ」(śāriputra) の音を写した当て字だが、「身子」というのは、この「シャーリプトラ」を通俗語源解釈して訳されたものである。「シャーリプトラ」とは、もともとは「シャーリー (śāri)〔という女性〕の息子 (putra)」という意味である。それは、英語でもJohnやRichardなどの名前に、息子を意味するsonを付けてJohnson（ジョンの息子）、Richardson（リチャードの息子）などという名前を付けたのと同じである。違うのは、インド古来の母系制社会のなごりで、母親の名前にputra（息子）が付いているということである。中国人がこの「シャーリプトラ」を翻訳するときに、「シャーリ」(śāri) を、これと似ている「シャーリーラ」(śarīra、骨、身体) で解釈した。そして、「プトラ」が「息子」「男の子ども」ということで「身子」と解釈したわけである。

そうすると、この『法華文句』の一節は次のように現代語訳できよう。

智積菩薩は、〔二乗などを排除して〕菩薩のみに限定して説かれたとする別教に執着して龍女の成仏に疑いをなし、……舎利弗は、小乗仏教という仮（権）に説かれた教えの考え方を差し挟んで論難しているのだ。

龍女を非難するのは、智積菩薩よりもシャーリプトラのほうが激しい。従って、シャーリプトラを納得させることに力点を置いて『法華経』はストーリーを展開している。

確かに漢訳のシャーリプトラのセリフを見ると、

・仏道は懸曠《はるか》なり（仏道は遠く懸け離れている）。

・無量劫を経て、勤苦《ごんく》して行を積み（量り知れないほどの長遠な時間を経て、刻苦勉励・努力して修行を積み）。

・具《つぶ》さに諸度を修して（ことごとく六波羅蜜の行を修行して）。

などという表現が列挙されている。前章で見た通り、修行の困難さを強調することによって釈尊を人間離れしたものに祀り上げようとした手法を、こうした表現にそのまま見ることができる。また、「女身は垢穢にして、是れ法器に非ず」という小乗仏教的（三蔵の権）、あるいはヒンドゥー的女性観も顔を出している。

さらにシャーリプトラは、龍女に対して女人は、①梵天王、②帝釈天、③魔王、④転輪聖王、⑤仏身（不退転の菩薩）——の五つの位には成ることができない（五障）とまで非難する。これも、既に見たごとく、小乗仏教教団の女性観である。こうしたことから天台大師は、「身子は三蔵の権《ごん》を挟んで難ず」と言っていたのである。これに対して、龍女は手にしていた宝珠を釈尊に手渡し、シャーリプトラに向かって、

「世尊が宝珠を納受されたのは速やかだったでしょうか、どうでしょうか？」

と問いかける。シャーリプトラは、

「非常に速かった」

と答える。そこで龍女は、

「あなたの神力によって、私が成仏するのをご覧下さい。世尊が宝珠を納受されたのよりも、ずっと速やかでありましょう」

と、宣言して成仏するのである。その場面を引用しよう。


するとその時、**一切世間の人々の眼の前において、また長老シャーリプトラの眼の前で、その女性の性器が消えてなくなり、男性の性器が現われ**、サーガラ龍王の娘は、自ら真の菩薩であることをはっきりと示した。

そして、その人は南の方へと行った。その時、南方にヴィマラー（無垢《むく》）という名前の世界があった。その人は、そこの七宝からなる菩提樹の根もとに坐って自ら完全な覚りを開き、三十二種類の勝れた身体的特徴を持ち、八十種類の副次的な身体的特徴のすべてを身に具え、光明によって十方を照らして、説法している姿を示した。

（『サンスクリット原典現代語訳　法華経』下巻、三二一頁）


この部分に相当する箇所は、鳩摩羅什訳では次のようになっている。

当時の衆会《しゅえ》、皆、龍女の、忽然《こつねん》の間に変じて男子《なんし》と成り、菩薩の行を具して、即ち南方無《む》垢《く》世界に往《ゆ》いて、宝蓮華に坐して、等正覚《とうしょうかく》を成じ、三十二相・八十種好《しゅごう》あって、普く十方の一切衆生の為に、妙法を演説するを見る。

(『梵漢和対照・現代語訳　法華経』下巻、九八頁)

インド人は、平然と「女性の性器が消えて、男性の性器が現われた」と表現している。漢訳の段階で、中国人は、少し気が引けたのか「変成男子《へんじょうなんし》」(変じて男子と成る)と訳した。こうしたところに、インド人のおおらかさと中国人の羞恥心という民族性の違いをうかがうことができよう。

龍女とのやりとりを見ていると、方便品、譬喩品あたりでは、相当に格好良い役だったシャーリプトラも、ここでは龍女に、してやられたという感じがして、既に見た『維摩経』ほどではないにしても、まるでピエロである。ここにおいては、智慧第一と称賛されたシャーリプトラも、小乗仏教徒の女性観を代弁する役回りに終始している。

大乗経典においては、歴史的人物を一定のキャラクターとして登場させ、大乗仏教の主張を引き立てる役割を担わせることがしばしばである。特にシャーリプトラは、声聞、すなわち小乗仏教の男性出家者の代表としての役割を負わされることが多いようである。

中村博士は、初期のジャイナ教徒たちがシャーリプトラを仏教教団の代表者とみなしていたと指摘している(『原始仏教の成立』四九九頁)。従って、歴史上の人物としてのシャーリプトラは、釈尊の信頼も厚い、高潔な人物であった。従って、原始仏典に登場するシャーリプトラが歴史上の人物に近いのに対して、大乗経典におけるシャーリプトラは、小乗仏教徒、すなわち声聞を代表する人物の象徴として描かれているということに注意する必要がある。『法華経』において、「変成男子」という考えは、以上のような文脈と配役によって展開されている。その意味することが何であるかは、次の章で論ずることにしたい。

以上、『首楞厳三昧経』『維摩経』『法華経』の三つを例として、その女性観をながめてきたが、大乗仏教において女性の地位回復はこのように多角的に行なわれた。こうした論調は、既に原始仏典にその萌芽があった。第二章に引用した『サンユッタ・ニカーヤ』第一巻の一節の通りである。

心がよく安定し、智慧が生じているのであるから、正しく法（真理の教え）を観察した者にとって、女人であることが、いったい何〔の妨げ〕をなすというのでしょうか。「私は女であろうか、それとも男であろうか」と、あるいはまた、「私は何ものであろうか」と〔迷っている〕人、その人にこそ悪魔が話しかけることは値するのである。（一二九頁）

という一節を見ても、女とか男とかという現象的なことに囚われないことが強調されている。こうした点を見ても、大乗仏教運動は「釈尊の原点に帰れ！」というスローガンの下に展開された復興（ルネッサンス）運動であったといえるのではないだろうか。

第六章　「変成男子」の意味すること

第一節　ヒンドゥー社会に配慮した妥協的表現

　このように大乗経典における女性の扱いを見てくると、「変成男子《へんじょうなんし》」（転成男子《てんじょうなんし》、転女成男《てんにょじょうなん》ともいう）ということに少し疑問が残る人も出てくるのではないだろうか。いったん女性から男性に変じて成仏したということは、「最終的に仏に成ると言っているとはいえ、結局、女性を蔑視していることになるのではないだろうか？」という疑問である。

　この疑問を象徴するエピソードを紹介しよう。それは、フランスの哲学者ジャン＝ポール・サルトルと、シモーヌ・ド・ボーヴォワールが一九六六年に来日した折のことであった。二人は千七百の寺院が建ち並ぶ京都を訪れ、次いで密教寺院の高野山へと足を延ばした。そこで、密教の僧侶たちが実存主義に関心を抱いていること、さらにまた男女同権論の代表的作品とされるボーヴォワールの『第二の性』（*Le Deuxième Sexe*）をほめたたえるのを聞いて、二人は大変に驚いたという。

　ところが、その中の一人の僧侶がボーヴォワールに対して、「われわれの宗教によれば、あなたはいまの姿では極楽《ごくらく》に行けない。その前にいったん男に生まれかわらなければならない」と語ったというのである。この話は、C・フランシスとF・ゴンティエの共著『ボーヴォワール――ある恋の物語』（福井美津子訳、五一九頁）に紹介されている。

残念なのは、その言葉を密教の僧侶が語ったという事実が記述されているだけで、それを聞いたボーヴォワールの言葉や感想が書かれていないということである。このような書き方をしているということは、そういう考え方を真面目に言う僧侶にあきれつつも、コメントするのもばかばかしかったということなのかもしれない。

このように「変成男子」が文字通りにとらえられているということは、やはり女性を蔑視しているのではないか――ボーヴォワールもそう思ったに違いないし、こうしたエピソードによって西欧社会にそのように思い込ませてしまったのではないかと懸念されてならない。

はたして、「変成男子」の考え方は女性を蔑視するものであったのかどうか。それを考えるには、『法華経』などの初期大乗仏典が成立した時代背景に、「三従」説や「女人五障」説がヒンドゥー社会だけではなく、小乗仏教教団にも横行していたという事実があったということを思い出さなければならない。

そうした時代背景や、思想情況の中で、女性の地位向上に先鞭を付けたのが大乗仏教の初期に集大成された『八千頌般若経』であり、紀元一世紀末から三世紀初頭にかけて成立した『法華経』であった。

その「変成男子」説は、田上太秀博士が挙げているように、肉体的な姿が女身から男身に変わるという形で表現されたものや、「髪が落ち袈裟《けさ》を着る」として比丘（男性出家者）の姿になるという表現や、男性的な心に変わるという表現などバラエティーに富んでいる

（『仏教と性差別』一〇九頁）。表現は種々にあるが、いずれも最終的に女性が成仏できることを示そうとしたことに変わりはない。

しかし、女身を転じて男身となってしか成仏できなかったのだろうか？「変成男子」（変じて男子と成ること）が、女性の成仏にとって絶対的に不可欠の要件であったのだろうか？それを考えるには、これまで論じてきたように、女性の平等を訴える大乗仏教運動の背景に大きくヒンドゥー社会の女性観があり、大乗仏教の徒は、そうした情況下で緊張感を持って女性の成仏を訴えていかなければならなかったということを考えなければならないであろう。

そこでまず考えられるのは、本来は大乗仏教の中心思想ではない「変成男子」説によって、小乗仏教の教団や、ヒンドゥー社会からの非難攻撃を避け、その鉾尖《ほこさき》をかわそうとしたのではないかということである。次章において詳細に考察するが、常不軽品《じょうふきょうぼん》には男女の別なく、在家も出家も、「だれでも成仏できる」と不軽菩薩が訴え続けたのに対して、増上慢の比丘《びく》・比丘尼《びくに》・優婆塞《うばそく》・優婆夷《うばい》の四衆《ししゅ》、すなわち出家の男女と、在家の男女たちが悪口罵詈《あっくめり》し、棒や石などで迫害したとあるし、勧持品《かんじぼん》にも同様のことが記されている。ましてや、女性が蔑視されているヒンドゥー社会において女性の成仏を説くことは、さらに激しい結果が予想されたことであろう。

既に述べたように、大乗仏教運動を主体的に担った人たちとして、在家の存在を無視することはできない。それは、出家教団という閉じた社会とは違い、真っ向からヒンドゥー教的な考え方と日常的に接触している人たちであった。女性の成仏をダイレクトに訴えることは、相当の抵抗があったことだろう。それだからこそ、ある程度の妥協的表現もなされたと考えることができる。

仏教の説く平等思想に対して、「カースト制度という階級制度を否定し、社会秩序を混乱させるものだ」として、ヒンドゥー教（バラモン教）の学者たちは、激しく仏教を非難するに及んでいる。また、平等思想を説く仏教徒は異端者と見なされるにも至っている（中村元著『原始仏教の社会思想』九六頁）。男女の平等を主張するに当たっても、相当の抵抗があったであろうことは想像に難くない。

中村元博士は、こうした事情について『原始仏教の生活倫理』で次のように論じている。

婦人蔑視の観念に真正面から反対していることもあるが、ある場合には一応それに妥協して実質的に婦人にも男子と同様に救いが授けられるということを明らかにしている場合がある。そのために成立したのが「男子に生まれかわる」（転成男子）という思想である。

（二三五頁）

そして転成男子の思想について、『ディーガ・ニカーヤ』のゴーピカーという女性が、ゴーパカという帝釈天の息子として生まれ変わったという話を挙げ、「この思想はすでに原始仏教時代からあらわれている」とも指摘されている（第五章第五節参照）。

第二節　小乗的女性観へのアンチテーゼ

「変成男子」について第二に考えられるのは、女性と男性という身体的差異によって女性を蔑視する観念が強かったがゆえに、女性の身体といえども固定的なものではなく、男子にも変わり得ることを目に見える姿で示したということである。それは、『維摩経』においては、シャーリプトラが天女の姿に、天女がシャーリプトラの姿に入れ替わるという表現によって示されていた。

言い換えれば、あくまでも「五障」説にこだわり、「女身は垢穢であり、法の器たり得ない」などと言い張って、女人の成仏を信じようとしないシャーリプトラに対して目に見える形で女人の成仏を見せつけることに、『法華経』の「変成男子」は意味があったのではないだろうか。

龍女の「変成男子」の場面をサンスクリット語の『法華経』と漢訳を並べて再度、引用してみると、

するとその時、一切世間の人々の眼の前において、また長老シャーリプトラの眼の前で、その女性の性器が消えてなくなり、男性の性器が現われ、サーガラ龍王の娘は、自ら真の菩薩であることをはっきりと示した。

（植木訳『サンスクリット原典現代語訳　法華経』下巻、三二一頁）

当時の衆会《しゅえ》、皆、龍女の、忽然《こつねん》の間に変じて男子《なんし》と成り、菩薩の行を具して……。

（植木訳『梵漢和対照・現代語訳　法華経』下巻、九八頁）

という表現になっていた。この「女性の性器が消えてなくなり、男性の性器が現われた」というところは、サンスクリット語の複合語を区切って引用すると、

strī-indriyaṃ antarhitaṃ puruṣa-indriyaṃ ca prādurbhūtam　（同）

となるが、この部分が「変成男子」と漢訳された。これと似た表現として、『小品般若経』などには「転女成男」があるが、これは、サンスクリット語では次のようになっている。

strī-bhāvaṃ vivartya puruṣa-bhāvaṃ pratilabhya...

「女性であることを転じ、男性であることに達してから……」

『法華経』が、女性（strī）と男性（puruṣa）の indriya（器官）の変化を述べたものであるのに対して、『小品般若経』は、女性と男性の bhāva（〜であること）の変化を述べたものであり、『法華経』のほうが即物的で極めてヴィジュアル（視覚的）な表現になっていると言えよう。

ところで、「変成男子」を述べたこの『法華経』からの引用文に、次の言葉がある。

一切世間の人々の眼の前において、また長老シャーリプトラの眼の前で……はっきりと示した(saṃdarśayati)。(『サンスクリット原典現代語訳　法華経』下巻、三二頁)

単に「示す」ということであれば、darśayatiですむ。ところが、ここには「完全に」という意味の接頭辞samが付いている。従って、「はっきりと示した」と訳した。それは、「はっきりと見る」の使役形でもある。これらの表現は、「変成男子」すること自体よりも、女性の成仏に懐疑的なシャーリプトラをはじめとする人々に目に見える姿として「はっきりと示し」、「見せつける」ことのほうに重点があるように見受けられる。

男女の差異も相対的なものにすぎず、絶対的なものではないとするのが、大乗仏教の基本的見解であった。ところが、大乗仏典において小乗仏教徒の見解を代弁する役回りを与えられたシャーリプトラは、男身と女身の二者択一で男身を優位とする先入観にとらわれている。それで、シャーリプトラの二者択一的な先入観に沿った形を取りつつそれを否定するということで、『法華経』に「変成男子」説が取り入れられたのではないか。シャーリプトラが執著している小乗的な女性観と同じ土俵に立って、その上でそれを論破するという構図である。

その証拠に、『法華経』提婆達多品第十二(サンスクリット原典では第11章)を丁寧に読み直してみると、龍女は「変成男子」する以前に既に不退転の菩薩の位を得ていたことに気がつく。それは、龍女が登場する直前にマンジュシリー菩薩が語っていた次の一節を見れば明らかである。

〔サーガラ龍王の娘は、〕大いなる智慧を具《そな》え、研ぎ澄まされた能力を持ち、智に基づいた身体と言葉と心の行ない（身口意の三業）を具えており、あらゆる如来が説かれた象徴的表現の意味を会得していて、ダーラニーを得ており、あらゆる事物や衆生に対して精神集中する幾千もの三昧を一瞬にして獲得しているのだ。

サーガラ龍王の娘は、覚りを求める心において**不退転であり**……。（同、下巻、二九頁）

智慧利根《りこん》にして、善く衆生の諸根の行業《ぎょうごう》を知り、陀羅尼《だらに》を得、諸仏の所説の甚深の秘蔵悉く能《よ》く受持し、深く禅定に入って、諸法を了達し、刹那《せつな》の頃《あいだ》に於いて、菩提心を発《おこ》して、**不退転を得たり**。（『梵漢和対照・現代語訳　法華経』下巻、九四頁）

龍女は、既に如来の教えを会得し、諸々の能力も獲得して不退転を得ているのである。不退転〔の菩薩〕に至っているということは、『維摩経』における天女の場合に既に述べたとおり、成仏は時間の問題にすぎず、ブッダも同然である。ということは、何も身体的に「変じて男子と成る」ことが、女性の成仏にとっての必要不可欠な条件だとは言っていないということになる。しかも、龍女自身が、

私にとって完全なる覚りは思うがままであり、その際、私の証人は如来であります。私は、衆生を苦しみから解き放つ広大な法を説きましょう。

衆生を度脱《どだつ》せん。（『サンスクリット原典現代語訳　法華経』下巻、三一一頁）

又《また》、聞いて菩提《ぼだい》を成ずること、唯《ただ》仏のみ当《まさ》に証知したもう。我、大乗の教《おしえ》を闡《ひら》いて、苦の衆生を度脱《どだつ》せん。（『梵漢和対照・現代語訳　法華経』下巻、九六頁）

と、仏を証人として自らの成仏が自在であると語っている。マンジュシリー菩薩も、龍女は既に不退転に到っていると述べていた。それにもかかわらず、シャーリプトラはそれを信じようとしない。そうなると、シャーリプトラの理解できる範囲内で成仏の姿を示すしかない。それが、『法華経』において「変成男子」という表現を用いざるを得なかった理由である。龍女にとって、成仏は自由自在なのだから、どのような形態も取ることができた。「変成男子」はそのうちの一つにすぎないのだ。

しかも、不退転の菩薩が、「五障」の一つに挙げられていたことも見逃せない。このこと自体、マンジュシリー菩薩の言葉が「五障」説を否定していることを意味している。

さらに龍女は、手にしていた三千大千世界のすべてに匹敵するほど価値のある宝石を釈尊に手渡し、それが速やかであったかどうか、シャーリプトラに尋ねた。「速やかであった」というシャーリプトラの答えを得ると、龍女は、次のように語った。

大徳シャーリプトラよ、もしも私が卓越した神力を持つものであるならば、それよりもさらに速やかに私は正しく完全な覚りを得ることでありましょう。しかしながら、それは、この宝石を受け取る人が、卓越した神力を持つ人であるからではないでありましょう。

（『サンスクリット原典現代語訳　法華経』下巻、三二一頁）

汝《なんじ》が神力を以《もっ》て、我が成仏を観《み》よ。復《また》、此れよりも速《すみ》やかならん。

（『梵漢和対照・現代語訳　法華経』下巻、九八頁）

ここに、釈尊の大神力によってではなく、龍女自らが具えている大神力によって速やかに「正しく完全な覚り」（阿耨多羅三藐三菩提《あのくたらさんみゃくさんぼだい》）を完全に覚ってみせましょうと、シャーリプトラに向かって宣言しているのである。

こうしたことを考えても、「変成男子」を示したのは、小乗仏教徒の女性観に拘泥《こうでい》するシャーリプトラの先入観に付き合ったまでのことであり、『法華経』は、女性であることが何ら成仏の妨げにはならないと主張しているのではないだろうか。いわば、「変成男子」は、小乗仏教の女性観へのアンチテーゼであったのだ。また、「三十二相・八十種好」という小乗仏教教団が理想化し、神格化したブッダ像によって龍女の成仏の姿を示したこと自体、シャーリプトラによって象徴される小乗仏教教団の先入観に付き合ったまでのことであろう。

変成男子して正しく完全な覚りを得、三十二相・八十種好を具えた龍女の姿をシャーリプトラたちに目の当たりに見せつけた上で、提婆達多品第十二（第11章）は、次の言葉で締めくくられている。

すると、〝智慧の集積を持つもの〟（智積《ちしゃく》）という偉大な人である菩薩と、尊者シャーリプトラ（舎利弗）は沈黙してしまった。

智積菩薩及び舎利弗、一切の衆会《しゅえ》、黙然《もくねん》として信受す。

（『サンスクリット原典現代語訳　法華経』下巻、三三頁）

（『梵漢和対照・現代語訳　法華経』下巻、一〇〇頁）

龍女の成仏の物語が、このような終わり方をしているということは、「変成男子」が、女性の成仏を信じようとしない智積菩薩とシャーリプトラを説得するために説かれたものだということを示している。鳩摩羅什が「黙然として信受す」と訳したのもそのことを意識してのことであろう。

現実的には、「忽然《こつねん》の間に変じて男子と成って」ということ自体、瞬時に男に変わるなんて不可能なことであり、あり得ないことである。それ自体、象徴的、ドラマチックな表現であった。

『法華経』においては、計算の仕方によっては、七宝で飾られた地球ほどの大きさの宝塔が大地から出現し、それが空中にフワリと浮いて、釈尊はもとより、弟子たちも空中に住して『法華経』が説かれるという場面設定（虚空会《こくうえ》）でストーリーが展開されている。『法華経』には、こうしたドラマチックな表現が多用されている。虚空会や巨大な宝塔の意味することを論ずるのは、別の機会に譲るが、そうした表現を取ることによってしか表現できないものがあったのであろう。

このように象徴的、ドラマチックな描写を多用する『法華経』であることを考えれば、目に見える形として肉体の変化を強調したことも、その表現自体にとらわれる必要はないのではないかと思えてくる。『法華経』には、「深い意味を込めて語られたこと」（『サンスクリット原典現代語訳　法華経』上巻、三七頁ほか多数）や、「象徴的表現からなる法」（同、二二頁）といった言葉が頻出する。提婆達多品には「象徴的表現の意味」（同、下巻、二九頁）という言葉も用いられている。このことを考慮しても、その表現を通して意味しようとした事柄に重要なものがあるはずである。

従って、「変成男子」はシャーリプトラに象徴される小乗仏教教団の男性出家者たちの偏見に対する〝当てつけ〟としての描写であったと理解するのが自然であろう。『法華経』の真意は、マンジュシリー菩薩が語っているように、女身のままで不退転の菩薩の位に至り、女身のままで仏に成れる（即身成仏《そくしんじょうぶつ》）ことを示すことにあったのだ。日蓮も「八歳の龍女、既に蛇身を改めずして南方に妙果を証す」（『聖愚問答抄《しょうぐもんどうしょう》』）と言っているのは、以上の事情を理解していたということであろう。

女性を極端に蔑視するというインドの時代的、社会的、思想的な制約の中で、女人成仏を明かすための妥協的表現方法として打ち出された「変成男子」という考えは、『法華経』においては、何としても女性の成仏を信じようとしない小乗仏教徒を説得する手段として用いられていた。それを、女性の性を否定した男性の性への「性の一元化」ととらえるのは考えすぎというものである。

年月を経て、「変成男子」という表現によって意図したことが定着してくると、女性が「変成男子」によらないで成仏するという記述が現われてくる。次の『海龍王経』女宝錦受決品第十四は、そのような経典の一つである。その中で、マハー・カーシャパ（摩訶迦葉）

が、海龍王（サーガラ龍王）の宝錦という娘に、「この上ない正しく完全な覚りというものは、甚だ得ることが難しいのであって、女の身で仏道を成ずることはできないのだ」と告げる。それに対して、宝錦は次のように反論する。

心志の本、浄らかにして菩薩を行ずる者は、仏を得ること難《かた》からず。彼、道心《どうしん》を発《おこ》し仏を成《じょう》ずること手掌《てのひら》を観《み》るが如《ごと》し……又《また》、云《い》う所の如く女身を以《もっ》て仏道を成ずることを得可《うべ》からずんば、男子《なんし》の身も亦《また》得る可からず。所以《ゆえん》は何《いか》ん。其《そ》の道心は男無く、女無し。（大正蔵、巻一五、一四九頁下）

これは次のように現代語訳できよう。

意志が本来、浄らかであって、菩薩を行じている者が、仏と成ることは難しいことではありません。その人が覚りを求める心を発して、仏と成ることはちょうど手のひらを見るのと同じ〔ように容易な〕ことなのです……また、あなたがおっしゃるように女の身で仏の覚りを達成できないのであれば、男の身でもまた達成することはできないでありましょう。なぜかというと、覚りを求める心には男も女もないからです。

これは、「変成男子」によらないで成仏できるという言葉である。

以上のように概観してくると、女性差別という歴史的背景があったから「変成男子」という考えを提示しただけのことで、男性差別が前提とされていたなら「変成女子」と表現されたのではないかとすら思えてくる。

【付記】

本論をまとめ上げて、お茶の水女子大学に提出した後、二〇〇一年九月、菅野博史著『法華経入門』（岩波新書）が出版された。菅野博士は、その著において、「龍女の変成男子、即ち女性が男性に変身してから成仏するという女性に対する差別と同様、時代思潮の制約から完全には自由になっていない限界のあることを感じる」（六八頁）と論じておられる。菅野博士は、変成男子が『法華経』に説かれていること自体を「女性に対する差別」であり、「時代思潮の制約から完全には自由になっていない限界」とされている。

菅野博士は同書の一五四〜一五五頁で、その龍女の成仏の場面を要約されているが、そこから、どうしてこのような結論が導き出せるのか不思議でならない。その疑問点を以下に述べておく。

『法華経』を素直に先入観なしに読むと、マンジュシリー菩薩も、龍女自身も「〔龍女が〕覚りを完成した」と明言していることが分かる。菅野博士も、「この八歳の龍女がたちまちの間に悟りを完成したとはとても信じられない」（一五四頁）という智積の言葉を挙げ、さらに、龍女の言葉として「自分が文殊から『法華経』を聞いて悟りを完成したことは仏だけが明らかに知っており……」（一五四頁）という一節を示しておられる。

菅野博士自身の表現では、マンジュシリーだけでなく、智積の言葉も、龍女の言葉も、いずれも龍女の悟りが過去形で語られている。ということは、智積と舎利弗は信じようとしないが、龍女は既に覚っていたことになる。すなわち、龍女の成仏にとって、「変成男子」は必要ないことであったのだ。

龍女が既に悟りを完成しているにもかかわらず、智積菩薩も舎利弗もその事実を信じようとしなかった。その理由は、龍女が女性であるということだけである。それは、小乗仏教徒たちの考えであった。「女性に対する差別」や、「時代思潮の制約から完全には自由になっていない限界」が指摘されるべきなのは、『法華経』の側にではなく、舎利弗に象徴される小乗仏教徒の側なのである。

このような情況で、女性の成仏を彼らに信じさせるには、彼らと同じ土俵に立って、彼らの言う成仏の姿を見せつけるしかないことになる。そのために、変成男子と三十二相を龍女の身に具現させるという手法を用いたまでである。それによって、初めて彼らは信じることになったのである。

菅野博士も、この項を「智積も舎利弗も集会に集ったすべてのものたちもみな黙って龍女の成仏を受け入れざるをえなかったのである」（一五五頁）と締めくくっておられる。ということは、変成男子も三十二相も、小乗仏教の女性観にとらわれた舎利弗らに龍女が既に悟りを完成し、成仏していることを受け入れさせ、納得させるために導入されたテーマであったということなのである。

菅野博士が、ここまで書いておられながら、『法華経』における変成男子を「女性に対する差別」だとか、「時代思潮の制約から完全には自由になっていない限界」と書かれているのは、残念でならない。『法華経』は、むしろ小乗仏教の「女性に対する差別」と、「時代思潮の制約から完全には自由になっていない限界」に対して、アンチテーゼを突きつけていたことを知るべきである。

第三節　『華厳経』における変成男子

代表的な大乗仏典の一つとして、西暦四〇〇年前後に西域のコータン辺りでまとめられた『華厳経』があるが、その仏駄跋陀羅訳『六十華厳』仏小相光明功徳品第三十に「変成男子」について言及したところがある。ここで、その内容について検討してみたい。

この章は、如来の放出する光明によって、色《しき》・声《しょう》・香《こう》・味《み》・触《そく》という五つの対象（五境《ごきょう》）に対して起こす欲望（五欲《ごよく》）のすべてが滅除されるということをテーマとしている。その光

明の働きは、

普《あまね》く十世界の微塵《みじん》の数の刹《くに》を照らし、普く彼の処《ところ》の地獄の衆生を照らして苦痛を滅除し、彼の衆生の十種の眼《げん》・耳《に》・鼻《び》・舌《ぜつ》・身《しん》・意《い》の諸根の行業をして皆 悉《ことごと》く清 浄《しょうじょう》ならしむ。彼の諸の衆生、光明《こうみょう》を見已《おわ》りて皆大いに歓喜し命 終《みょうじゅう》して皆兜率《とそつ》天上に生まる。

（大正蔵、巻九、六〇五頁上）

と説明される。これは、

盧舎那《るしゃな》仏の威神力の故に地獄に於いて命終し、此の天上に生まる。

（同）

とあるように、地獄の衆生をもその光明で照らして、大いに歓喜させ、死して後に兜率天上に生まれさせるという盧舎那仏の威神力として説かれる。

盧舎那とは、ヴァイローチャナ（vairocana）を音写した毘盧舎那《びるしゃな》の略で、接頭辞 vai は「広く」の意、rocana は「照らす」という意味の動詞ルチ（√ruc）から作られた中性名詞で「照らすこと」を意味する。従って、「光明遍照」と漢訳された。現代語訳すれば、「光の化身としての仏」「太陽の輝きの仏」ということである。これは、イランの太陽神信仰などと関連して取り入れられた無量光（amitābha、阿弥陀）仏や、マイトレーヤ（弥勒）菩薩などの一連の仏菩薩の一環と考えられている。

こうして、光明に照らされることによって地獄から兜率天上に生まれ変わった人たちは、天子（神の子）となり、天上において如来の音声を聞く。その音声について、如来は、

我が音声《おんじょう》の東方、南・西・北方、四維《しい》（北東・南東・南西・北西）、上・下より来たらざるが如く、諸の天子よ、業報《ごうほう》、成仏も亦復《またまた》是くの如し。十方より来るに非ず。（同、六〇五頁中）

声は生滅《しょうめつ》するに非《あら》ず。一切の諸業も亦復是くの如し。生《しょう》に非ず、滅《めつ》に非ず。但《た》だ業行に随《したが》いて果報を受く。（同、六〇六頁上）

と語る。これは、「去来《きょらい》」の相を離れ、「生滅《しょうめつ》」の相を離れているという表現によって「空《くう》」(śūnya) の考えを示そうとしているものだ。こうした「空」の論理をさらに展開して、

諸の天子よ、猶《なお》し汝等《なんだち》の昔、地獄に在りしことの十方より来たらざるが如く、但《た》だ、顛《てん》倒《どう》、愚癡《ぐち》の纏《てん》を以《もつ》ての故に地獄の身を得るのみにして、本《もと》、来処《らいしょ》無し。（同、六〇五頁中）

とも語る。地獄にかつて住していたこと自体も、本来、「去来」の相を離れたもので、十方からやって来たものではなく、本来、地獄にいたのではなかったということを説き明かす。成仏するということも、地獄の身と生まれることも、成仏や、地獄という不変の実体があって、それがどこかからやってくるということではないというのだ。こうした表現によって、

不変の実体を否定する「空」を説いている。不変の実体を想定することは、「辺見《へんけん》」であり、一切諸仏は「断常《だんじょう》の二見」、すなわち断見（断滅論）と常見（常住不滅論）のいずれをも否定していたとも説く。

地獄という不変の実体がないのに地獄の身を得るのは、倒錯した考えや、無知によるからであると言う。だから、「五欲に著《じゃく》して諸の善根を障《さ》うること莫《なか》れ」（同）と、戒めている。

以上のように、「地獄にあることも『空』の考えから見た時、本来、地獄にいるのではない」という如来の教えを聞いて、天子たちは「菩薩摩訶薩《ぼさつまかさつ》は云何《いか》に悔過《けか》するや」と、悔い改める（悔過）ことの本当の意味が何なのかを尋ねた。それに対して如来は、業障などの罪も「空」であると説き、貪欲《とんよく》・瞋恚《しんに》・愚癡《ぐち》の三毒による悪業《あくごう》もその実体は「空」であることを重ねて強調する。そして如来は、「空」についてさらに錠光《じょうこう》如来（燃燈仏《ねんとうぶつ》）の金の玻璃《はり》の鏡の譬えによって次のように説明する。

> 彼《か》の鏡の中に於《お》いて無量の刹《くに》を見るに、一切の山川《さんせん》、一切衆生、地獄、餓鬼、若《も》しは好《こう》、若しは醜《しゅう》、形類の若干、悉《ことごと》く中に於《お》いて現わる。諸天子、意に於いて云何《いかん》。彼の諸の映像の来たりて鏡に入るや不《いな》や。答えて言う。不《いな》なり。諸天子、一切の業報《ごうほう》も亦復是くの如し。来去の処《ところ》無し。　（同、六〇六頁上）

その鏡にはあらゆるものが映し出される。けれどもそれらの映像は、どこからかやって来て、鏡の中に入ったのではない。映像として不変の実体があるのでもないのだ。すべての業もまた、それと同じことである。鏡に映った種々の映像がどこかからやって来たものではないように、業という実体があって、それがどこからかやって来て、人に取り付いているのではない。五欲にとらわれ、顚倒し、愚かであるが故に業が存在するかのように思ってしまう。こうしたことを明らかに見ることが、真実の「悔過」の根本であるというのである。

この法が説かれた時、百千万億那由佗《なゆた》もの仏の国土を微塵《みじん》（原子）にした時の微塵の数に相当する世界の中の兜率天《とそつてん》の天子たちは、一人残らず無生法忍《むしょうぼうにん》、すなわち一切のものが不生不滅であると認める覚りを得た。次いで、無量無辺不可思議《ふかしぎ》阿僧祇《あそうぎ》もの無数の欲界の天子たちは一人残らず皆、阿耨多羅三藐三菩提《あのくたらさんみゃくさんぼだい》（この上ない正しく完全な覚り）を求める心を発《おこ》した。

また、その法を聞いた結果、天女が「変成男子」したことが挙げられる。

> 六欲天中の一切の天女は皆、**女身を捨て**て悉く男子と為《な》りて菩提の心を退転せざることを得。（同）

ここに「変成男子」して不退転に至ったことが記されている。これは、盧舎那仏の光明に照らされたことと、「空」の思想と、それに基づく「悔過」の在り方の教示によって「変成男子」して、不退転に至ることができたというストーリーである。ここで、天女が男子となるに当たって、「女身を捨て」たという表現になっていることが気になる。サンスクリット原典が現存しないので確認できないが、漢訳で「捨」の字を使っているということは、それに相当する語が用いられていたのであろう。この点を見れば、女身を嫌うという女性観を脱却しきっていないのではないかという懸念が残る。

『法華経』では、シャーリプトラが女性は女性であるということだけで成仏できないとする小乗の立場に固執して、龍女の成仏を信じようとしなかった。そのため、敢えてシャーリプトラの固執している成仏観に沿って成仏して見せるという意図をもって龍女の「変成男子」が描かれていた。ところが、ここでは、文字通りに女身を否定しての「変成男子」が説かれている。『法華経』における「変成男子」は、シャーリプトラを説得する〝手段〟であったが、ここでは〝目的〟になっている。

また『維摩経』に登場する天女は、女性を低く見る小乗の立場の代弁者という役回りを与えられた智慧第一の誉れ高いシャーリプトラを、智慧ある対話でやりこめてしまった。その対話の妙に比べて、この『華厳経』の天女は、存在感が全くない。『法華経』においても、小乗の女性観に固執して女性の成仏を信じないどころか、女性であること自体がもはや救いようのないものだと決めつけるシャーリプトラを龍女が身をもって説得するという積極的な姿勢が感じられた。それに対して『華厳経』は、如来の「光明」の利益と、「業報の空なること」の説法に依存した表現でしかない。天女の行為は何も描写されておらず、主体性、積極性、存在感といったものが希薄である。

また、せっかく「空」の論理を説いておきながら、「女身を捨て」させるという結末では、「空」を自ら否定しているようなものだ。「空」の思想からの女性の地位向上という観点からすれば、『維摩経』に登場する天女は、上記の『華厳経』仏小相光明功徳品第三十に現われる天女よりも「さらに数段進んだ人間観を映し出している」(『華厳経をよむ』二六〇頁)という木村清孝博士(一九四〇〜)の指摘は納得がいく。

第四節　田上太秀博士の考えへの疑問

これまで見てきたように、「変成男子」と言っても一通りではなく、多くのバラエティーに富んだ表現がなされていた。当初は、女性蔑視のヒンドゥー社会における妥協策として女性の成仏を訴えるものであったであろうが、『法華経』のように「変成男子」は本来必要ないが、小乗仏教が女身にこだわる故に女性も成仏できることを目に見える形で示すという意味のものまであった。

ところが、田上太秀博士は、その『仏教と性差別』という著書において、「変成男子」の考え自体を女性蔑視の考え方であると断じておられる。すなわち、

女性の場合は、いずれ男になって結果としてはブッダになることはできるとはいうが、菩提心を起こすのは男になるためだというにいたっては、これははっきりと女性に対する性差別といわなければならない。(一六三頁)

などと論じておられるのだ。また、田上博士は、『仏教と性差別』(四六頁)において『転女身経』(大正蔵、巻一四、九一九頁上)の

女のからだのなかには、百匹の虫がいる。つねに苦しみと悩みとのもとになる。……この女の身体は不浄の器である。悪臭が充満している。また女の身体は枯れた井戸、空き城、廃村のようなもので、愛着すべきものではない。だから女の身体は厭い棄て去るべきである。

（田上博士による現代語訳）

という一節を引用して、大乗仏教が女性を蔑視していると断定しておられる。

これは当時のヒンドゥー的社会通念の残滓《ざんし》であり、大乗仏教の一部にはこうした考えも残っていただろう。しかし、それをもって大乗仏教全体のこととするのは誤りである。大乗の主張は、当時、このように見なされていた女性をいかに救済するかという点に真意があったのだ。

それなのに田上博士の論調は、その真意を逆に解釈されているのではないかと思える。田上博士は、「女身を不浄と見る考えは、原始仏教にはなく、大乗仏教になってからのことだ」という論調を貫かれているが、果たしてそうであろうか。

原始仏典の中で男性出家者の体験を詩につづった『テーラ・ガーター』には、

多くの死体の膿《うみ》と血で充満した〔身体〕は、巧みな職人によって作られた美しく彩色を施した籠《かご》のようなものである。

（第七三六偈）

…………………………………………

女の肉体、女の味、そしてまた女の触れられるところ、女の匂いに執着しているものは、種々の苦しみを受ける。（第七三八偈）

女人の五つ〔の感官から〕の流れは、すべて〔男の〕五つ〔の感官〕へと流れ出す……。（第七三九偈）

などといった表現が何ヵ所か見られる。このように、原始仏教においても女性の肉体に愛着を感じることを戒めていた。しかし、それは男性よりも劣ったものとして女性の身体を不浄としていたのではないのだ。それは、第二章において既に述べた通りである。男だとか、女だとかということにかかわらず、身体自体を不浄なものとして、執着してはいけないと説いていたのである。

例えば、その『テーラ・ガーター』には、次の言葉がある。

〔身体は〕厭《いと》わしきかな！　悪臭が充満し、悪魔の所有するものであり、〔汚物が〕漏れ出していて、あなたの身体における九つの流れであるものは、常に流れているのである。〔汚物の〕充満した〔身体〕のことを考えてはいけない……。（第二七九、二八〇偈）

二本足を持つもの（人間）のこの〔身体〕は、不浄であり、悪臭を放つものだが、〔花や香で〕愛護されている。死体に充満した種々のものが、ここかしこから流れ出している。（第四五三偈）

いつになったら、〔私は〕この身体が無常であり、殺害と病の巣であり、死と老衰で悩まされるものであると観じて、恐怖心を離れ、独り森の中に住むのであろうか。それは、いつのことになるのだろうか。
（第一〇九三偈）

こうした例からも分かるように、男性の身体についても同じく不浄としていたのだ。それは、身体が決して望ましい至上の意義あるものではないということで、自分の身体にすら執着することをも戒めていたわけである。こうしたことから、

修行者である私は墓地へ行って、女人〔の死体〕が投棄され、放置されていて、墓地の中に虫たちが充満し、〔その死体を〕食い尽くしているのを見た。
（第三一五偈）

というような修行まで行なわれた。さらに、死体が次第に腐敗して、白骨になるまでの姿を心中に観想し、それによって煩悩や欲望を取り除こうとする「不浄観」へと発展していったのである。

このようなことは、男性修行者だけが行なっていたのではなく、女性修行者たちも行なっていた。『テーリー・ガーター』では、釈尊がナンダーという尼僧に次のように語りかけている。

ナンダー〔尼〕よ、病におかされ、不浄で、腐敗した身体を見なさい。不浄なるもの（身体）に対して、心をよく一点に集中することを修しなさい。
（第八二偈）

この〔身体〕のようにその〔身体〕もそのようであり、その〔身体〕のようにこの〔身体〕もそのようであって、腐敗した悪臭を放っている。〔それにもかかわらず〕無知なるものたちは、〔この身体を〕大いに喜んでいる。（第八三偈）

このように、〔私は〕この〔身体〕を昼夜に観察しながら倦《う》むことがなかった。それ故に、自分の智慧で、〔この身体を〕嫌悪してから、〔その真相を〕見たのだ。（第八四偈）

また、尼僧のスメーダー自身が、身体の不浄なこと、執着すべからざることを次のように語った。

不浄で、臭いを放っている、恐ろしい腐りゆく身体に、不浄なものが充満していて、いったん流れ出してしまった死体の革袋に、何故に執着すべきでありましょうか。（第四六六偈）

私は、〔身体について〕どのようなものであると、知っているのでしょうか？　肉と血で塗られた、ウジ虫の住家《すみか》であり、鳥の餌食《えじき》である、嫌悪すべき身体が、どうして〔私たちに〕与えられるのでしょうか？（第四六七偈）

……………………………………………………

人々は、堅実でない、骨と筋の集合した、唾液《だえき》と涙と大小便に満ちた腐敗しゆく身体に執着しています。（第四七〇偈）

また、第二章において触れたスバー尼の言葉にも、

形成されたものは、不浄であると知ってから、〔私の〕心は、あらゆる点で汚されることはありません。（第三八八偈）

という言葉があった。身体そのものも、「形成されたもの」であることに変わりはない。女身はその一つにすぎないのである。だから、田上博士のように身体の不浄を女身の不浄のみに限って読むのは、全体と部分をすり替えていることになるのである。

こうしたことを考慮すると、「女身を不浄と見る考えは、原始仏教にはなく、大乗仏教になってからのことだ」と、田上博士が断定されていることには、二重の誤りがあることが分かる。一つには、不浄が論じられたのは女身に限られたことではなく、男女の別なく身体についてであったこと、二つには、身体の不浄が説かれたのは、原始仏教の段階からであって、大乗仏教のせいではないということである。

これまで本書において、釈尊の女性観、ヒンドゥー社会の女性観、小乗仏教の女性観、大乗仏教の女性観と、一通り概観してきたが、これからすると田上博士の言われていることに首を傾げざるを得なくなる。確かに大乗仏教が起こったからといって、直ちに長年の間、言われてきた女性観がすべて払い去られるということはなかったであろう。しかし、既に述べてきたヒンドゥー社会の根強い女身不浄という通俗観念、およびそれに影響されていた小乗仏教の考えに、大乗仏教の立場から何とか対応しようとしたことが大事である。それなの

に、田上博士の考えは、こうした大乗仏教の努力をも無視されているようにしか思えない。

田上博士は、『仏教と性差別』において、

大乗仏教になると、女人五障説が定着したことで、いつのまにか女身不浄がとくに強調され、これが女身を賤しみ、厭うような説法が行われる傾向を生み出したのであろう。
（一二五頁）

とも述べておられるが、この一節も誤解に誤解を重ねたものである。

「五障」説が仏教教団の中で主張され始めたのは、紀元前一世紀のことであった。そのころはまだ大乗仏教は興起していない。「五障」説が小乗仏教によって主張されたものであるにもかかわらず、田上博士は、大乗仏教の説であるかのような書き方をされている。しかも、「五障」説の定着によって女身を賤しみ、厭うような説法が行なわれるようになったというのは、論理が逆である。女身を賤しみ、厭うような考えがあったから、「五障」説が言われたのである。その「五障」説を乗り越えるために、大乗仏教は種々に奮闘していた。それなのに、「五障」説のせいで大乗仏教が「女身不浄」や、「女身を賤しみ、厭うような説法」をするようになったと、強引な論理を展開されている。

第五節　大乗仏教では男女の立場は同等

大乗経典を読んでいると、このような田上博士の考えと相反するような言葉と遭遇する。例えば『大宝積経』巻一〇〇の中の「無垢施《むくせ》菩薩応弁会」（大正蔵、巻一一、五六三頁中）がある。ここにおいては、無垢施という名の女性のことを「無垢施菩薩」としているが、これは当時の男性出家者（声聞）が男性の優位を説いていたことに対する反論を示したものと言えよう。

また、『大智度論』巻四には、

在家の菩薩は、総じて説かば優婆塞《うばそく》、優婆夷《うばい》の中に在り。（同、巻二五、八五頁上）

とある。優婆塞、優婆夷は仏法を信奉する在家の男女のことなので、この一節は、大乗仏教運動に在家の男女が深く関わっていたということを示しているばかりか、大乗仏教では男性だけでなく女性も菩薩たり得るとされていたことを物語っている。

本章第二節で挙げた次の『海龍王経』の一節も田上説への大きな反証となろう。

心志の本、浄《きよ》らかにして菩薩を行ずる者は、仏を得ること難《かた》からず。彼、道心を発《おこ》し仏を成《じょう》ずること手掌《てのひら》を観《み》るが如し……又《また》、云《い》う所の如《ごと》く女身を以《もっ》て仏道を成ずることを得可《うべ》からずんば、男子の身も亦《また》得る可からず。所以《ゆえん》は何《いか》ん。其《そ》の道心は男無く、女無し。

（同、巻一五、一四九頁下）

これを見ただけでも、田上博士の主張に同意できないことが分かるはずだ。「変成男子」「転女成男」「転女身」といったことは、『法華経』『小品般若経』などの初期大乗仏典をはじめとして、後期大乗仏典の『大宝積経』や『大集経』にまで長期にわたって取り上げられている。ということは、「女人不作仏《にょにんふさぶつ》」「女人不成仏」という小乗仏教の考えは、大乗仏教徒にとってそれだけ乗り越えなければならない大きな課題であったことを物語っている。

これに対して、小乗仏教（部派仏教《ぶはぶっきょう》）の論蔵では、女性の修行者については全く言及されることはなかった。既に述べたように、パーリ語ではsāvaka（男性の仏弟子）とsāvikā（女性の仏弟子）が並べて用いられていたにもかかわらず、説一切有部等で用いられたサンスクリット語ではsāvikāに対応する語が見られない。このように、小乗仏教では、女性が軽んじられていたことが分かる。

小乗仏教の偏った女性観を乗り越えるための、上記のような大乗仏教の思想運動が広範に展開された結果、遅くに成立し、求那跋陀羅《ぐなばっだら》によって四三六年に漢訳された『勝鬘経』（大正蔵、巻一二、二一七～二二三頁）になると、「転女身」ということ自体には全く言及されることはなく、シュリーマーラー（勝鬘《しょうまん》）という女性が在家の身で釈尊に代わって法を説き、それを釈尊が承認するという形式を取るまでに至っている。このころには、女性の成仏を主張するのに、女身を男身に転ずることを言う必要がなくなったようである。

このシュリーマーラーが、仏を目指す菩薩の修行の十の段階（十地《じゅうぢ》）のうちのどの段階に達していたのかということを、多くの注釈家たちが論じているが、嘉祥大師《かじょうだいし》吉蔵《きちぞう》（五四九～

六二三）の『勝鬘経宝窟《ほうくつ》』によると、王妃シュリーマーラーは、菩薩の八番目の段階である不退転の菩薩となっている。また、聖徳太子《しょうとくたいし》（五七四〜六二二）の注釈書『勝鬘経義疏《ぎしょ》』（大正蔵、巻五六、一二頁中）によると、王妃シュリーマーラーは不退転の位にまさに入ろうとする第七番目の段階の菩薩だとされている。これらの二つの段階の菩薩は、いずれも修行の完成した菩薩のことを意味しており、女身のままで成仏ができることを表明していることになる。「転女成男」「転女身」ということから始まった大乗仏教の女性の地位回復運動は、ここまで主張されるようになったということである。

また、こうした傾向の中で『無量寿経』の阿弥陀《あみだ》（amitābha、または amitāyus）仏の浄土だけは頑《かたく》なに女性は一人もいないとされたままだったが、『阿閦《あしゅく》仏国経』（大正蔵、巻一一、七五一〜七六四頁）においては、東方のアクショービヤ（阿閦仏）の仏国土に女性は女身のままで生まれるとされ、そこに生まれた女性は大変に優れているとされていることと比較すると面白い対照をなしている。

女性の名誉回復に関しての大乗仏教運動は、以上のように概観することができるが、どんな思想といえども、その時代の他の思想との相互の関係は無視できないものである。小乗仏教が、インドのヒンドゥー的女性観の影響を受けていた状況に対して、大乗仏教は女性の地位向上のために、それなりの主張を行なったと見るべきではないのかと思う。それは、大いに評価すべきことである。ある意味では、教団内という閉じた社会の中で実現されていた原始仏教の純粋な理想的平等観が、時代・社会という現実の試練の中でその思想の真価が問われ、それに対して格闘した足跡が大乗仏典だと言っても過言ではないであろう。

その証拠に、紀元後二世紀ごろナーガールジュナ（龍樹）によって著されたとする『大智度論』巻五六の一節を見ると、

復《ま》た次に経中に説く。「女人に五つの礙《さわり》あり。釈提桓因《しゃくだいかんにん》と梵王《ぼんのう》と魔王と転輪聖王《てんりんじょうおう》と、仏になることを得ず」と。是の五つの礙にて仏と作《な》ることを得ずと聞きて、女人はこころ退き、発意《ほつい》すること能《あた》わず。或《ある》いは説法する者あるも、女人の為《ため》には仏道を説かず。この故に仏は、この間に説きたまう。「善男子・善女人よ、女人も仏と作《な》ることを得べし。女身を転ぜざるにはあらざるなり」と。　（大正蔵、巻二五、四五九頁上）

という記述がある。ここに、「五障」と「変成男子」の関係が論じられている。

これは、次のように現代語訳できよう。

また経典には、「女性に五つの礙《さわ》り（五障）があり、①釈提桓因（帝釈天）と、②梵天王と、③魔王と、④転輪聖王と、⑤仏――の五つにはなることができない」と言われている。この五つの礙りによって仏になることができないと聞いて、女性たちは心を退かせてしまい、覚りを求める心を発《おこ》すことがない。あるいは、説法する人がいても、女性に対しては仏道を説こうともしない。こうしたことから仏は、次のように説かれた。「良家の男子と、良家の女子よ、女性も仏となることができるのだ。ただ、女の身のままではなく、女の身を転じて男の身となることによってである」と。

ここには、釈尊滅後、小乗仏教の時代になってから「女人五障」という考え方が登場したことと、それによって仏道を志す女性がいなくなったり、また、女性に対して仏の教えが説かれなくなったりするなど、女性が仏教から相手にされなくなったという歴史的背景があって、その救済策として「変成男子」説が説かれたという事情が語られている。

女性に仏法が説かれなくなるまでには至っていないが、『四十華厳』には、

菩薩は、法の為《ため》に女人を摂す。恒《つね》に教授すと雖《いえど》も心は遠く離る。

（大正蔵、巻一〇、七九〇頁下）

とあって、精神的には女性を相手にしなくなっているということが記されている（第五章第三節参照）。

この『大智度論』の一節は、「五障」説から女性を解放するために「変成男子」という考え方が打ち出されたということを裏付けるものである。

「五障」説が論じられたのも、「変成男子」説が説かれたのも、当然、釈尊滅後の出来事であった。ところが、ほとんどの経典がそうであるように、ここでも、釈尊自身が語ったという設定でその主張がなされている。仏典は、一般に、「エーヴァム・マヤー・シュルタム」(evam mayā śrutam) という書き出しで始まる。これは、「如是我聞」（是《か》くの如《ごと》く我れ聞けり）と漢訳されているが、「このように私は聞きました」という意味である。これは、釈

尊の滅後、王舎城において開かれた第一回仏典結集の席においてアーナンダ（阿難）がこの言葉で語り出したという話に基づいて定式化されたもので、後の大乗経典においてもそのまま受け継がれている。このような形式は、ある意味では、後世の人たちの釈尊の真意に迫ろうという追体験の思いの表われと見ることもできるが、歴史的な事実関係をとらえるときには注意する必要がある。

第六節　『法華経』の仏国土表現からの考察

『法華経』提婆達多品に説かれる龍女の成仏は、女性の名誉回復のための一つの方法であった。ところが提婆達多品は、文献学的には後代に付加されたものとされている。現存する『法華経』のサンスクリット語写本の中で、一九〇六年にファルハード・ベーク・ヤイラキでイギリスの探検家オーレル・スタイン（一八六二〜一九四三）によって発見された「ファルハード・ベーク本」においては提婆達多品が全部欠落している。ネパールで発見されたケルン・南条本では第11章の宝塔品の後半部として含まれているが、カシュガルで発見された写本では、第12章として独立して含まれている。鳩摩羅什が四〇六年に漢訳した『妙法蓮華経』（略して『法華経』）にも、初めは提婆達多品が含まれておらず、全二十七品であったが、後になって挿入されて、現行二十八品の『法華経』となった。

梁《りょう》・陳《ちん》・隋《ずい》の時代に活躍した天台大師智顗《ちぎ》は、『法華文句《ほっけもんぐ》』において提婆達多品の有無について言及している。言葉を補いながらその部分を現代語訳すれば、次のようになろう。

長安の都の宮人が要請して提婆達多品を宮中に留めておいた。それで『法華経』は、提婆達多品を含まない二十七品のみが江東地方に伝えられた。梁（五〇二～五五七）の時代に満法師という人がいた。百遍『法華経』を講じ、提婆達多品を世に弘めるために長沙郡の自分の寺の前で身を焼いて死んだ。その人は、勧持品《かんじぼん》の前に提婆達多品を入れた。ただし、それは私的に行なったことであって、世の中には知られていない。陳の時代には南岳禅師慧思《えし》（五一五～五七七）という人がいて、提婆達多品を宝塔品の後半部に置いた。このことを『正法華経』と比較すると、よく対応している。長安の旧本を見たから分かったことだが、満法師と南岳禅師の二人は深くこの『法華経』の意を会得していたのである。

（大正蔵、巻三四、一一四頁下～一一五頁上）

これは、現行の『妙法蓮華経』で独立した品とされている提婆達多品が、多くのサンスクリット写本と、チベット語訳、竺法護訳『正法華経』では宝塔品の後半部に入っているのに対して、鳩摩羅什訳『妙法蓮華経』では当初欠落していたという食い違いを会通《えつう》しようとしたものであろう。こうしたことを見ると、提婆達多品が鳩摩羅什訳に挿入されたのは、天台大師の少し前のことだと推定される。

そうなると、龍女の成仏を説いた提婆達多品を欠く『法華経』は、女性を平等とする思想も欠落することになるのではないかという懸念が出てくる。それについては、苅谷定彦博士が「法華経における女性」（日本仏教学会編『仏教と女性』所収）で詳論されている。苅谷氏の論点は、『法華経』で授記（未来における成仏の予言）がなされた人たちの仏国土がどのように表現されているのかというところにある。

その一端を筆者の理解したところとして紹介する。『法華経』譬喩品に説かれるシャーリプトラの仏国土の表現は、鳩摩羅什訳の『妙法蓮華経』では、

天人熾盛《しじょう》ならん。（『梵漢和対照・現代語訳　法華経』上巻、一八二頁）

となっているが、竺法護訳の『正法華経』では、次のようになっている。

男女衆多。（大正蔵、巻九、七四頁中）

サンスクリット語の『法華経』（*saddharma-puṇḍarīka-sūtra*）では次の通り。

その世尊である〝紅蓮華の輝きを持つもの〟という如来の〝塵芥《ちりあくた》のない〟（離垢《りく》）という名前のブッダの国土は……多くの人々と女性の群衆が充満し、また神々が入り乱れ……。（『サンスクリット原典現代語訳　法華経』上巻、八一頁）

鳩摩羅什訳の「天人」（神々と人間）の「人」は、当然のように男女からなっているのであり、二つの漢訳、サンスクリット原典、それぞれの意味することは同じであろう。このよ

うに、シャーリプトラの仏国土では、男女が平等に存在していると表現されていることが注目される。

　そのほかの、大迦葉《だいかしょう》(1)、須菩提《しゅぼだい》(2)、迦旃延《かせんねん》(3)、目犍連《もっけんれん》(4)、阿難《あなん》、憍陳如《きょうじんにょ》(5)などの五百人の声聞、学無学(6)の二千人の場合を見ても、それぞれ多少の表現の違いこそあれ、

幾百・千・コーティ・ナユタもの量り知れない声聞たち……。（同、一七二頁）

幾百・千・コーティ・ナユタもの多くの菩薩たち……。（同、一七六頁）

ガンジス河の砂の数のように多くの神々や、人間たち……。（同、一七七頁）

多くの人々や神々で満ちていて、幾百・千もの聖仙たち、すなわち声聞たちや菩薩たちが楽しんでいるであろう。（同、一八一頁）

などの名前が挙げられていて、いずれの仏国土においても女性を排除するといった表現は見られない。それらの仏国土において女性は排除されていないという事実が指摘される。

ただ、例外として富楼那《ふるな》(7)の場合に限って、次のように女性が排除されている。

男性出家者たちよ、さらにその時、このブッダの国土は、悪が消滅しており、また**女性もいなくなっている**であろう。

また、それらの衆生は、すべて両親なしに自然発生（化生《けしょう》）したものたちで、純潔の行ないを修するものたちであり……。（同、二三五頁）

諸の悪道無く、亦女人無《またにょにん》くして、一切衆生、皆以《もっ》て化生し、婬欲有ること無けん。
(『梵漢和対照・現代語訳 法華経』上巻、五五〇頁)

しかも、その仏国土で存在しなくなるものとして、女性とともに「悪」が挙げられている。女性と悪が同列に見られている。これほど明確に「女性もいなくなる」としているのは、「一切衆生皆成仏道《いっさいしゅじょうかいじょうぶつどう》」(一切衆生、皆仏道を成ず)を標榜する『法華経』では極めて異常なことである。この富楼那についての記述は、苅谷博士も言われるように、後世に付加されたものだと推測される(日本仏教学会編『仏教と女性』、一九三頁)。

この部分は、竺法護訳『正法華経』(二八六年)にも、

一切は化生にして女人に由《よ》らず、浄にして梵行《ぼんぎょう》を修し、各《おのおの》威徳有り。
(大正蔵、巻九、九六頁上)
其《そ》の土《ど》は亦《また》女人の衆《しゅ》無く、悪趣《あくしゅ》、勤苦《ごんく》の患《わずらい》有ること無し。
(同、九六頁下)

とあることから、三世紀末ごろには既に付加されていたようである。

これと類似の表現が、観世音菩薩普門品《かんぜおんぼさつふもんぼん》第二十五のサンスクリット原典(第24章)の偈《げ》にもあることを指摘しておこう。サンスクリット原典の偈は、釈尊が語ったとされる第一偈から第一九偈に続いて、無尽意《むじんに》菩薩の言葉として第二〇偈から第三三偈までが並んでいる。ところが、竺法護訳『正法華経』ではこれらの偈はすべて欠落し、鳩摩羅什訳『妙法蓮華経』

では、無尽意菩薩の言葉として第一偈から第二六偈に相当する部分を含んでいるのみで、第二七偈から第三三偈は含まれていない。こうした食い違いは、この部分が後世の付加・挿入であることを示している。

この中の第三一偈は、阿弥陀仏の住する西方の極楽世界のことを記したものであり、

そこには、女性たちの誕生はないし、男女の性的結合の習慣もまた全くありません。それらの勝利者の嫡出子《ちゃくしゅつし》である菩薩たちは、両親なしに自然発生（化生）したものたちであって、純潔であり、紅蓮華《ぐれんげ》の胎の中に坐っています。

（『サンスクリット原典現代語訳　法華経』下巻、二二八頁）

となっている（中央アジア出土のカシュガル本にも断片ながら同趣旨のことが記されている）。漢訳相当箇所は存在しない。これはまさに富楼那の仏国土の内容と同じである。このことを考えても、富楼那の仏国土の表現も後世の付加・挿入と考えるべきであろう。それは、『無量寿経』の思想を割り込ませたものと考えてよいであろう。

第七章　常不軽菩薩の振る舞いに見る男女平等

第一節　菩薩の名前に込められた四つの意味

前章の最後のところで、提婆達多品が欠落していたとしても、『法華経』においては女性が男性と同等に扱われていることに全く変わりはないということを見た。それは、常不軽菩《じょうふきょうぼ》薩品《さつぼん》第二十（第19章）に説かれる菩薩の振る舞いからも確認できることである。サダーパリブータというその菩薩の名前は、竺法護によって「常被軽慢《じょうひきょうまん》」、鳩摩羅什によって「常不軽」と漢訳されてきたが、その是非を、菩薩の振る舞いを確認しながら検討することにしよう。

『法華経』常不軽品第二十（第19章）では、まず常不軽菩薩が登場した時代背景が語られる。それは、〝恐ろしく響く音声の王〟（威音王《いおんのう》）という名前の如来が、〝享楽を離れた〟（離《り》衰《すい》）という時代に、〝偉大なる創成〟（大成《だいじょう》）という世界に出現された時のことで、計り知ることもできない遥かな過去までさかのぼる。その如来が最終的に『法華経』の教えを説いた後、完全なる滅度に入られ、さらに二百万コーティ・ナユタもの多くの同じ名前の如来が順次に出現した。不軽菩薩が活動したのは、次のように、その最後の威音王如来が滅度し、

「正しい教え」（正法《しょうほう》）が「形骸化した教え」（像法《ぞうほう》（1））となった時代のこととされる。

その世尊が、完全なる滅度に入った後に、正しい教えが衰亡し、また正しい教えに似た教えも衰亡しつつあり、その教えが増上慢の男性出家者たちによって攻撃されている時に、サダーパリブータという名前の男性出家者の菩薩がいた。

（植木訳『サンスクリット原典現代語訳　法華経』下巻、一五三頁）

鳩摩羅什は、これを次のように漢訳した。

最初の威音王如来、既已《すで》に滅度したまいて、正法滅して後、像法の中に於《お》いて、増上慢《ぞうじょうまん》の比丘、大勢力有り。爾《そ》の時に一《ひと》りの菩薩の比丘有り。常不軽と名づく。

（植木訳『梵漢和対照・現代語訳　法華経』下巻、三六六頁）

このように断った上で、〝大いなる勢力をかち得たもの〟（得大勢（2））という菩薩に対して、いかなる理由でサダーパリブータと呼ばれたのか、その菩薩についての故事が語られ始める。ここには、その菩薩がいかなる人も軽んじないということが中心に語られている。この菩薩は、比丘であれ、比丘尼であれ、在家の男性信者であれ、女性信者であれ、出会った人は、だれにでも近づいて語りかけるのである。その決まり文句が、我、深く汝等《なんだち》を敬う。敢《あ》えて軽慢《きようまん》せず。所以《ゆえん》は何《いか》ん。汝等は皆、菩薩の道《どう》を行じて、当《まさ》に作仏《さぶつ》することを得べし。
（同、三六六頁）

であった。この一節が、二十四個の漢字からなるので、「二十四文字の法華経」、あるいは「略法華経」と呼ばれている。これは、サンスクリット原典においては、

尊者がたよ、私は、あなたがたを軽んじません。あなたがたは、軽んじられることはありません。それは、どんな理由によってでしょうか？　あなたがたは、すべて菩薩としての修行を行ないなさい。あなたがたは、正しく完全に覚った尊敬されるべき如来になるでありましょう。
（植木訳『サンスクリット原典現代語訳　法華経』下巻、一五四頁）

となっている。しかも、ほぼ同じことがすぐ後に次のように繰り返される。

ご婦人がたよ、私は、あなたがたを軽んじません。あなたがたは、軽んじられることはありません。それは、どんな理由によってでしょうか？　あなたがたは、すべて菩薩としての修行を行ないなさい。あなたがたは、正しく完全に覚った尊敬されるべき如来になるでありましょう。
（同）

ところが、この繰り返しの箇所は、漢訳では次のように簡略化されている。

我、敢えて汝等を軽しめず。汝等は、皆当《まさ》に作仏《さぶつ》すべし。

（『梵漢和対照・現代語訳　法華経』下巻、三六六、三六八頁）

漢訳だけを読んでいたとき、なぜ同趣旨のことが近接して二度も繰り返されるのか理解できなかったが、サンスクリット原典を読んではじめて納得がいった。漢訳では訳出されていないが、サンスクリット原典では、菩薩が語りかける言葉の初めに、「尊者がたよ」（āyuṣmanto）と、「ご婦人がたよ」（bhaginyo）という呼びかけの言葉があったのだ。いわば、英語の「レディス・アンド・ジェントゥルメン！」のようなものである。

このように『法華経』の理想とするこの菩薩は、「常不軽」という名前の通り、女性をも軽んじることなく、男女が平等に成仏できることを訴え続けていたのだ。こうしたことから苅谷定彦博士は、「法華経における女性」という論文で、「法華経の作者が『男女両性を平等に尊重するヒューマニズム』の立場にあったことを如実に示すもの」（日本仏教学会編『仏教と女性』一九六頁）と述べて、「法華経はこの根本的立場からして、自ずから男女平等であって、そこには女性をして女性なるが故に差別する『性差別』はその片鱗さえも窺《うかが》いえない」（同、一九七頁）と結論している。このように、提婆達多品の有無にかかわらず、『法華経』は男女の平等を説いていたことが明らかである。

菩薩からこのように声をかけられて、比丘・比丘尼、そして在家の男女からなる四衆たちは、その菩薩に対して不信感を起こして罵《ののし》り、非難しただけでなく、怒って危害をも加えるに至った。

聞かれてもいないのに、この男性出家者は、軽んじない心を持っていると、どうしてわれわれに説き示すのであろうか?

（『サンスクリット原典現代語訳　法華経』下巻、一五五頁）

是の無智の比丘は、何《いず》れの所より来って自ら我、汝を軽しめず、と言って、我等が与《ため》に当《まさ》に作仏《さぶつ》することを得べしと授記する。

（『梵漢和対照・現代語訳　法華経』下巻、三六八頁）

これらの梵・漢の言葉から判断すると、四衆たちは菩薩の行為について「軽んじない心」(aparibhava-cittam) を説き聞かせるものだと認識していることが分かる。そして、次のように考える。

望まれてもいないのに、この上ない正しく完全な覚りに到るであろうという、虚偽の予言を、私たちにするということは、私たち自身を軽んじることになるのだ。〔それとともに、その菩薩は、自分自身を軽んじられることになすのだ。〕

（『サンスクリット原典現代語訳　法華経』下巻、一五五頁）

我等、是《か》くの如き虚妄《こもう》の授記を用いず。

（『梵漢和対照・現代語訳　法華経』下巻、三六八頁）

ここは、漢訳では分からないが、サンスクリット原典では掛詞になっていて、もう一つの意味を〔　〕内に補った。

こうして、四衆は長年にわたって菩薩に対して悪口《あっく》・罵詈《めり》し、土塊《つちくれ》や、棒切れを投げつけたりする。その間、菩薩はだれに対しても怒ったり、瞋恚《しんに》（憎悪）の思いを抱くことはなかった。菩薩は何をされても、〔危害の及ばないところへ走り去り〕遠くから大きな声で、次のように訴え続けた。

私は、あなたがたを軽んじません。

（『サンスクリット原典現代語訳　法華経』下巻、一五五頁）

我、敢えて汝等を軽しめず。汝等は皆、当《まさ》に作仏《さぶつ》すべし。

（『梵漢和対照・現代語訳　法華経』下巻、三六八頁）

常不軽品では、菩薩が悪口・罵詈されたことを述べる時は、必ずその直後に、「それでも菩薩は人々を軽んじなかった」ということが記されている。これは、菩薩が「軽んじられた」ことよりも、菩薩が「軽んじなかった」ことのほうに重心があることを意味する。もしも、菩薩の名前が「常に軽んじられた」という意味であるならば、菩薩が悪口・罵詈され、危害が加えられる場面にこそ菩薩が軽んじられたという意味での「軽んずる」（pari-√bhū）という語の派生語が用いられるべきだ。

ところが、この場面には悪口（pari-√bhāṣ）・罵詈（ā-√kruś）され、土塊（loṣṭa）や、棒切れ（daṇḍa）を投げつけ（√kṣip）られたという語しか出てこない。pari-√bhū の派生語が用いられていないのだ。この事実は、菩薩の名前としては「常に軽んじられた」が本意でないことを意味していよう。

以上のような経過を説明してきて、その菩薩の名前の由来が次のように結論される。

常にその菩薩からこのように語って聞かせられていたそれらの増上慢の男性出家者・女性出家者・男性在家信者・女性在家信者たちが、その菩薩にサダーパリブータという名前をつけたのである。

（『サンスクリット原典現代語訳　法華経』下巻、一五五頁）

これを鳩摩羅什は次のように漢訳している。

其《そ》れ、常に是《こ》の言《ことば》を作《な》すを以《もっ》ての故に、増上慢《ぞうじょうまん》の比丘《びく》・比丘尼《びくに》・優婆塞《うばそく》・優婆夷《うばい》、之《これ》を号《ごう》して常不軽と為《な》づく。

（『梵漢和対照・現代語訳　法華経』下巻、三六八頁）

この論調からすれば、菩薩が四衆に対して常に「私は軽んじない」と告げていたことが命名の理由になっていると言えよう。

また、命終《みょうじゅう》間際になって、この菩薩は、虚空《こくう》から聞こえてきた『法華経』の法門を信受し、眼《げん》・耳《に》・鼻《び》・舌《ぜっ》・身《しん》・意《い》の六つの感覚器官（ṣaḍ-indriya、六根《ろっこん》）が、それぞれ色《しき》・

声《しょう》・香《こう》・味《み》・触《そく》・法《ほう》の六つの対象（六境《ろっきょう》）に対する執着を断って浄らかな状態になる六根清浄《ろっこんしょうじょう》を得て寿命を延ばすが、その次の場面では、四衆のことを、次のように説明している。

そして、それらの増上慢の衆生で〔あるところの〕(ye)、〔また〕以前にこの菩薩から『私は、あなたがたを軽んじません』と語って聞かせられ〔たところの〕(ye)、〔また〕この菩薩にこのサダーパリブータという名前をつけた〔ところの〕(yair) 男性出家者・女性出家者・男性在家信者・女性在家信者たち……。

（『サンスクリット原典現代語訳　法華経』下巻、一五六頁）

これは、次のように漢訳された。

時に増上慢の四衆の、比丘・比丘尼・優婆塞・優婆夷の、是の人を軽賤《きょうせん》して、為《ため》に不軽の名《な》を作せし者……。

（『梵漢和対照・現代語訳　法華経』下巻、三七〇頁）

サンスクリット原典には、関係代名詞 ye、ye、yair に導かれた関係節が三つある。いずれも先行詞「比丘・比丘尼・優婆塞・優婆夷」にかかっている。そのうちの第二、第三の関係節は、菩薩から四衆が常に「私は、あなたがたを軽んじません」と告げられていたことと、菩薩にサダーパリブータと名付けたこととがパラレルで、ここに命名の動機が示されている（ただし、それは漢訳からは読み取れない）。このことを考慮しても、菩薩の名前の意味するところは「軽んじない」(不軽)ということに重心があると言えよう。

それまで菩薩は、経典を読誦することはなく、人々に「私は、あなたがたを軽んじません」と語りかけるだけであったが、臨終間際になって天から聞こえてきた『法華経』を信受して六根清浄を得る。その菩薩が『法華経』を説き始めると、四衆に変化が起こる。

すべてが、その菩薩の具えるすぐれた神通力の威力や、人に理解させる雄弁の力の威力、智慧の力の威力を見て、教えを聞くためにその菩薩に随従するものとなった。

(『サンスクリット原典現代語訳　法華経』下巻、一五六頁)

漢訳では次のようになっている。

其《そ》の、大神通力、楽説弁力《ぎょうせつべんりき》、大善寂力《だいぜんじゃくりき》を得たるを見て、其の所説を聞いて、皆、信伏随従《しんぷくずいじゅう》す。

(『梵漢和対照・現代語訳　法華経』下巻、三七〇頁)

これまで菩薩は、悪口・罵詈され、杖木瓦石《じょうもくがしゃく》をもって危害を加えられるなど、常に軽んじられてきたが、それとは打って変わり、四衆が菩薩に「随従するもの」となったのである。以上が、サダーパリブータ菩薩についてのストーリーのあらましである。

この菩薩の名前は、古来、いろいろと取り沙汰《ざた》されてきた。サダーパリブータ(sadāparibhūta)というこの菩薩の名前は、竺法護訳の『正法華経』では「常被軽慢《じょうひきょうまん》」(常に軽慢される）、鳩摩羅什訳の『妙法蓮華経』では「常不軽《じょうふきょう》」（常に軽んじない）と漢訳され、両者を比べると〈受動に対する能動〉、〈肯定に対する否定〉の相反する訳となっている。チベット語訳でも『正法華経』と同様の立場を取っており、この名前の解釈についてはこれまで意見が分かれたままであった。ここで、その名前に込められた意味について考察してみたい。

sadāparibhūta は、サンスクリット語の連声法《れんじょう》によると、

①sadā と paribhūta の複合語

②sadā と aparibhūta の複合語

の二通りに分解することができる。paribhūta は、「軽んじる」という意味の動詞 pari-√bhū の過去受動分詞で、「軽んじられた」という意味である。その頭に否定を意味する接頭辞 a を付けた aparibhūta は、「軽んじられなかった」という意味になる。sadā は「常に」を意味する副詞であり、

①で解釈すると「常に軽んじられた」（常被軽）

②で解釈すると「常に軽んじられなかった」（常不被軽）

となる。

①は竺法護訳に相当するが、鳩摩羅什訳は出てこない。こうして、鳩摩羅什訳は誤りだとされ、岩波文庫の坂本幸男・岩本裕訳注『法華経』と、中央公論社版の松濤誠廉ほか訳『法華経』のいずれにおいても、「常に軽んじられる菩薩」と現代語訳されている。チベット語訳も同じである。

ところが、先に要約した常不軽品のストーリーを見ると、①も②も、何か違和感を覚えざるを得ない。果たして、鳩摩羅什の訳は間違っていたのだろうか。

①と②は、過去受動分詞ということで、受動の表現で訳されている。教科書的なサンスクリット文法ではそのように訳すしかない。ところが、専門的な文法書には、過去受動分詞が、受動は当然のことだが、能動を意味することがあると明記されている（二宮陸雄著『サンスクリット語の構文と語法』九四頁）。そうなると、過去受動分詞 paribhūta と aparibhūta は、能動の意味も持ち得ることになる。つまり、このサダーパリブータという菩薩の名前は、〈肯定・否定〉および〈能動・受動〉の組み合わせ方によって、次の四つの意味を持たせることができることになる。

①常に軽んじない（能動と否定）
②常に軽んじた（能動と肯定）
③常に軽んじられた（受動と肯定）
④常に軽んじられなかった（受動と否定）

つまり、以上の四つの意味を持つ掛詞になっているのだ。

これまで、この sadāparibhūta という名前については、〈paribhūta か aparibhūta か？〉、〈竺法護訳か鳩摩羅什訳か？〉、すなわち〈肯定か否定か？〉、〈受動か能動か？〉といった観点で議論がなされ、ほとんどが、そのいずれか一つに意味を限定しようとしてきたように見受けられる。ところが、サンスクリット文学においては、掛詞のような技巧的表現が頻繁に用いられる。sadāparibhūta を掛詞と考えれば、これらの四つの意味をすべて込めた名前だということになる。

sadāparibhūta を掛詞として解釈することが許されるならば、

①菩薩は、誰人も「常に軽んじなかった」（＝常不軽）。

②それに対して、四衆は自分たちが菩薩に「常に軽んじられた」（＝常被軽）、すなわち菩薩が自分たちを「常に軽んじた」（＝常軽）と思った。

③そのため菩薩は、四衆から「常に軽んじられた」（＝常被軽）。

④けれども最終的に四衆は皆、菩薩に信伏随従することになり、それ以後の菩薩は、四衆から「常に軽んじられなかった」（＝常不被軽）。

という四つの意味が読み取れよう。これは、不軽品のストーリーそのままである。

ただし、その中であえて中心的な意味を一つ挙げるとすれば、①であるのは言うまでもないことだ。ただ、漢訳する際には、掛詞のすべてを含めた訳語がなかなか見つからないものだから、そのいずれかの意味しか表現できないことになる。鳩摩羅什は、本文の意味内容をくみ取り、中心的な意味の①を採用して「常不軽菩薩」と漢訳し、竺法護は、教科書的な文法に忠実に枝葉の意味である③を採用して「常被軽慢」と漢訳したのである。掛詞としてのsadāparibhūta に関する考察の詳細は、拙著『思想としての法華経』（岩波書店）第八章を参照されたい。

従って、鳩摩羅什訳のほうが正しかったのである。けれども、それよりももっと正確であるのは、四つの掛詞をすべて盛り込んで訳すことであり、筆者は次のように現代語訳した。

常に軽んじない〔のに、**常に軽んじている**と思われ、その結果、**常に軽んじられる**ことになるが、最終的には**常に軽んじられない**ものとなる〕菩薩

（『サンスクリット原典現代語訳　法華経』下巻、一五一頁）

以上が、鳩摩羅什によって「常不軽」と漢訳されたサダーパリブータという名前についての考察である。不軽菩薩の実践には、だれ人も軽んじない人間尊重の精神と、罵られ、危害を加えられても決して感情的になることのない寛容の精神に貫かれている。それは、当然のこととして女性を軽視しないことも含まれている。

また、この寛容の思想は、原始仏典『ダンマ・パダ』の次の一節とも共通している。

実に、この世において諸の怨みは、怨みによって決して静まることはない。けれども、〔諸の怨みは〕怨みのないことによって静まるのである。これは永遠の真理である。

（第五偈）

第二節　人間尊重の振る舞い自体が既に『法華経』

この菩薩がなしたことは、だれ人に対しても「私はあなたを軽んじません。あなたも如来になるでありましょう」ということを訴え続けたことだけであった。この言葉を訴える前後には、次の言葉が記されている。

このようにして、男性出家者でありながら、偉大な人であるその菩薩は、他者に対して**教理の解説もなさず、自分自身のための聖典の学習もなすことがない。**その一方で、遠くにいる人でさえも、誰であれ、まさに出会う人のすべてに近づいて、先のように語って聞かせるのだ。男性出家者であれ、女性出家者であれ、男性在家信者であれ、女性在家信者であれ、誰にでも近づいて次のように告げるのだ。

（『サンスクリット原典現代語訳　法華経』下巻、一五四頁）

これは、次のように漢訳された。

而《しか》も是《こ》の比丘、**経典を読誦《どくじゅ》するを専《もっぱ》らにせずして、但礼拝《ただらいはい》を行ず。**乃至《ないし》遠く四衆を見ても、亦復《またまた》故《ことさら》に往《ゆ》いて礼拝《らいはい》讃歎して、是の言《ことば》を作《な》さく。

（『梵漢和対照・現代語訳　法華経』下巻、三六六頁）

これは大変に興味深い記述である。漢訳には「不専読誦経典但行礼拝《ふせんどくじゅきょうてんたんぎょうらいはい》」（経典を読誦するを専《もっぱ》らにせずして、但礼拝を行ず）とある。サンスクリット原典には「私は軽んじません」と告げたとしか書かれていないが、鳩摩羅什訳では「但礼拝を行ず」という言葉が入っている。いずれにしても、相手を尊重するという意味では同じである。

この不軽菩薩が出現した時代状況が、「その教えが増上慢の男性出家者（比丘）たちによって攻撃されている時」（同、三六七頁）とあったことから考えると、これらの表現には出家者中心主義の小乗仏教への批判も込められているように思われる。

『法華経』ほど、経典の〈受持《じゅじ》・読《どく》・誦《じゅ》・解説《げせつ》・書写《しょしゃ》〉を強調した経典はない。そこにおいて不軽品が、読誦や解説を否定しているかのような表現を敢えてとったということは、小乗仏教徒が経典を読み訓詁注釈《くんこちゅうしゃく》することに自己満足して、「人間のため」という視点を見失っていたという時代背景があって、それに対する批判であり、皮肉であるといえよう。

さらには、仏道修行の形式だけをまねて、その精神を見失ってしまった実態、それを不軽品では「正法に似て非なるもの」（像法）と表現していたが、それへの痛烈な批判ともなっている。

文字として表わされた経典を目にし、口にすることが大切なのか、それともその経典の言おうとしたことを言葉では知らなくても、実行することが大事なのか――という根本的な問題提起がここでなされている。『法華経』は、「皆成仏道《かいじょうぶつどう》」（皆、仏の道《どう》を成ず）として、一切衆生の成仏を説くものであり、「如我等無異《にょがとうむい》」（我が如く等しくして異なること無からしめん）として、一切衆生の平等を説く経典である。そのことが説かれた経典を読み、諳《そら》んじること自体が大事なのか、それとも、たとえその経典を読誦することはなくとも、すべての人の平等を訴え、だれでもブッダとなることができることを訴え、人間を尊重する振る舞い・行為のほうが大事なのか――そういう意味で、「不専読誦経典《ふせんどくじゅきょうてん》。但行礼拝《たんぎょうらいはい》」という言葉には大変な重みがある。

大乗仏教という「釈尊の原点に帰る」運動は、増上慢の比丘集団がいて、そこから批判されながらの運動であったことが推測される。不軽菩薩の登場した時代も同様の時代状況が想定されていた。経典を読誦してはいるものの、人間を軽賤する増上慢の比丘たちが勢力をふるっていた時代が想定されている。そのような中でも不軽菩薩は、たとえ経典を読誦することはなかったとはいえ、女性はもちろんのこと、人々を決して軽んずることなく、だれであっても成仏できるとして、だれ人をも常に軽んじないという人間尊重の振る舞いに徹していた。自らは軽んじられ罵詈《めり》されようが、杖木瓦石《じょうもくがしゃく》を被《こうむ》ろうが、その振る舞いは変わるところがなかった。感情的になることもなかった。

　不軽菩薩の実践はひるむことなく続いたが、それはあくまでも「不専読誦経典」であり、『法華経』という経典を自分で学ぶことも、人に解説することもなかった。経典としての『法華経』を信受するに至るのは臨終間際になってのことだった。

> 死が近づき、命の終わりが迫った時、その偉大な人であるサダーパリブータ菩薩は、この〝白蓮華のように最も勝れた正しい教え〟という法門を聞いた。
>
> （『サンスクリット原典現代語訳　法華経』下巻、一五五頁）

その『法華経』も空中から聞こえてきたという。

　そして、その偉大な人であるサダーパリブータ菩薩は、命の終わりが近づいた時、空中からの音声を通してこの法門を聞いた。その菩薩は、**誰も語っていない空中からの声を聞**

き、この法門を受持し、……このような眼〔による視覚の能力〕の清らかさ、耳〔による聴覚の能力〕の清らかさ、鼻〔による嗅覚の能力〕の清らかさ、舌〔による味覚と言語の能力〕の清らかさ、身〔による触覚の能力〕の清らかさ、意〔による知覚の能力〕の清らかさ、すなわち六根清浄《ろっこんしょうじょう》を獲得した。

（『サンスクリット原典現代語訳　法華経』下巻、一五六頁）

この箇所は、漢訳では次のようになっている。

虚空《こくう》の中に於いて、具《つぶ》さに威音王仏《いおんのうぶつ》の先に説きたもう所の法華経の二十千万億の偈《げ》を聞いて、悉《ことごと》く能《よ》く受持して、即ち上の如き眼根清浄《げんこんしょうじょう》、耳《に》・鼻《び》・舌《ぜつ》・身《しん》・意根《いこん》清浄を得たり。

（『梵漢和対照・現代語訳　法華経』下巻、三七〇頁）

漢訳だけからは分からないが、命終間際になってだれも語っていないのに空中から『法華経』が聞こえてきたということは何を意味するのだろうか。それは、不軽菩薩がおのずから『法華経』を自得したということであろう。

不軽菩薩は、経典としての『法華経』を全く読誦することはなかったかもしれないが、その人間尊重の振る舞い自体、だれでもブッダになれると主張し続けたこと自体、悪口・罵詈されても感情的になることがなかったということ自体、それこそが、まさに『法華経』の説かんとすることであり、『法華経』の精神にかなっていたということを意味するのではないだろうか。

この不軽菩薩の振る舞いは、「宗教のための宗教」に陥り、小乗と貶称《へんしょう》された部派仏教のように出家中心主義になって社会的に没交渉になることが、本来の仏教の精神から遠いものであることを警告しているのではないだろうか。「人間のため」「社会のため」の『法華経』であり、仏教であり、かつまた宗教であるという原点を忘れてはならないということを訴えているのだ。

この考えを発展させれば、仏法、あるいは『法華経』の教えを知らなかったとしても、既にその人が男性も女性も平等であるとして人間を軽んじることなく、人間を大事にし、尊重する行ないを貫いているならば、その人は既に『法華経』を行じていると言ってもいいことになる。一宗一派や、イデオロギーや、セクト主義などの壁を乗り越える視点が、ここに提示されている。

仏法を知識として知っているか、知っていないかということよりも、人間のための行動、人間尊重の態度や振る舞い、悪口・罵詈されても感情的になることのない寛容の精神――それこそが重要だというのだ。むしろ、そのほうが仏法を真に理解していることになると言っても過言ではない。

第三節　仏性思想からの人間の尊厳

常不軽菩薩の振る舞いの「不軽」とは、人を軽蔑したり、馬鹿にしたりしないということであり、「礼拝」、あるいは「私はあなたを軽んじません」と訴えることには、人を尊重するという心がこもっている。日蓮は、不軽菩薩が「礼拝」の行を貫いた理由を、次のように意義づけている。

過去の不軽菩薩は、一切衆生に仏性《ぶっしょう》あり、法華経を持《たも》たば必ず成仏すべし。彼れを軽んじては仏を軽んずるになるべしとて、礼拝の行をば立てさせ給いしなり。法華経を持たざる者をさへ若《も》し持ちやせんずらん。仏性ありとて、かくの如く礼拝し給う。（『松野殿御返事』）

何をもって人間を尊しとするのか。ここでは「すべての人に仏性がある。その人を軽んじることは仏を軽んじることになる」という意味で、人間、あるいは生命を最大限に尊重しているのである。そこにおいては、男女の別も問われることはなかった。これが、『法華経』の人間観である。

『法華経』方便品の、

正しく完全に覚った尊敬されるべき如来は、衆生に如来の知見を開示するという理由と目的で世間に現われるのだ。正しく完全に覚った尊敬されるべき如来は、衆生を如来の知見に入らせるという理由と目的で世間に現われるのだ。正しく完全に覚った尊敬されるべき如来は、衆生に如来の知見を覚らせるという理由と目的で世間に現われるのだ。正しく完全に覚った尊敬されるべき如来は、衆生を如来の知見の道に入らせるという理由と目的で世間に現われるのだ。（『サンスクリット原典現代語訳　法華経』上巻、四九～五〇頁）

これは、次のように漢訳されている。

諸仏世尊は、衆生をして仏知見を開かしめ、清浄なることを得せしめんと欲するが故に世に出現したもう。衆生に仏の知見を示さんと欲するが故に、世に出現したもう。衆生をして、仏知見を悟らしめんと欲するが故に、世に出現したもう。衆生をして、仏知見の道に入らしめんと欲するが故に、世に出現したもう。

（『梵漢和対照・現代語訳　法華経』上巻、九四、九六頁）

あるいは、「我が如く等しくして異なること無からしめん」（同、一一〇頁）といった言葉もこれと軌を一にしている。不軽品に説かれたこうした『法華経』の人間観について、ヴァスバンドゥ（世《せ》親《しん》、三二〇ごろ～四〇〇ごろ）は、『法華《ほっけ》論《ろん》』に、

「我れ汝《なんじ》を軽しめず、汝等《なんだち》は皆当《まさ》に作《さ》仏《ぶつ》することを得べし」とは、衆生に皆、仏性《ぶっしょう》有ることを示現《じげん》するなり。　（大正蔵、巻二六、九頁上）

と述べている。「仏性」はサンスクリット語の buddhatā、buddhatva、buddhadhātu など

の漢訳語である。衆生が本来、具えている「仏となる可能性」「仏としての本性」といった意味である。

この「仏性」（如来蔵）という言葉は、中期大乗仏典（四～五世紀）の『涅槃経』や『勝鬘経』などで用いられるようになったもので、初期大乗仏典（一～三世紀）の『法華経』には用いられていない。しかし、如来蔵思想研究の大家であった高崎直道《たかさきじきどう》先生が、拙訳『梵漢和対照・現代語訳　法華経』の出版記念会でおっしゃっていたように、『法華経』には仏性という言葉は用いられていないが、その考えは既に現われている。ヴァスバンドゥは、その思想を汲み取って記述したのであろう。

天台大師智顗《ちぎ》も『法華文句』の不軽菩薩の振る舞いについて論じたところで、

内に不軽の解《げ》を懐《いだ》き、外に不軽の境《きょう》を敬う。身に不軽の行《ぎょう》を立て、口に不軽の教《きょう》を宣《の》べ、人に不軽の目《もく》を作《な》す。　（同、巻三四、一四〇頁下）

と述べている。外部の軽んずべきでない対象を敬うことや、身によって不軽（軽んじない）という行為を貫くこと、口によって不軽の教えを語ること、他者を軽んずべきでない存在として見ること、その根本には、心（＝意）の中に「不軽の解」を抱くことが必要だというのだ。

その「不軽の解」について智顗は、世親の「仏性」の考えから説明している。

不軽の解とは、法華論に云《いわ》く、「此の菩薩は衆生に仏性有るを知り、敢《あ》えて之《これ》を軽んぜず」と。（同）

これを加味して、先の智顗の言葉を現代語訳すると、

自分の心の中で「一切衆生に仏性がある」ということを信ずるゆえに、自分の外側にある「軽んじてはならない」対象を敬うことができる。すなわち、身体〔の振る舞い〕において「軽んじない」という実践を貫き、口（言葉）において「軽んじない」という教えを説き、あらゆる人に対して、「軽んじない」という見方をすることができるのである。

となる。〈意〉すなわち心に「衆生に皆、仏性有る」ことを信じるがゆえに、〈身〉にあらゆる人への礼拝をなし、〈口〉に「我深く汝等を敬う」と語り続けるのであり、身《しん》・口《く》・意《い》の三業《さんごう》で、すなわち全身全霊で不軽の礼拝を行じることができるのである。

この「業《ごう》」（karman）とは、振る舞い、行為のことである。〈身〉と〈口〉が振る舞い、行為であるというのは分かるが、仏教においては〈意〉までも振る舞い、行為ととらえていることが注目される。それは、あらゆる行為の根本には心の思いがあるからである。

心に思ってもいないのに、口先だけや、格好だけの態度では、いつかメッキがはげてしまう。不軽菩薩が、悪口・罵詈されても決して瞋恚《しんに》（憎悪）を生ずることなく、軽んじないという振る舞いを貫いたのは、〈意〉に「不軽の解」が不動のものとしてあったからであろ

う。だからこそ、〈身〉と〈口〉と〈意〉の三拍子そろって人を敬うことができたのである。「不軽の解」とは、言い換えれば、だれ人も仏性を具えており、尊厳なものであるという人間観を体得していることと言えよう。

「不軽の解」を智顗は、「衆生に仏性有るを知る」ことと説明している。衆生に仏性を見るためには、まず「自己に仏性有るを知る」ことが第一である。それによって、自己から他者への「不軽の解」の拡大がある。原始仏典の『サンユッタ・ニカーヤ』第一巻には、

あらゆる方向を心が探し求めてみたものの、どこにも自分よりももっと愛しいものを見出すことは決してなかった。このように、他の人にとっても、自己はそれぞれ愛しいものである。だから、自己を愛するものは、他の人を害してはならないのである。（七五頁）

とあったが、ここにも自己から他者へと拡大する同じ論理構造が見られる。自己を愛しいもの（不軽）と思うが故に、他人のことを愛しいもの（不軽）と見ることができるわけである。ここでは素朴な表現がなされているが、智顗は、それを「仏性」という概念を用いて言い換えていたのだ。

さらには、日蓮の『一生成仏抄《いっしょうじょうぶつしょう》』の次の言葉も同じといえるであろう。

一心を妙と知りぬれば、亦《また》転じて余心をも妙法と知る処《ところ》を妙経とは云《い》うなり。

「一心」とは、自己の心のことである。自己の心が、妙法（最高の真理）に則ったものであることを知ったとき、それはまた翻《ひるがえ》って「余心」、すなわち他者の心も妙法にかなったものであると知る、あるいは信ずることができる。そこで、他者にもその事実を知らせようとして言葉によって語るという行為に打って出る。そのようにして語られた言葉を「妙経」と言っている。

「だれ人も菩薩行によってブッダとなることができるから、だれ人をも軽んじない」という不軽菩薩の人間観に根差した「礼拝行」について、日蓮は「自他不二の礼拝」として次のように述べている。

> 「不軽菩薩の四衆を礼拝《らいはい》すれば、上慢《じょうまん》の四衆所具の仏性又《また》不軽菩薩を礼拝するなり。鏡に向って礼拝を成す時、浮かべる影、又我を礼拝するなり。（『御義口伝《おんぎくでん》』）

〈他者〉の仏性を礼拝することは、翻って、相手から自らの仏性が敬われ、礼拝されていることになるというのだ。逆に〈他者〉を軽んじることは、〈他者〉の仏性を軽んじることであり、翻ってそれは自己の仏性をも軽んじていることを意味している。いわゆる、「自他不二」「自他平等」（parâtma-samatā）である。七世紀ごろのシャーンティデーヴァ（寂天《じゃくてん》）は、「他者を自己のうちに転回させること」（parâtma-parivartana）を目指せと言った。自他の融合が大乗の実践倫理であった。

しかも、不軽菩薩が語りかけた相手が、増上慢の四衆であったことも大事なことである。

不軽菩薩は悪口・罵詈されながらも、彼らに対しても変わることなく礼拝行を貫いた。その結果、不軽菩薩は『法華経』を自得して六根清浄を得、四衆も自らの非を覚り不軽菩薩に信《しん》伏随従《ぶくずいじゅう》するようになる。

第四節　不軽菩薩に見る寛容の思想

誠意というものは、相手に押し付けるものではない。なかなか理解されないことも多いものである。その誠意を感じるかどうかということは相手の問題である。人間関係においては、誤解されたり、すれ違ったりすることは、日常茶飯《にちじょうさはん》のことである。そこにおいて大切なことは、根本的に誠意をどこまでも貫くということであろう。それは時間がかかるかもしれない。しかし、いつかは通じる。仏法の実践もまた同じである。そこにおいて我々が持ち合わせなければならないのが、不軽菩薩の立脚していた「忍辱地《にんにくじ》」（いかなる迫害や辱《はずかし》めにも耐える境地）ということであり、また、それを支えるのが「慈悲」であろう。不軽菩薩の実践は、まさにその忍辱地から発していたのである。その振る舞いの根底には、「一切衆生に仏性あり」という人間観（不軽の解）があった。

不軽菩薩の実践はついには勝利し、不軽菩薩を悪口・罵詈していた人たちも、信伏随従して不軽菩薩を仰ぎ尊ぶようになった。それは忍辱地に立った不軽菩薩の振る舞いの勝利の姿を示している。

人生にあって誹謗中傷はつきものだが、原始仏典の『ウダーナ・ヴァルガ』には、愚かな人は、粗暴な言葉を語りながら、〔自分が〕うち勝っていることを考える。〔けれども〕勝利というものは常に、謗《そし》りを堪え忍ぶところのその人のものなのだ。

（第二十章第一三偈）

と、「忍」を強調している。仏典においては、「忍辱《にんにく》」（kṣānti）という熟語でよく登場する。さまざまな侮辱《ぶじょく》、迫害等を堪え忍び、怨みを報じないことである。

大乗仏教になると、「忍辱」は菩薩の実践徳目である六波羅蜜（布施《ふせ》、持戒《じかい》、忍辱《にんにく》、精《しょう》進《じん》、禅定《ぜんじょう》、智慧《ちえ》の六つの完成）の一つに数えられた。忍難を強調した『法華経』勧持品《かんじぼん》第十三（第12章）には、

恐ろしい激動の劫（濁劫《じょっこう》）において、激しく大きな恐怖の中で、ヤクシャの姿をした多くの男性出家者たちが私たちを罵《ののし》るとしても、

世間の王〔であるブッダ〕に対する尊敬の念によって、私たちは極めてなしがたいことに耐え、忍耐という腹帯（忍辱鎧《にんにくがい》）を身に着けて、この世でこの経を説き示しましょう。

（『サンスクリット原典現代語訳　法華経』下巻、四二頁）

これは、次のように漢訳されている。

濁劫《じょっこう》悪世の中には、多く諸《もろもろ》の恐怖《くふ》有らん。悪鬼、其《そ》の身に入りて、我を罵詈毀辱《めりきにく》せん。我等、仏を敬信《きょうしん》して、当《まさ》に忍辱《にんにく》の鎧《よろい》を著《き》るべし。是《こ》の経を説かんが為《ため》の故に、此の諸の難事を忍ばん。

（『梵漢和対照・現代語訳　法華経』下巻、一一八頁）

とある。法師品（『サンスクリット原典現代語訳　法華経』上巻、二六九頁）には「偉大なる忍耐に対する喜び」（柔和忍辱心《にゅうわにんにくしん》）といった言葉も見られる。「忍辱」とは、消極的になって泣き寝入りすることではなく、不軽菩薩の振る舞いのように積極的・主体的な「忍」であることを忘れてはならない。このような「忍」の思想を実践したのが、インド独立の父、マハトマ・ガーンディーの非暴力主義であったし、その影響を受けたのが、アメリカの黒人解放指導者、マルチン・ルーサー・キングであった。わが国では、日蓮が自らを不軽菩薩になぞらえて「法華経の行者」と称していたし、宮沢賢治の「雨ニモマケズ」の詩は、この不軽菩薩をイメージして作られたと言われる。

　この常不軽品は大要、以上のような思想が盛り込まれているが、直接的に女性の平等をテーマとしたものではない。直接的には扱われていないが、男女が同等のものであることを当然の前提として話が展開されている。

　不軽菩薩が「私はあなたがたを軽んじません」と語りかけた相手は、比丘・比丘尼・優婆塞・優婆夷、すなわち出家の男女と在家の男女の四衆と言われる人たちであった。不軽菩薩は、女性を軽視する宗教的権威者や一般大衆が多数いる中で非難・中傷され、迫害を受けながらも、在家か出家か、男性か女性かということを一切問題にすることなく、だれでも成仏できるということを訴え続けたのである。それは、ブッダとなることを可能にする仏性をあらゆる人々に見ていたからであり、それは女性も例外とはしていないのである。

既に見た『大智度論』の「説法する者あるも、女人の為には仏道を説かず」や、『四十華厳』普賢行願品の「菩薩は、法の為に女人を摂す。恒《つね》に教授すと雖《いえど》も心は遠く離る」といった仏教者たちと比べてみても、女性であることを全く意に介することもなく、「だれ人も成仏できます」と平等に語りかけた不軽菩薩の態度が際立っていることが分かる。『四十華厳』に説かれた菩薩たちは、法のために女人に教授することはあっても、心は遠く離れたままで、それは女人のための教授ではなかったのである。

この不軽菩薩の振る舞いは、だれでも差別なく成仏できるとする『法華経』の一仏乗の思想を具体的実践で示したものといえよう。この一仏乗の思想こそ人間の尊厳を裏づけるものとして『法華経』はその根本思想としていた。それは男女の平等という考えについてもそのまま当てはまるものである。この一仏乗の思想については、第九章で詳しく考察することにしたい。『法華経』の男女平等についての思想を考えるには、「四衆」ということも問題になってくる。それは次章において、「善男子・善女人」ということとの関連で論ずることにする。

第八章　「善男子・善女人」に見る男女平等

第一節　「善男子・善女人」という語の用法

仏典には、呼びかけの言葉が非常に多い。インドにおいて、呼びかけは一種の敬語に当たるともいわれる（中村元著『インド人の思惟方法』一五四頁）。『法華経』もご多分に漏れず、「シャーリプトラよ」「マイトレーヤよ」「薬王よ」といった呼びかけの言葉が、一つの台詞《せりふ》に複数回出てくるほどの密度の濃さである。その中でも目立つのが、サンスクリット語の「クラ・プトラ」（kula-putra）と「クラ・ドゥヒトゥリ」（kula-duhitṛ）である。これは、「善男子《ぜんなんし》」「善女人《ぜんによにん》」と漢訳された。現代語訳では、「良家の息子」「良家の娘」といったところである。

これは、「種姓」「高貴の家系」を意味するクラと、プトラ（息子）あるいはドゥヒトゥリ（娘）との複合語である。元々は、家柄の良い家庭の子女のことを意味する言葉であった。その言葉が、仏典でもしばしば登場する。家柄の良い家庭の子女というもともとの意味が「行ないのよい人」「行ないの立派な人」という意味に転じられて、親しみを込めて語りかける言葉として用いられたのであろう。ただし、目上の人に対して目下の者が使うことは決してないようである。本章では、クラ・プトラとクラ・ドゥヒトゥリについて、その用法の変遷、および『法華経』における用法について考察しつつ、これらの言葉を多用した大乗仏教の男女平等の思想について検討してみたい。

パーリ語の原始仏典においても「クラ・プッタ」(kula-putta)、「クラ・ディーター」(kula-dhītā) という語が用いられてはいた。大乗仏教になると、サンスクリット語のクラ・プトラ、クラ・ドゥヒトゥリという語が頻繁に出てくるようになる。これらの語の用法については、中村元博士が『仏弟子の生涯』(四一四頁)、『原始仏教の生活倫理』(三〜五、一四八頁)、『原始仏教の社会思想』(八〇、二二七〜二二八頁) において多くの具体例を挙げておられる。それを参考にしながら論を進めたい。

釈尊は、弟子を受け入れるのに全く出自を問うことはなかった。釈尊が生まれ故郷に帰ったとき、多くの人々が出家を希望した際、カースト制度では身分が低いとされた理髪師のウパーリ(優波離)を意図的に最初に出家させた。ウパーリよりもカーストが上位である他の者たちを遅く出家させることによって、ウパーリの出家してからの期間(法臘《ほうろう》)が少しでも長くなるように、すなわち、ウパーリのほうが先輩になるようにしてやった。他の者たちが、世俗のころの習慣を持ち込んで、ウパーリに対して敬意を払わないようなことがないように配慮したのだ。

釈尊が、出自によって人の貴賤を問わなかったことは、次の『スッタニパータ』の詩の一節からも明らかである。

生まれによって賤しくなるのではなく、生まれによってバラモンとなるのではない。行ないによって賤しくなるのであり、行ないによってバラモンとなるのである。（第一三六偈）

これに類する言葉は原始仏典に多く見られる。『サンユッタ・ニカーヤ』第一巻では、スンダリカ・バーラドヴァージャというバラモンが釈尊に、「あなたの生まれは何ですか？」と、カーストを尋ねたのに対して、釈尊が、「生まれを尋ねてはいけない。行ないを尋ねよ」（一六八頁）と答えていた。原始仏典に「よき生まれの」を意味するアージャーニヤ(ājāniya)という語が用いられているが、それは、家系によるのではなく、その人の徳行によるとしている。例えば『スッタニパータ』には、

内面的にも、外面的にも、執着の根源である諸の束縛を断ち、すべての執着の根源である束縛から自由になった人、このような人が、そのゆえにこそ、よい生まれの人(ājāniya)だといわれるのだ。（第五三二偈）

ともある。このように仏教においては本来、生まれや、家柄は全く問題にされることはなかった。一般世間で用いられている言葉を、そのままの意味で用いるのではなく、仏教的な解釈を施して用いるということは、原始仏典には多数見いだされることである。次の『サンユッタ・ニカーヤ』第一巻の一節におけるバラモンという語もその一つである。

多くの呪文をつぶやいても、生まれによってバラモンとなるのではない。〔バラモンといわれる人であっても、心の〕中は、汚物で汚染され欺瞞《ぎまん》にとらわれている。クシャトリヤ（王族）であれ、バラモンであれ、ヴァイシャ（庶民）であれ、シュードラ（隷民）であれ、チャンダーラ（旃陀羅《せんだら》）や汚物処理人であれ、精進に励み、自ら努力し、常に確固として行動する人は、最高の清らかさを得る。このような人たちがバラモンであると知りなさい。（二六六頁）

ここでは、いわゆるバラモン教の言う「生まれによるバラモン」から「本来のあるべきバラモン」という意味に内容を換骨奪胎して意味付けを行なっている。そこには、「行ないのいかんによる」という考えが貫かれている。クラ・プトラ（クラ・プッタ）や、クラ・ドゥヒトゥリ（クラ・ディーター）もその例に漏れない。

『アングッタラ・ニカーヤ』（第四巻、二八一～二八五頁）には、「良家の人」のために説かれた幸福な生活法として、①職業に精励する、②財産を安全にたもつ、③善い友人とつき合う、④過剰に浪費することなく、過剰に吝嗇《りんしょく》におちいらず、平均のとれた収支相応の生活を営む――が挙げられている。ここにおいても、「生まれ」ということよりも、「行ない」によって kula-putta が論じられていることが分かる。

中村博士は、kula-putta の字義について、「良家の子」ということであると述べつつ、仏典では多くは、「まじめな人、品位ある人、品性のそなわった人」とされ、「ドイツ語の 'anständig' が、『良家の生まれ』ということと『品性のそなわった篤実な』ということと、両方の意義を具えているのに対比できるかもしれぬ」というドイツの東洋学者R・オットー・フランケの言葉を紹介している。また、中村博士は、イギリスの東洋学者リス・デヴィッズが 'clansmen' (*Buddhist India*, p. 12) と訳していることについて、「直訳にすぎ、なにごとをも伝えてくれない」とも評されている。そして、E・コンズ (Edward Conze) 博士が、

二種類の kulaputta というのは、生まれのよい人 (jāti-kulaputtā) と、行ないのよい人 (ācāra-kulaputtā) のことである。 (『マッジマ・アッタカター』I・一一二)
二つの kulaputta というのは、行ないのよい人 (ācāra-kulaputto) と、生まれのよい人 (jāti-kulaputto) のことである。 (『サンユッタ・アッタカター』II・四九)

という二つの註釈文献の言葉を引用し、「良家の子」という場合には二種類あり、「生まれのよい人」と「行ないのよい人」とがあることを示して、それは「ていねいな呼びかけ」であったらしいとするコンズ博士の考えを紹介している。
その上で、中村博士は、『原始仏教の生活倫理』において、次のように結論している。

経典において教えを説くときに相手として呼びかけられる人は、男ならば kulaputta (良家の子) と呼ばれ、漢訳では「善男子」と訳され、女ならば kuladhītā (良家の娘) と呼ばれ、漢訳では「善女人」と訳されているが、「良家の子」というのは二種類に解せられ

る。第一の意味は「生まれのよい人」「家柄のよい人」であり、第二の意味は、家柄とは無関係に、たとえ低い家の出身であっても、「行ないの立派な人」のことである。この第二の意味は、出家者について適合するが、在家者についていわれていることもある。だから「良家の子」のための教えは、出家者に向けられているのか、世俗の人に向けられているのか、はっきりしないことがある。おそらく両者に通ずるのであろう。（三～四頁）

「善男子」という漢訳語は、適訳である。仏典における「善男子・善女人」とはインド以来「立派な人」「まじめな人」を意味する語と解されていた。ちなみに出家修行者を kulaputra とよぶこともある。（一五四頁）

ここに、「出家者向けか、世俗の人向けかはっきりしない」とあるが、それだからこそ大乗仏教において、在家と出家の差別を乗り越えるのに善男子・善女人という語が重視されたともいえよう。

第二節　平川彰博士の見解への疑問

平川彰博士は、この善男子・善女人について種々に論じておられる。ところが、平川博士の論文を読んで、いささか飛躍があるようで違和感を禁じ得ない。その違和感が何に起因するのかを検討しながら、大乗仏典で善男子・善女人という語が多用された理由を考察することにしよう。まず、平川博士の論文『初期大乗仏教の研究Ⅰ』（三五六～三七二頁）の要点を箇条書きに列挙してみよう。

①大乗経典の支持者が、善男子・善女人と呼ばれていることが非常に多い。

②男性と女性を平等に扱っている。

③大乗経典の作者が、自己の経典を読んでもらうことを期待した相手は、経典の中で、善男子・善女人と呼ばれている人びとである。

④菩薩にたいしては、高遠な哲理や烈しい修行の実践が説かれることが多いが、善男子・善女人にたいしては、経典の受持やその功徳が説かれている。

その中でも、『法華経』については、

⑤経の受持をすすめるところでは、常に善男子・善女人としている。

⑥『法華経』を受持する人を、善男子・善女人であるとみている。

⑦経の宣説者を、善男子・善女人と呼んでいる。

⑧説法者を「法師」(dharmabhāṇaka)と呼んだり、「菩薩」と呼んでいるところもあるが、経典の受持者としては、善男子・善女人の用例の方がはるかに多い。

特に善女人については、

⑨教法の受持者を菩薩と呼ぶことが少ない理由は、「菩薩」という用語は、女性を含まないと考えられることである。

⑩菩薩は、釈迦菩薩をモデルにしているために、一般に男性を指すのであり、菩薩(bodhisattva)という語は男性形である。この点、善男子・善女人が用語としても、男性形のほかに女性形をもつのと事情が異なる。

> ⑪菩薩の観念には、男性というイメージが付随するために、この言葉を用いることは、現実の女性の信者たちには、しっくりしないものがあったであろう。

以上のように論じた上で平川博士は、

> 大乗経典が、善男子・善女人を盛んに用いるのは……大乗教団が本来、在家的な性格を持っていたことを示す一証とみることができる。（三七一頁）

と結論されている。平川博士の論文の要点は、大まかに言って以上の通りである。これらの項目について、ここで検討しよう。

まず、②の「男性と女性を平等に扱っている」ということについては全くその通りであり、筆者も同意見である。ところが、その他の項目については、違和感が残る。

平川博士は、善男子・善女人といわれる特定の人を想定しておられるようだ。大乗仏教の支持者こそが善男子・善女人の意味することだと強調されている。果たしてそうなのだろうか？　善男子・善女人は特定の人を指していないのではないか。既に論じたように単に「行ないの立派な人」という程度にすぎないのではないか？

大乗経典の支持者が善男子・善女人であるのではなく、大乗経典の支持者に善男子・善女人と呼びかけただけであり、大乗経典の支持者のことが善男子・善女人だとはどこにも書かれていない。大乗経典の支持者は、行ないが立派な人であるという意味では善男子・善女人であると言えるだろう。しかし、逆に善男子・善女人が大乗仏教の支持者であるとは限らないのである。

「『法華経』を受持する人は、善男子・善女人であるとみている」（三五九頁）という考えはその典型である。この結論を導き出した根拠として、平川博士は、鳩摩羅什訳の法師品から、

若《も》し**善男子・善女人**有りて、如来の滅後に四衆のために、是の法華経を説かんと欲せば、云何《いか》んが説くべき。是の**善男子・善女人**は、如来の室に入り、如来の衣を著《き》て、如来の座に坐し、爾《しか》して乃《すなわ》ち応《まさ》に四衆のために広くこの経を説くべし。（大正蔵、巻九、三一頁下）

という「衣座室《えざしつ》の三軌《さんき》」について言及された一節を引用している。注釈には、荻原雲来博士の『梵文法華経』からの引用はなされていないが、その頁数「二〇三頁」が挙げてある。ところが、その頁を開いてみると、鳩摩羅什訳の二ヵ所で「善男子・善女人」となっている部分は、いずれもサンスクリット原典では bodhisattvo mahāsattvas となっているのである（その部分の現代語訳は本章で後ほど引用する）。

これは、「偉大な人である菩薩」と訳すことができ、「菩薩摩訶薩《ぼさつまかさつ》」と音写されたり、「菩薩大士」と漢訳されたりしている。平川博士は、『梵文法華経』の頁数を挙げただけで、サンスクリット原典と比較対照しておられなかったようである。

いずれにしても、平川博士の引用されている箇所は、サンスクリット原典において「善男子・善女人」となっていないことから、平川説に対する具体例としては不適格である。それ

で、平川博士の言いたかったことに適合しそうな他の例を探してみると、法師品に次のような文章が頻出する。

良家の息子であれ、良家の娘であれ、この法門の中から、四つの句で構成されたたった一つの詩でさえをも受持し、あるいは聞かせ、あるいは示し、あるいはこの法門を尊敬しているその人こそが、未来の世において正しく完全に覚った尊敬されるべき如来になる人である。（植木訳『サンスクリット原典現代語訳　法華経』上巻、二六一頁）

若《も》し善男子、善女人、法華経の乃至《ないし》一句に於いても、受持し、読誦し、解説し、書写し……。（植木訳『梵漢和対照・現代語訳　法華経』下巻、四頁）

この文章から、「『法華経』を受持する人を善男子・善女人とみている」ということが導き出せるのだろうか。平川博士の考えは、一見、もっともそうに見えるが、論理的に無理がある。

例えば、

良家の少年たちであれ、少女たちであれ、数学を学んでいるところの人……。

という文章があったとき、この文章から果たして、

数学を学んでいる人を良家の少年・少女と見ている。

という結論が導き出せるだろうか？　この例で、平川博士の考えは、論理の逆立ちであることが了解できるであろう。

また、①において、「大乗経典の支持者が、善男子・善女人と呼ばれていることが非常に

多い」と述べておいて、③において、「大乗経典の作者が、自己の経典を読んでもらうことを期待した相手は、経典の中で、善男子・善女人と呼ばれている人びとである」と言われている。

これは堂々巡りである。平川博士は、大乗経典の作者が大乗経典を読んでもらいたいと思っている相手のことを善男子・善女人であるとする一方で、その善男子・善女人は大乗経典の支持者であると言うのだ。そうなると、何も大乗経典の作者が期待しなくても読んでくれる人たちだということになる。読んでもらうことを期待する必要などない人たちである。これでは、大乗の教えは、閉鎖された特定の人たち（平川博士の言われる善男子・善女人たち）の間に留まってしまうことになる。この①も③も、先に示した論理の逆立ちに起因する矛盾である。

『法華経』は善男子、あるいは善女人である法師（説法者）による説法を奨励している。その説法の相手は、四衆である。それは、後に述べるように部派仏教的な、すなわち小乗仏教的なニュアンスの強い人たちのことである。『法華経』は、善男子・善女人に対して、『法華経』を受持することを求め、さらには法師となって四衆に対して「この法門」を説くことを求めているのである。だから、大乗経典の作者が読んでもらうことを期待した相手は、善男子・善女人は当然のことだが、それ以上に四衆に聞かせ、四衆に読んでもらうことを望んでいたのである。

④において平川博士は、「菩薩にたいしては、高遠な哲理や烈しい修行の実践が説かれることが多いが、善男子・善女人にたいしては、経典の受持やその功徳が説かれている」とし

て、「菩薩」と「善男子・善女人」とが相入れない対立概念であるかのように述べておられる。この点に関しては、『大智度論』巻五六において菩薩と善男子・善女人を比較して次のように論じられている。

問うて曰《いわ》く、余処には皆「菩《ぼ》薩《さつ》摩《ま》訶《か》薩《さつ》」と言うに、今何を以《もっ》て「善男子・善女人」と言うや。答えて曰く、先には、実相の智慧の受け難きを能《よ》く受くるを以ての故に則《すなわ》ち是れ菩薩摩訶薩なりと説く。今は、供養・受持・読誦等の雑説《ぞうせつ》を説く故に「善男子・善女人」と称することを得るなり。（大正蔵、巻二五、四五九頁上）

この一節では、「菩薩」が「高遠な哲理や烈しい修行の実践」によって「智慧の完成（般若波羅蜜）を目指す者」という意味が強いのに対して、「善男子・善女人」は「供養・受持・読誦等の雑説」を自らも行じ、他にも説くという大乗の実践者という意味に重点がある。

『般若経』の注釈書である『大智度論』においては、「菩薩」という場合には、六波羅蜜の修行者、智慧（般若）の完成を目指す人という意味が強い。そこには、『般若経』系の大乗の修行者の理想像がうかがわれる。これに対して「善男子・善女人」といえば、同じく大乗の修行者であるが、供養・受持・読誦等の「雑説」としての日常的な修行の実践者という点に重点が置かれている。従って、平川博士の言われる通りであろう。

ところが、それは『法華経』においては当てはまらない。法師品では善男子・善女人に積極的な行動を説いている。既に触れた「衣座室の三軌」の一節は、漢訳では善男子・善女人のこととして語られていたが、サンスクリット原典では菩薩のこととして述べられていることは既に触れた通りである。その「菩薩大士」のことを、すぐ後の文章で「善男子・善女人」と呼んでいるのだ。

まず菩薩大士について述べたサンスクリット語の文章は次の通りである。

〝薬の王〟よ、如来が完全なる滅度に入った後で、後の時代、後の情況において、誰であれ、この法門を四衆に説き示すならば、その**偉大な人である菩薩**は、如来の室に入って、如来の衣を着て、如来の座に坐ってこの法門を四衆に説き示すべきである。

（『サンスクリット原典現代語訳　法華経』上巻、二六八頁）

この一節に対応する鳩摩羅什訳は、次の通りである。

薬王よ、若《も》し**善男子**、**善女人**有って、如来の滅後に四衆の為に是の法華経を説かんと欲せば、云何《いかん》が応《まさ》に説くべき。是の**善男子**、**善女人**は如来の室《しつ》に入り、如来の衣《ころも》を著《き》、如来の座《ざ》に坐して、爾《しこう》して乃《いま》し四衆の為に広く斯《こ》の経を説くべし。

（『梵漢和対照・現代語訳　法華経』下巻、一八頁）

ここでは、「衣座室の三軌」という菩薩大士の実践規範が明らかにされている。三軌のそ

れぞれは、

①「如来の衣」とは、「偉大なる忍耐に対する喜び」（柔和忍辱心《にゅうわにんにく》）。

②「如来の座」とは、「一切法が空であるということに入ること」（一切法空）。

③「如来の室」とは、「一切衆生に対する慈悲という精舎」（一切衆生中大慈悲心）。

と説明されている。悪口・罵詈されても、柔和忍辱の衣を着て、ものごとに囚われることのない「空」の立場に立ち、あらゆる人に大慈悲をもって法を説くという実践の在り方を述べたものである。中村元博士は、「衣座室」について修行僧の生活に不可欠のもので、一般人の「衣食住」に匹敵するものだと論じている（『古典を読む　往生要集』、九三頁）。

これを受けて次の文章が続いている。

その**良家の息子**は、その如来の室に入るべきである。（『サンスクリット原典現代語訳　法華経』上巻、二六九頁）

その**良家の息子**、**あるいは良家の娘**は、その如来の衣を着るべきである。（同）

その**良家の息子**は、その如来の座に坐るべきであり、そこに坐ってこの法門を四衆に説き示すべきである。（同）

鳩摩羅什は、「衣座室」のそれぞれを挙げることはないが、この三つの文章をまとめて次のように漢訳している。主語は善男子、善女人である。

是の中に安住して然《しか》して後に、不懈怠《ふけたい》の心を以て諸の**菩薩**、及び四衆の為に広く是の法華経を説くべし。
（『梵漢和対照・現代語訳　法華経』下巻、一八頁）

サンスクリット語の三つの文章では、いずれも「良家の息子」、あるいは「良家の娘」を主語（動作主を表わす具格）として論じられている。すなわち、「偉大な人である菩薩」のことを「良家の息子」「良家の娘」と言い換えている。それに対して鳩摩羅什訳では、「善男子・善女人」を「菩薩」と言い換えているという違いがあるが、順序が逆になっているだけで、いずれの場合も「菩薩」であることと「善男子・善女人」であることとは相入れない対立概念とはなっていない。それらは、別々のものであるとは見なされていないのだ。

分別功徳品第十七（第16章）においても、アジタ（弥勒）に次のように語っている。

アジタよ、如来の私が、完全なる滅度に入った後、誰であれ、この法門を受持する**偉大な人である菩薩**たちには、私が説いたこのような徳性が具わるであろう。アジタよ、その**良家の息子、あるいは良家の娘**は、次のように知られるべきである。この**良家の息子、あるいは良家の娘**は、覚りの座へと出で立ったのであり、覚りを覚るために菩提樹の根もとに趣いているのである。
（『サンスクリット原典現代語訳　法華経』下巻、一一六頁）

これを鳩摩羅什は次のように漢訳している。

阿逸多《あいつた》よ、若《も》し我が滅後に、諸の善男子・善女人、是の経典を受持し読誦せん者、復《また》、是《か》くの如き諸の善功徳有らん。当《まさ》に知るべし、是の人は、已《すで》に道場に趣き、阿耨多羅三藐三《あのくたらさんみやくさん》菩提《ぼだい》に近づいて、道樹の下《もと》に坐せるなり。

（『梵漢和対照・現代語訳　法華経』下巻、二七四頁）

ここでも「菩薩」のことを「良家の息子、あるいは良家の娘」と言い換えている。さらに、涌出品では、『法華経』で最重要とされる地涌の菩薩に対して kulaputra と呼びかけている。

従って、「菩薩」と「善男子・善女人」との間の格差は『般若経』では言えたとしても、それをそのまま『法華経』に当てはめることはできないことを知らなければならない。その理由は、平川博士ご自身の論文から示すことができる。平川博士の「大乗仏教の成立と法華経の関係」という論文の中に、次の一節がある。

大乗仏教の中にも、般若経の如く、三阿《さんあ》僧祇《そうぎ》劫《こう》(1)の修行をしなければ成仏できないと説いている経典があり、その外にも、烈しい六波羅蜜の修行を説く大乗経典は多い。このような烈しい修行を主張する大乗仏教……、法華経の一乗の立場は、安易に成仏を許すもの……。

（塚本啓祥編『法華経の文化と基盤』、七頁）

ここに、菩薩の修行の困難さを強調した『般若経』などの諸大乗経典と、容易に成仏を許す『法華経』との間の大きな相違点が指摘されている。この相違から、『般若経』は菩薩と善男子・善女人との間に格差を設け、『法華経』は設けなかったという違いが必然的に出てきたのである。

平川博士が、「菩薩」と「善男子・善女人」を対立概念としてとらえておられることは、『般若経』などには該当するとしても、『法華経』には当てはまらない。『法華経』において「菩薩」と「善男子・善女人」は相入れないものとはなっていないのである。

次に、『法華経』について論じた⑧の「説法者を『法師』と呼んだり、『菩薩』と呼んでいるところもあるが、経典の受持者としては、善男子・善女人の用例の方がはるかに多い」という文章は、意味不明である。説法者を菩薩と呼ぶことと、受持者を善男子・善女人と呼ぶこととは全く別々のことである。次元の異なるものの多少を比較するのは無意味なことである。それなのに、両者の多少がここでは比較されていて、理解不能の文章となっている。けれども、⑨に「教法の受持者を菩薩と呼ぶことが少ない理由は……」とあることから、⑧で言いたかったことを翻訳すると、「菩薩という語は、説法者に対して用いられることはあるが、受持者を指す言葉としては、菩薩よりも善男子・善女人という語のほうが多く用いられる」ということであろう。ところがこれは、既に述べたように、菩薩と善男子・善女人を二者択一的に論じたもので、誤りである。

平川博士が、どうして「菩薩」という語と「善男子・善女人」という語の用い方の多い少ないということに、これほどこだわられるのか疑問でならなかったが、それはどうも、⑨、⑩、⑪に関係しているようだ。それは、「善男子・善女人」という語が、「菩薩」という語に代わるものとして用いられたとする平川博士の憶測の根拠を導き出すためであったのだろう。しかし、その論法は、あまりにも強引すぎるようだ。

平川博士は、菩薩という用語が女性を含まないと言われるけれども、『大智度論』巻四には、

在家の菩薩は、総じて説かば優婆塞、優婆夷の中に在り。（大正蔵、巻二五、八五頁上）

とあって、明確に在家の女性信者を意味する優婆夷が菩薩として挙げられている。平川彰博士は、この⑨、⑩、⑪に関連して、

大乗経典が、教法の受持者・伝持者を、もっぱら善男子・善女人と呼んだところに注目すべきである。しかも善男子・善女人の方が、菩薩よりも優勢であったと思われる。「菩薩」は大乗仏教を代表する重要な理念の一つであるが、教法の受持者を菩薩と呼ぶことが少ないのは何故であろうか。（『初期大乗仏教の研究Ⅰ』三六〇頁）

と問題を自ら設定して持論を展開されている。

この問題設定について少し検証してみると、まず、「大乗経典が、教法の受持者・伝持者を、もっぱら善男子・善女人と呼んだ」という言い方は、これも論理の逆立ちではないだろうか。『法華経』は、教法の受持者・伝持者を善男子・善女人と呼んでいるのではなく、善

男子・善女人に「受持者・伝持者たれ」と言っているのである。逆は必ずしも真ならずである。

また、「善男子・善女人の方が、菩薩よりも優勢であった」という言い方がなされているが、これも、善男子・善女人と菩薩を二者択一的にとらえたものである。先の『大智度論』の一節は、確かに両者の違いを思わせる。けれども、少なくとも『法華経』に限ってみると、それは間違っている。両者は相入れないものではなく、善男子・善女人の中に菩薩と言われる人もいたし、出家もいたし在家もいたのである。

先の「衣座室の三軌」の一節でも菩薩のことが善男子・善女人と言い換えられ、両者は何ら対立する概念とはなっていなかった。善男子・善女人は大乗仏教独自のテクニカルタームではなく、中村博士や、コンズ博士が言われるように、「行ないのよい人」という意味を込めた「ていねいな呼びかけ」であった。むしろテクニカルタームとして挙げられるべきは、「法師」のほうであった。

ところが、平川博士は自ら立てたこの問題設定に対して、

その理由の一つとして考えられることは、「菩薩」という用語は、女性を含まないと考えられることである……もし大乗の信者を菩薩に摂するとすれば、この新学菩薩や久発意菩薩の中に、彼らを含めることは困難ではない。しかしこの中に女性を含めることができるであろうか。菩薩は、釈迦菩薩をモデルにしているために、一般に男性を指すのであり、菩薩（bodhisattva）という語は男性形である。密教経論を除いては、この語の女性形は

見当らないようである。この点、善男子・善女人が用語としても、男性形のほかに女性形をもつのと事情が異なる。　（同、三六〇～三六一頁）

という理由を挙げて、次のように結論している。

　ともかく「菩薩」の観念には、男性というイメージが付随するために、この言葉を用いることは、現実の女性の信者たちには、しっくりしないものがあったであろう。

（同、三六一頁）

　ところが、文法的な規則からすれば、名詞の性（gender）と生物学的な性別（sex）とは全く関係ないのである（序章第三節参照）。例えば、二宮陸雄著『サンスクリット語の構文と語法』（一一二頁）と辻直四郎著『サンスクリット文法』（二四八頁）の両方に挙げてある次の例文を見てみよう。

　tvāṃ cintayanto nirāhārāḥ kṛtāḥ **prajāḥ** /

　あなたのことを思って、**臣下の者たち**は断食をなすに至った。

ここで、prajāḥ は「家臣」を意味する女性名詞 prajā の複数・主格である。ところが、これに対応する述語はすべて男性形である。すなわち、cintayanto（< cintayantaḥ）は動詞

チント（√cint、考える）の現在分詞 cintayat の男性・複数・主格であり、kṛtāḥ は動詞クリ（√kṛ、なす）の過去受動分詞 kṛta の男性・複数・主格の形をとっている。これは、主語の prajāḥ が女性名詞であっても、家臣たちの性別が男性であることから、述語は、主語の文法的性（gender）に支配されることなく、家臣たちの性別（sex）に合わせて男性形をとっているのである。

この例が示すように、男性名詞だとか、女性名詞だとかいった文法上の性（gender）は、実際の生物学的な性別（sex）とは関係ないのである。平川博士の言われる通りであるならば、家臣たちの性別は男性なのだから、家臣たちは自分たちのことを意味する女性名詞 prajā に「しっくりしない」ものを感じなければならないことになるし、それを解消するために prajā に代わる男性形の表現を創出しなければならないことになる。インドにおいてそうしたことがあった形跡は寡聞にして知らない。もっと言えば、サンスクリット語を形成する段階において最初から家臣という名詞を男性名詞としておけばよかったのである。

インドのサンスクリット文法家たちは、そんな必要を何も感じていなかったし、当然のように大乗仏教徒たちもそうであった。『法華経』を編纂した人たちも、菩薩が男性名詞であることに何ら不自由さも、しっくりしないものも感じていなかったのだ。それは、マハー・プラジャーパティー・ゴータミー（摩訶波闍波提瞿曇弥《まかはじゃはだいくどんみ》）と、六千人の比丘尼たち、そしてヤショーダラー（耶輸陀羅《やしゅだら》）という女性が菩薩になるであろうと述べた次の文章に明確である。

従って、ゴータミーよ、あなたは、この私の外に三百八十万・コーティ・ナユタものブッダたちのそばにおいて、〔称讃、尊重、尊敬、供養、恭敬、尊崇をなして後に、〕**説法者としての菩薩**（bodhisattvo dharma-bhāṇako）となるであろう。

（『サンスクリット原典現代語訳　法華経』下巻、三七頁）

続いて、六千人の女性出家者たちについても、さらには、ヤショーダラーに対しても同様に語りかけている。

ここには、「しっくりしないもの」を全く感じることなく、女性が菩薩になり、法師になるということが堂々と男性名詞を用いて表明されている。太字の「菩薩」（bodhisattvo）も、「説法者」（dharma-bhāṇako、法師）も、いずれも男性名詞である。

平川博士の言われる通りであれば、これらの「説法者（法師）としての菩薩となるであろう」という表現は「しっくりしない」ことになって、「善女人となるであろう」と言い換えなければならなかったはずである。ところが、そうはなっていないのだから、「菩薩」という語と「善女人」という語とは、何度も言うように二者択一の関係ではないのである。

以上のことは、第七章に挙げた常不軽菩薩の言葉を見ても、分かることだ。常不軽菩薩は、出会った女性すべてに、次のように語りかけていた。

ご婦人がたよ、私は、あなたがたを軽んじません。あなたがたは、軽んじられることはありません。それは、どんな理由によってでしょうか？　あなたがたは、すべて菩薩として

の修行を行ないなさい。あなたがたは、正しく完全に覚った尊敬されるべき如来になるでありましょう。（同、一五四頁）

ここでも、女性たちに「正しく完全に覚った尊敬されるべき如来」になるであろう、と男性名詞ばかりを用いて語っている。男性名詞を用いることは何の問題にもなっていないのである。平川博士の言われる通りであるのなら、ここでも「如来」(tathāgata) に代わる女性名詞を用いなければならなかったはずだが、そうはなっていない。従って、「菩薩という語は女性を含まないので、善男子・善女人を用いた」とする平川博士の考えは誤りである。

いずれにしても、マハー・プラジャーパティーをはじめとする女性修行者たちへの授記は『法華経』の勧持品第十三（第12章）で明かされている。シャーリプトラや四大声聞たちへの授記に比べると、ワン・テンポ遅れている。それは、女人成仏が二乗作仏とは別のテーマとして位置づけられていることを意味する。二乗、すなわち小乗仏教における声聞、独覚はいずれも男性出家者に限られていた。従って女人成仏は、二乗作仏とは別のテーマにならざるを得ない。二乗の場合は、自らの限界を自覚し、自己反省し、その上で菩薩の自覚を促され、その上で授記がなされていた。

それに対して女人成仏は、善男子・善女人を並べて論じた法師品以後において明かされている。法師品においては、「法師としての菩薩」の在り方が詳述された。鳩摩羅什訳では、龍女の成仏が説かれた提婆達多品が宝塔品第十一の次に第十二として追加され、サンスクリット原典では宝塔品第十一（第11章）の後半部に挿入されたというのも、女人成仏と二乗作仏のテーマが一線を画すものであることを自覚していたからであろう。
マハー・プラジャーパティーや、ヤショーダラーをはじめとする女性たちは、「法師としての菩薩」という在り方が教示された後に、授記がなされているのである。それは先の引用文を見れば一目瞭然で、「法師としての菩薩」を重視していたことがうかがわれる。しかも、そこには提婆達多品における「変成男子」の考えのかけらも見られないことが注目されよう。この点からも、提婆達多品がなかったとしても、『法華経』は女性の成仏を平等に明かしていたと断定できよう。

第三節　『法華経』における「善男子・善女人」

本章ではこれまで、仏教におけるクラ・プトラ（善男子）、クラ・ドゥヒトゥリ（善女人）という語の用い方について考察してきた。ここでは、『法華経』の場合について検討したい。これらの語の用い方を各章（品）別に整理した【表】を拙著『思想としての法華経』（岩波書店）の二二九頁から二三七頁に収録しておいた。詳細は、そちらを参照していただきたい。

その【表】から分かることをまとめてみよう。まず、一般的な親子関係での善男子という呼び方が、多数見られることを指摘できよう。譬喩品の「火宅の譬え」において、資産家の父が、火宅の中で遊び戯れる息子たちに対して善男子と呼びかけ、化城喩品では、大通智勝《だいつうちしょう》如来がその王子たる十六人の沙弥《しゃみ》に対して善男子と呼びかけている。これは親子の関係における善男子の用法である。後者の場合は、仏と弟子という関係における用法でもある。涌出《ゆじゅつ》品《ぼん》では、釈尊の説く譬喩の中で、二十五歳の青年である父親が百歳の息子たちに対して呼びかける言葉として用いられ、寿量品では、良医の父が毒を飲んで苦しむ病子たちに対する呼びかけとして、妙荘厳王品《みょうしょうごんのうぼん》では、妙荘厳王、あるいはその妃《きさき》の浄徳《じょうとく》夫人が、その子、浄《じょう》蔵《ぞう》・浄眼《じょうげん》に対して善男子と呼びかけている。これらは、仏教以前の一般的な用法がそのまま用いられたものであろう。

「火宅の譬え」の親子と、大通智勝如来と十六王子の親子、「良医の譬え」の親子は、『法華経』で「仏子」(buddha-putra, buddha-suta など)という言葉が菩薩という意味で多用されていることとイメージが重なる。『法華経』における釈尊は、一切衆生を「悉《ことごと》く是《こ》れ吾《わ》が子なり」(『梵漢和対照・現代語訳　法華経』上巻、二二二頁)と見ているからだ。このような関係でとらえれば、「高貴な家に生まれた人」という意味も生きてくる。「ブッダの子」ということは、まさに「高貴な生まれ」であり、一切衆生を「仏子」と見るのだから、一切衆生が「高貴な生まれ」の善男子・善女人ということになる。バラモン教的な差別はここで一挙に解消してしまう。

在家に対して善男子・善女人という語が用いられたケースは、随喜功徳品に「この法門を聞くために自分の家を出て精舎《しょうじゃ》に行く」人のことを善男子・善女人と言っていることが挙げられよう。「自分の家から」(svagrhāt)とあるので在家のことを指しているのは明らかである。妙荘厳王品には、浄蔵・浄眼に対して雲雷音宿王華智如来《うんらいおんしゅくおうけちにょらい》が善男子と呼びかけた例が見られる。

出家者に対して用いられたケースとしては、人記品に釈尊がアーナンダのことを善男子と呼んでいる例がある。宝塔品では比丘たちに、薬王品では『法華経』を受持する比丘に釈尊が善男子と呼びかけ、普賢品《ふげんぼん》では『法華経』を受持する比丘のことを指して善男子としている。

このように、在家と出家に対してともに善男子という語を用いているが、法師品では「在家あるいは出家の法師」のことを善男子・善女人としており、『法華経』においては在家と出家を区別することなく善男子・善女人としているのが明らかだ。

仏が菩薩に対して善男子と呼びかけているケースも多数見られる。人記品では新たに菩薩の乗り物によって出で立った八千人の菩薩に対する釈尊の呼びかけとして出てくるし、涌出品では他の世界から来た八恒河《ごうが》沙《しゃ》の菩薩大士のことを指して善男子としている。宝塔品では、十方の菩薩の集団に対する十方の如来たちの呼びかけとして、また智積《ちしゃく》菩薩に対する釈尊の呼びかけとして、涌出品、寿量品、妙荘厳王品、嘱累品では、菩薩の全集団に対する釈尊の呼びかけとして善男子が用いられている。

特定の菩薩に対して釈尊が呼びかけたものには、宿王華《しゅくおうけ》菩薩（薬王品）、華徳《けとく》菩薩（妙音品）、無《む》尽意《じんに》菩薩（観音品）、普賢菩薩（普賢品）に対するものがあり、妙音品では妙音菩薩に対して浄華宿王智《じょうけしゅくおうち》如来と、多宝如来が善男子と呼びかけている。涌出品では上行《じょうぎょう》・無《む》辺《へん》行《ぎょう》・安立行《あんりゅうぎょう》・浄行《じょうぎょう》の四菩薩や、地《じ》涌《ゆ》の菩薩のことを、神力品では上行菩薩をはじめとする菩薩大士のことを善男子としていることも注目されよう。

大菩薩が菩薩に対して呼びかけたケースは、序品でマイトレーヤ（弥勒）と菩薩衆に対するマンジュシリー（文殊師利）菩薩の呼びかけ、提婆達多品で智積菩薩に対するマンジュシリー菩薩の呼びかけがある。菩薩同士が互いに呼び合うときにも善男子が用いられていて、勧持品では八百万・コーティ・ナユタもの菩薩たちがお互いを「善男子」と呼び合っている。

法師に対して善男子・善女人が用いられてもいる。法師品、陀羅尼品では法師のことを善男子としている。

不特定の人への呼びかけとしては、法師品、提婆達多品、分別功徳品、随喜功徳品、陀羅尼品、薬王品、観音品、妙荘厳王品、普賢品に出てくる。そこでは、すべて例外なく善男子と善女人という語が対になって出てくる。

不特定の中でも、「この法門を聞き随喜すること」（法師品）、「一句でも受持すること」（法師品、薬王品）、「この経を受持・読誦・解説・書写すること」（法師品）、「この経を信受すること」（提婆達多品）といった実践の在り方を訴えて善男子・善女人と呼びかけがなされている。

実践の在り方に類するものとして、安楽行品に「菩薩の乗り物を求める人」「〔安楽行品の〕四法を実行する人」、涌出品に「菩薩の乗り物を求める人」、随喜功徳品に「如来の寿命の長さを聞いて発心した人」「多くの福徳を具えた人」「深い願いをもって信順する人」「菩提の座に向かって出で立った人」などがあり、随喜功徳品と法師功徳品に「受持・読誦・解説・書写する人、ならびに六波羅蜜を行ずる人」、薬王品には「菩薩の乗り物によって出で立った人」「この経の一偈をも受持する人」、普賢品には「普賢菩薩の名前を保持する人」、嘱累品には「如来の知見と偉大な巧みなる方便を求めてやってきた人」も挙げることができよう。これらの箇所では、善男子と善女人とがペアで呼ばれているが、安楽行品と普賢品の場合に限っては、善男子だけで善女人は出てこない。

提婆達多品では、声聞であるシャーリプトラが龍女に対して善女人と呼びかけているし、薬王品には、変成男子した女性に善男子と呼びかけたものもある。

以上のように整理しただけでも、「大乗経典が、善男子・善女人を盛んに用いるのは……大乗教団が本来、在家的な性格を持っていたことを示す一証とみることができると考える」（『初期大乗仏教の研究Ⅰ』三七一頁）という平川説が、少なくとも『法華経』からは全く導き出せないことは明らかだ。大乗仏教運動には在家者が大きく関与していたのは事実だが、善男子・善女人という言葉が多用されているからといって、大乗教団が在家的性格を持っていたと結論するのは無理である。

『法華経』においては、善男子・善女人という言葉は特定の人たちを指すテクニカルタームとしては用いられていない。『法華経』においても善男子・善女人という語は、本章の初めにおいて確認したように、「行ないの立派な人」といった程度で用いられているのであり、それは在家にも、出家にも、菩薩や、法師にも用いられている。その「行ないが立派なこと」の最たるものとして、『法華経』編纂者たちは、この法門を受持し読誦し、また人に説き聞かせることだと見ていたのである。

従って、平川博士の「経典の受持者としては、（菩薩と呼ぶことよりも）善男子・善女人の用例の方がはるかに多い」という考えや、「大乗経典には善男子・善女人の語が多いが、これも在家者に対する呼称である」（『インド仏教史』上巻、三九五頁）という記述は改められるべきであろう。

第四節　「四衆」から「善男子・善女人」への転換

大乗仏典が、善男子とともに善女人を並べて挙げていることについて平川博士は、男女を平等に扱っているものであると述べておられる。この点については筆者も全く同意見である。けれども、善男子・善女人という語の多用が、「大乗教団の在家的性格」を示すものであり、菩薩という語に代わるものだとする平川博士の考え方に筆者は疑問を持つと既に述べておいた。それでは、善男子・善女人が多用された理由をどう考えたらよいのであろうか。筆者の私見をここに述べてみたい。

『法華経』において善男子と善女人という語が対になって出てくるのは、法師品第十（第10章）が最初である。この法師品に『法華経』的な善男子・善女人の用法の典型が見られるのではないかと思う。

法師品の冒頭において釈尊は、『法華経』の会座《えざ》に集い、**如来の面前において**『法華経』を聞く神々、龍、ヤクシャ（夜叉《やしゃ》）、ガンダルヴァ（乾闥婆《けんだつば》）、アスラ（阿《あ》修羅《しゅら》）、ガルダ（迦楼羅《かるら》）、キンナラ（緊那羅《きんなら》）、マホーラガ（摩睺羅迦《まごらが》）、人間（人《にん》）や、人間以外のもの（非人《ひにん》）、そして比丘・比丘尼・優婆塞・優婆夷たち、声聞・独覚・菩薩を求めるものたちのことを指して、実にこれらはすべて〔中略〕偉大な人である菩薩たちであり……。

（『サンスクリット原典現代語訳　法華経』上巻、二五九〜二六〇頁）

と宣言する（ただし、漢訳相当箇所は存在しない）。ここに、あらゆる衆生（生きとし生けるもの）を差別なく菩薩（覚りを求める人）であるとして、成仏させようとする『法華経』の立場がうかがわれる。もちろん、ここには男女間の差別も見られない。

これは、次章で論ずるように『法華経』が自らを「菩薩のための教え」（bodhisattva-avavāda）と規定していることから必然的に出てくる言葉であり、次の一節とともに『法華経』の人記品第九（第9章）までの議論を集約させたものと言えよう。

これらはすべて、**この集会において**この経のただ一つの詩（偈）、あるいはただ一つの句でさえも聞く偉大な人である菩薩たちであり、あるいはまた一つの思いでさえも生じてこの経を喜んで受け容れる偉大な人である菩薩たちである。**これらの四衆**はすべて、この上ない正しく完全な覚り（阿耨多羅三藐三菩提《あのくたらさんみゃくさんぼだい》）に達するであろうと、私は予言するのだ。

（『サンスクリット原典現代語訳　法華経』上巻、二五九〜二六〇頁）

是くの如き等類《たぐい》、咸《ことごと》く**仏前に於いて**、妙法華経の一偈《いちげ》一句を聞いて、乃至《ないし》一念も随喜せん者には、我、皆、記を与え授く。「当《まさ》に阿耨多羅三藐三菩提《あのくたらさんみゃくさんぼだい》を得べし」と。

（『梵漢和対照・現代語訳　法華経』下巻、二一頁）

これは、「如来の面前において」や、「仏前に於いて」という言葉が示すように、釈尊在世という時を前提とした言葉である。そうした状況下において四衆に対して授記（未来における成仏の予言）がなされている（ただし、鳩摩羅什訳に四衆という語は出てこない）。

これに続き、如来が完全に滅度した後のことに話題が転じられ、釈尊は次のように語っている。

如来が完全なる滅度（涅槃）**に入った後で**、誰であれ、この法門を聞き、ただ一つの詩でさえも聞いて、ただ一つの思いでさえも生じてこの法門を喜んで受け容れるならば、それらの**良家の息子**（善男子）**たち、あるいは良家の娘**（善女人）**たち**にもまた、この上ない正しく完全な覚りに達するであろうと、私は予言するのだ。

（『サンスクリット原典現代語訳　法華経』上巻、二六〇頁）

仏、薬王に告げたまわく、「又、**如来の滅度の後**、若《も》し人有って、妙法華経の乃至《ないし》一偈《げ》一句を聞いて、一念も随喜せん者には、我、亦《また》、阿耨多羅三藐三菩提《あのくたらさんみゃくさんぼだい》の記を与え授く……」

（『梵漢和対照・現代語訳　法華経』下巻、二一頁）

ここでは、「如来が完全なる滅度に入った後」（如来滅度之後）において、「誰であっても」この法門を聞き、随喜する善男子・善女人に対して授記がなされている（ただし、鳩摩羅什訳では、善男子・善女人という語は出てこない）。

これらの二種類の文章を比較して注目されるのは、前者が「在世の四衆」を想定して述べられているのに対して、後者は「（誰であれ）滅後の善男子・善女人」に対して述べられていることである。ここに、仏法を信奉し、実践する主体者を示す言葉を、在世の「四衆」から滅後の「善男子・善女人」へと切り替えようとする『法華経』編纂者たちの意図を垣間見ることができる。それはさらに「法師」（説法者）という言葉へと発展していくのである。法師品には「在家あるいは出家の法師」のことを指して、「善男子・善女人」としているところもある（同、九頁）。

これは、善男子・善女人に特別な意味を与えているのではなく、善男子・善女人という語が四衆という語に取って代わっただけで、特別な意味はむしろ法師のほうに与えられているのである。第四章第一節でも論じたように、四衆という言葉は原始仏典において遅れて用いられていたものであったが、当初は在家と出家、あるいは男性と女性との間に差別的な意味合いはなかった。

例えば『スッタニパータ』には、

目覚めた人（ブッダ）を謗り、あるいはその〔ブッダの〕遍歴行者や在家の仏弟子(sāvakaṃ paribbājaṃ gahaṭṭhaṃ) を謗る人、その人を賤しい人であると知りなさい。

（第一三四偈）

とあり、ここでは paribbāja（遍歴行者）という語で示された出家者と、gahaṭṭha で示される在家者が同等に仏弟子（sāvaka）として並べて論じられている。小乗仏教になると、声聞は男性出家者に限られてしまうが、原始仏教の当初においては在家や出家の区別なく「仏の教えを聞く者」、すなわち「仏弟子」として用いられていた。また、第二章第十節でも見たように、出家の男女も、在家の男女も等しく「仏弟子」（男性＝sāvaka、女性＝sāvikā）と並び称されていたのだ。

　また、男女が同等であるとする言葉の具体例としては、『サンユッタ・ニカーヤ』第一巻から、

> その道は「真っ直ぐ」という名前で、その方角は「恐れがない」という名前で、車は「ガタガタ音を立てない」という名前で、真理の車輪（法輪）を備えている。慚《は》じることは、その車の制御装置であり、念《おも》いを正していること（正念）はその囲幕である。私は法（真理の教え）を御者《ぎょしゃ》と〔呼び〕、正しく見ること（正見）を先導者と呼ぶ。女性であれ、男性であれ、その人の乗り物（yāna）がこのようであれば、その人は実にこの乗り物によってまさにニルヴァーナのそばにいる。　（三三頁）

を挙げることができよう。

　原始仏典の中には、在家の者が出家の修行僧に対して教義を説き聞かせたという話も記録されている。それは、『維摩経《ゆいまきょう》』の主人公・ヴィマラキールティ（維摩《ゆいま》詰《きつ》）のモデルとなったとされるチッタ（質多羅）長者のことである（渡辺楳雄《わたなべばいゆう》著『法華経を中心にしての大乗経

典の研究』一一一〜一四二頁)。チッタ長者がカーマブーという修行僧を訪問した折に、カーマブーから質問され、それに対して教義学者のように事細かに説明して聞かせたという(『サンユッタ・ニカーヤ』第四巻、二九一〜二九二頁。大正蔵、巻二、一四九頁上〜下)。また、智慧第一のケーマー尼や、説法第一のダンマディンナー尼は、男性に対して法を説き聞かせていたという(中村元著『仏弟子の生涯』三八九頁)。

ところが、釈尊滅後、仏教が保守的になり、形式的、権威主義的になるにつれて、出家が在家を、男性修行者が女性修行者を軽視するようになった。原始仏典では、在家・出家、男・女を問わずに仏弟子とされていたにもかかわらず、仏弟子から在家や女性が排除されてしまう。

大乗仏典で「声聞」と訳されたのは、このような時代の男性修行者たちのことであった。そうした傾向の中で、比丘・比丘尼・優婆塞・優婆夷という四衆のそれぞれの構成員の間に、一方で権威主義的になった人たちが、他方で自らを卑下する人たちが現われた。釈尊の滅後、時を経るに従って四衆という言葉にはこうしたニュアンスが付着するようになったことは否めない。

『スッタニパータ』の古い詩の部分においては、出家者を示す語としてパリッバージャ(paribbāja、遍歴行者)や、イシ(isi、仙人)という語が用いられ、在家者のことはガハッタ(gahaṭṭha、家に居る人)という語が用いられていた。ところが時の経過とともに、出家がビック(bhikkhu、比丘＝食べ物を乞う男)に、在家がウパーサカ(upāsaka、優婆塞＝そば近く仕える男)に取って代わられることになる。それぞれの女性形、ビックニー

（bhikkhunī、比丘尼＝食べ物を乞う女）、ウパーシカー（upāsikā、優婆夷＝そば近く仕える女）とを合わせて四衆と言われる。在家と出家を指すこれらの言葉の意味するところを見ると、両者の間にある関係の質が変化していることを読み取ることができる。『法華経』が成立したころには、四衆という語には、部派仏教に関係する人たちという意味が付着していた。それは、在家と出家では出家が特別な存在とされ、その中でも比丘尼は比丘たちから厄介者あつかいされていたという事情による。第四章でも見たように、『四分律』には「女性の出家を認めなかったならば、正法は五百年間存続したであろうに……」（大正蔵、巻二二、九九二頁上）とか、『パーリ律』と『五分律』には「女性の出家を認めなかったら、正法は千年存続するはずだったのに、五百年しか存続しないことになろう」（大正蔵、巻二二、一八六頁上）といった言葉が記録されていた。これらは、尼僧の僧団を疎ましく思っていた男性出家者たちの思いであろう。男性出家者こそが仏教の専門家であり、在家は布施さえしていればいい、といった風潮になり、在家もそれに甘んじるようになっていた。

　こうした四衆の在り方は、大乗仏教の目指すものとは程遠いものであった。従って、大乗の理想像を示すのには、四衆という言葉では余計な意味が付着しすぎていた。それを乗り越えるために善男子・善女人という語を採用したと言うべきであろう。善男子・善女人という言葉は、在家と出家の差別も、男女の性差も乗り越えたものである。まさに一石二鳥の効果があった。

　従って、「善男子・善女人を多用したことは、大乗教団の在家的性格」を示しているという平川博士の説は、以上の考えの一面だけをとらえたものにすぎないことが理解できよう。大乗仏教運動を中心的に担ったのは在家であったのはよいとして、だからといって善男子・善女人という言葉を多く用いたことが在家的性格であることの理由にはならない。大乗は、在家だとか出家だとか、男だとか女だとかの差別を乗り越えようとした。そのために「四衆」に替えて「善男子・善女人」という語を用いたのである。

前章で考察したように、常不軽菩薩が語りかけた相手も四衆であった。その常不軽菩薩に対して、「虚妄の授記」をなすものとして、悪口・罵詈したのも四衆であった。『法華経』は、滅後の弘教として「この法門」を四衆に説き聞かせるように、善男子・善女人に対して何度も促している。在家であれ、出家であれ、男性であれ、女性であれ、善男子・善女人が、法師（説法者）となって『法華経』を受持し、読誦・解説・書写し、四衆に説き聞かせるようになることを促している。

ここに、「善男子・善女人」と「四衆」とを明確に使い分けていることが分かる。「この法門」の内容は、一切衆生が何ら差別なく成仏できるということである。それを説く立場の人を「善男子・善女人」とし、説かれる側を「四衆」というように使い分けている。

権威主義と卑下、優越と差別といった色合いのついた「四衆」という言葉ではなく、権威主義も卑下も、優越も差別もない「善男子・善女人」という言葉によって示される人々が、あらゆる人に語り掛けることにこそ大乗仏教興起の意義があったのだ。「だれであっても」(ye ke-cid) を善男子・善女人という語とともに用いて、特定の人に限定することなくすべての男女に対して呼びかけている意義はそこにあるのではないか。それが善男子・善女人という語が用いられた理由であろう。だから、平川博士の言われる「大乗仏教の支持者が善男子・善女人である」と限定する必要は何もないのである。大乗仏教の支持者ばかりではなく、大乗仏教の支持者になってほしい人たち、あるいはなるであろう人たちまで含んでいるのである。それは、これまで仏教において四衆という言葉が指し示していた人たちのことであったのだ。

「四衆」も「善男子・善女人」も、それぞれの言葉が指し示している人たちは実質的には同じである。それは、随喜功徳品第十八（第17章）の冒頭に出てくる次の言葉で確認されよう。

アジタ（弥勒）よ、**良家の息子であれ、良家の娘であれ、**誰であっても、如来の私が完全なる滅度に入った後に、この法門が説き示され、解説されているのを聞くとしよう。**男性出家者であれ、女性出家者であれ、男性在家信者であれ、女性在家信者であれ、学識ある人であれ、少年であれ、少女であれ、**この法門を聞いて後に、喜んで受け容れるであろう。（『サンスクリット原典現代語訳　法華経』下巻、一二一頁）

阿逸多《あいった》よ、如来の滅後に、若《も》し**比丘・比丘尼・優婆塞・優婆夷、**及び余の智者、若しは長、若しは幼、是の経を聞いて随喜し已《おわ》って……。（『梵漢和対照・現代語訳　法華経』下巻、二九二頁）

ここでは、まず「善男子・善女人」と言っておいて、次にその言葉の指し示す内容として、

「比丘、比丘尼、優婆塞、優婆夷、智慧ある人、少年、少女」を列挙している。このように、「四衆」という語の指し示すものと、「善男子・善女人」の指し示すものは、いずれも在家と出家の男女のことであって実質的に同じ構成である。ただ、前者には部派仏教的ニュアンスが伴っているが、後者は「行ないの立派な人」というニュアンスが伴っているという違いがある。

ついでに言えば、四衆を構成する比丘（bhikṣu）、比丘尼（bhikṣuṇī）、優婆塞（upāsaka）、優婆夷（upāsikā）のそれぞれの言葉の意味するものが大乗仏教にそぐわないという点もあったのかもしれない。bhikṣu と bhikṣuṇī は、いずれも「（食を）乞う」という動詞√bhikṣ に行為者名詞を作る接尾辞 u を付けたものと、その女性形であり、本来「（食を）乞う男」「（食を）乞う女」を意味する。それが、転じて「男性出家者」「女性出家者」に対して用いられるようになった。upāsaka と upāsikā は、「そばに坐る」という意味の動詞ウパ・アース（upa-√ās）に行為者名詞を作る接尾辞 aka、あるいは ikā を付けたもので、本来は「そば近くに仕える男」「そば近くに仕える女」という意味であった。それが転じて、在俗信者である男性と女性に対して用いられるようになった。仏教の実践者、あるいは信奉者たちのことを指すネーミングとしては、いずれもある一面しかとらえていない名前である。というのは、いずれも仏教において使い始められたものではなく、既にインドで用いられていた言葉が仏教に取り込まれたという背景があるからである。

例えば、サンスクリット語の bhikṣu（Pāl. bhikkhu、比丘）という語は、バラモン教で用いられていたものであるが、インドの諸宗教でも用いられるようになり、仏教も取り入れたという経緯がある。バラモン教では、四住期といって、シュードラを除く、バラモン、クシャトリヤ、ヴァイシャに限ってその人生を四段階に分けて考えている。それは、①学生期《がくしょう》（師匠に弟子入りしてヴェーダを学ぶ）、②家長期（学を終え、家に帰り、結婚して家長となる）、③林住期（隠退して林に住む）、④遊行期《ゆぎょう》（一切を捨て去って、遍歴の中で生を終える）――の四段階である。この第四段階は、托鉢を行ない食べ物を乞うことによって生活するもので、この段階の人を「ビクシュ」と呼んでいた。仏教徒は、後に出家修行者を呼ぶのにその言葉をそのまま採り入れたのである。従って、仏教の意図することを必ずしも表わした言葉ではなかった。

原始仏典の『サンユッタ・ニカーヤ』第一巻には、出家修行者の在るべき姿とパーリ語のbhikkhu（食を乞う男）という語とのずれを指摘した次の言葉がある。

> 他人に〔食べ物を〕物乞いする（bhikkhako）というそれだけで、比丘（bhikkhavo、托鉢修行者）となるのではない。毒の〔ような〕決まりを受持している限り、〔その人は〕比丘とはならない。この世において、福徳も悪も捨て去って、世間において熟慮して、清らかな行ないを実践する人、その人が実に比丘であると言われるのだ。（一八二頁）

この言葉は、「食べ物を乞う」ということ自体が出家者の根本条件ではないことを示していよう。この言葉を採り入れた当初は、仏教の原点を見失うことがなかったから比丘（bhikkhu）という名前でもよかっただろうが、時代を経るに従って名前自体にとらわれて、本義を見失い形式主義に陥ったのであろう。bhikṣuṇī（比丘尼）は、bhikṣu から作られた派生語であり、同じことが言える。

upāsaka（優婆塞）と、upāsikā（優婆夷）も、インドの諸宗教で用いられていたものを仏教が取り込んだものである。従って、いずれもネーミングとしては仏教の本質を表わしたものではないといえよう。「ものを乞う男／女」「そば近くに仕える男／女」というこの名前自体が在家と出家の差別を前提としたものであった。

それに対して、大乗仏教は、これまでの「四衆」から「善男子・善女人」という言い方へと転換を図った。これは、あくまでも四衆という言葉に替わるもので、在家と出家の差別も、男女の差別も、乗り越える言葉である。しかも、そこには「行ないの立派な人」という意味が付加された。「ものを乞う」とか「そば近く仕える」といったことではなく、「行ないが立派」であるかどうかという視点に転じたものである。これは原始仏典に記されている「人は生まれではなく、行ないによって貴い」とする釈尊の本来の精神を体現したネーミングといえよう。ということは、一石二鳥どころか、一石三鳥の意味が込められていたのだ。

右に引用した『サンユッタ・ニカーヤ』も、「食べ物を物乞いする」ことではなく、「熟慮して、清らかな行ないを実践する人、その人が実に比丘である」というように、行ないの清らかなことこそが出家修行者の条件であることを強調していたが、それにも合致している。

第五節　「善男子・善女人」から「法師」への発展

分別功徳品第十七（第16章）に『法華経』編纂者たちが、「善男子・善女人」という言葉に対する思いを表明した言葉がある。

しかるにまた、アジタよ、如来の私が、完全なる滅度に入った後、この法門を聞いて、この法門を誇ることなく、むしろ喜んで受け容れる人たちをも、私は、高潔な心をもって信順の志を抱いた**良家の息子たち**と言うのである。ましてや、この法門を受持し、読誦する人たちは、言うまでもないことである。

（『サンスクリット原典現代語訳　法華経』下巻、一一三頁）

鳩摩羅什はこれを次のように漢訳した。

又復《またまた》、如来の滅後に、若《も》し是の経を聞いて、毀呰《きし》せずして随喜の心を起こさん。当《まさ》に知るべし、已《すで》に深信解《じんしんげ》の相と為《な》づく。何《いか》に況《いわん》や、之を読誦《どくじゅ》し、受持《じゅじ》せん者をや。斯《こ》の人は、則《すなわ》ち為《こ》れ如来を頂戴《ちょうだい》したてまつるなり。阿逸多《あいった》よ、是の**善男子・善女人**は……。

（『梵漢和対照・現代語訳　法華経』下巻、二六八、二七〇頁）

これは、「この法門」を聞いて、謗ることなく、受け入れて、受持し、読誦する人こそが、「行ないの立派な人」であるといったことと同じ意味である。

ここでは、「良家の息子」の複数形 kula-putrān しか用いられていないが、この直前の文章まで「良家の息子」と「良家の娘」が並記されているから、良家の息子と良家の娘の両方を含んでいると理解すべきであろう。鳩摩羅什訳を見ても「善男子・善女人」と並べて訳してある。それで、ここでは両方の意味を含めて「良家の子たち」と訳しておいた。

敢えて言えば、これが『法華経』における善男子・善女人の定義と言えよう。ここでは、菩薩だとか、在家だとか、出家だとか、立場に関する分類法は一切関係ない。男女という性差も関係ない。善男子・善女人には菩薩もいたし、在家もいたし、出家もいたのである。そのような立場が問われているのではなくて、「この法門」を聞いて、謗ることなく受容し、随喜し、受持し、読誦する人こそが、善男子・善女人の中でも「高潔な心をもって信順する善男子・善女人」と呼ばれるというのである。このような行為を実践する人のことは、「法《ほっ》師《し》」というテクニカルタームで呼ばれた。ここに、善男子・善女人という「行ないの立派な人」が、より具体的に「法師」として論じられてくる必然性があったのである。

そのような人たちに対して『法華経』は、この経を信受し、受持し、随喜し……という実践を求めた。そして法師品において、それを実践する男女こそ、「如来であると知られるべき」（『サンスクリット原典現代語訳　法華経』上巻、二六一頁）であり、「如来に対するのと同じようにその人を恭敬するべき」（同）であり、「如来の使者」（同、二六二頁）、「如来によってなされるべきことをなす人」（同）、「如来によって派遣された人」（同）なのであり、「如来と同じ精舎に住むもの」(同、二六六頁)であるという意義を与えた。ところが、こうした実践者たちのことを呼ぶのに「善男子・善女人」ではあまりにも一般的な言い回しでしかない。そこで、その実践を具体的に表現した呼び方として「法師」(dharma-bhāṇaka、説法者)というテクニカルタームが用いられた。

『法華経』の実践者の理想像が「法師」ということである。法師品では、「如来の使者」「如来によってなされるべきことをなす人」「如来によって派遣された人」といった人たちのことを羅列して、これを受けて、

たとえ在家であれ、出家であれ、〔中略〕それらの説法者(法師)……。(同、二六二頁)

という言い方をし、その数行後にその人たちのことを「善男子・善女人」と呼んでいる。そして、さらにまた数行後で「その法師」と言っている。ここに「四衆」から「善男子・善女人」へと転換した上で、さらに「善男子・善女人」から「法師」へと発展させようとするプロセスが読み取れる。

それでは、法師と菩薩の関係は何であろうか。根本的には同じと見てよいだろう。ただ、菩薩という言葉は、第四章第三節で触れたように、紀元前二世紀ごろ小乗仏教で使用され始めた。紀元前後になって大乗仏教が興り、その意味を塗り替えて用いたという経緯がある。従って、その成立過程も異なり、それぞれの意味するところも異なっている。『法華経』が理想とする菩薩の在り方としては、こうした概念に何か不足しているところを感じたのであ

ろう。

・小乗の言う菩薩は、成道以前の釈尊と、五十六億七千万年後に如来として出現するとされるマイトレーヤ菩薩のことに限られていた。それに対して大乗は、発菩提心《ほつぼだいしん》といって、覚り（菩提）を求める心を発《おこ》す人はだれでも菩薩であると、菩薩をあらゆる人に拡大した。その実践徳目は六波羅蜜《ろくはらみつ》とされ、

①布施《ふせ》波羅蜜（財物や、法、安心などを与えることの完成）
②持戒《じかい》波羅蜜（戒律を守ることの完成）
③忍辱《にんにく》波羅蜜（辱めを耐え忍ぶことの完成）
④精進《しょうじん》波羅蜜（たゆまず努力することの完成）
⑤禅定《ぜんじょう》波羅蜜（心を統一して安定させていることの完成）
⑥智慧《ちえ》波羅蜜（真実の智慧を得ることの完成）

の六つが強調された。『法華経』は、これに加えて、さらに「この法門を説き聞かせる」法師という在り方を強調した。それは、自ら経を受持し、それを他者に説き聞かせるという行為である。

それは、『法華経』の教えを聞いて、自分も菩薩であるという自覚に目覚めた声聞のマハー・カーシャパ（大迦葉）が、信解品《しんげぼん》においてその決意を詩で語ったところからもうかがうことができる。

保護者よ、今、私たちは、〔仏の声（教え）を聞くだけでなく、〕仏の声を聞かせる人とし

て〕**真の声聞**（śrāvaka-bhūta）であり、最高の覚りについての声を人々に**聞かせるでありましょう**（saṃśrāvayiṣyāmatha）。また、私たちは覚りの言葉を宣言しましょう。それによって、恐るべき決意に立った声聞なのであります。（同、一三九頁）

この文章で「仏の声を聞く（人）」「仏の声を聞かせる人」「真の声聞」の三つの語は、śrāvaka-bhūtaの一語に込められた三つの意味の掛詞になっている（詳細は、角川ソフィア文庫『サンスクリット版縮訳　法華経　現代語訳』九二〜九四頁参照）。

これを鳩摩羅什は、次のように漢訳した。

我等、今者《いま》、**真に是れ声聞なり**。仏道《ぶつどう》の声を以《もつ》て**一切をして聞かしむべし**。

（『梵漢和対照・現代語訳　法華経』上巻、三一六頁）

ここにおいて、伝統的には小乗仏教の男性出家者に限定されていたśrāvaka（声聞）という言葉の意味を大きく塗り替えることがなされている。śrāvakaは、「聞く」という意味の動詞シュル（√śru）に行為者名詞を作る接尾辞akaを付したもので、「声、すなわち仏の教えを聞く人」を意味する。ところが、マハー・カーシャパは、saṃśrāvayiṣyāmatha、すなわち√śruの使役・未来・一人称・複数形を用いて「（最高の覚りを）聞かせる」と読み替えて、これこそが「真の声聞」（śrāvaka-bhūta）であるとしている。ここに意図されていることも、「この法門を聞かせる」ということであり、法師の場合と全く同じ意図が貫かれている。

だから、「菩薩となるであろう」と言えばいいところを「法師としての菩薩となるであろう」（同、下巻、一一一頁など）と、随所に両者を併記しているのは、菩薩という在り方にさらに「この法門を説き聞かせる人」という意味を付加したものといえよう。「この法門」とは、二乗を排除することなく、出家も在家も、男も女も差別することなく、だれでも平等に成仏できるとする一仏乗の思想のことであり、それを信受し、他者に説き聞かせる人を「法師」としている。そのような「法師としての菩薩」は、第九章第四節で論ずる〝真の菩薩〟とも相通ずるものである。

以上のように法師品を概観してくると、「四衆」の止揚として「善男子・善女人」が多用され、その「善男子・善女人」が「法師」という在り方へと発展し、それとともに「菩薩」という在り方が「法師」という在り方へと止揚されていると結論することができよう。ここにおいては、一貫して善男子・善女人が並び称されていて、男女が同等に扱われているのである。

第九章　平等の根拠としての一仏乗

第一節　説一切有部と大乗の三乗説

前章では『法華経』法師品において、「四衆」という言い方から「善男子・善女人」という言い方へと転換が図られ、その「善男子・善女人」を「法師としての菩薩」へと止揚していったことを述べた。大乗仏教、なかんずく『法華経』では、このように男女が何の区別もなく法師であり、菩薩であり得ることが説かれていた。

菩薩の在り方を説く教えは菩薩乗《ぼさつじょう》と言われる。ところが『法華経』は、菩薩乗だけではなく、仏乗の独一性を説くものであり、その独一性を強調して一仏乗《いちぶつじょう》ともいわれる。一般の大乗仏教の菩薩乗以外に一仏乗を説いた『法華経』の意図は何なのか？　それは、だれ人も差別なく成仏できるとする『法華経』の思想的根拠とも言うべきものを示したということである。それは、当然、男女の平等を主張する根拠となるものでもあった。[1]『法華経』の一仏乗思想を考察するに当たっては、『法華経』が声聞《しょうもん》・独覚《どっかく》（縁覚《えんがく》）・菩薩をどのように位置づけていたかを知っておく必要がある。そのために、まず『法華経』の重要なテーマの一つである一仏乗と三乗との関係をここで把握しておくことにして、まず初めに、説一切有部[2]の三乗と、大乗仏教の三乗について比較しておこう。

菩薩という言葉は、釈尊自身が用いた形跡はなく、紀元前二世紀ごろ部派仏教（いわゆる小乗仏教）において使われ始めたようだ（第四章第三節参照）。大乗仏教専有の言葉ではなく、小乗仏教において既に用いられていた。その代表が小乗の最有力教団であった説一切有部である。また「三乗」という語は、北伝の部派仏教すなわち、説一切有部と大衆部《だいしゅぶ》において成立したものと考えられる。その内容は、「声聞乗」「独覚乗」「仏乗」の三つである。部派仏教においては、菩薩とは成道する以前の釈尊のことであり、ブッダとなることが確定していることから、「菩薩のための教え」を意味する「菩薩乗」という観念は必要としなかった。従って「菩薩乗」という言葉も成立することはなかった。

彼らにとって仏は六人の過去仏を除いて釈尊のみであり、菩薩は成道以前の修行時代の釈尊と、五十六億七千万年後に出現するとされるマイトレーヤ（弥勒）菩薩の二人に限定されていた。従って、小乗仏教の男性出家者たちにとって、菩薩や仏になることなど及びもつかないことであり、ただ自ら声聞として、仏の声（教え）を聞き（学び）、阿羅漢を目指すことのみが許されていた。

阿羅漢は、元々はブッダの別称であった。釈尊が五人の比丘を相手に初転法輪を行なって、五人全員が覚ったときのことが『マハーヴァッガ』と『五分律』にそれぞれ次のように記されている。

世尊はこのことをおっしゃられた。「五人の比丘の群れは、世尊の語られたことに満足し、大いに喜んだ。しかも、この解説が説かれている時に、五人の比丘の群れの心は、漏《ろ》（煩悩）を離れ、解脱した」と。しかるにその時、**世の中に六人の尊敬されるべき人（阿羅漢）がいることとなった**。
（『ヴィナヤ』第一巻、一四頁）

是《こ》の法を説きし時に、五比丘は一切の漏が尽き、阿羅漢の道《どう》（＝覚り）を得たり。爾《そ》の時に**世間に六阿羅漢有り**。
（大正蔵、巻二二、一〇五頁上）

「六阿羅漢」とは、釈尊と五比丘のことである。阿羅漢は、ブッダの別称であり、それは釈尊自身にも弟子たちにも平等に開かれていた。ところが、釈尊滅後、阿羅漢が格下げされる。ブッダは釈尊のみであり、弟子はその教えを聞くものであり、ブッダにはとうてい及ぶことができないが、阿羅漢にはなれるとされた。

小乗仏教において、阿羅漢はブッダよりも低い位に引き下げられ、声聞の到達できる最高の位とされた。独覚にとっては独覚果が最高とされていた。小乗仏教においては、男性出家者ですらブッダになることはできず、阿羅漢止まりであった。ましてや、在家や女性は阿羅漢にすら遥かに及ばないとされ、こうした議論においては全く排除されていた。

説一切有部の『大毘婆沙論《だいびばしゃろん》』巻一三〇には、声聞、独覚、仏は種性が決まっていて、その種性は転化することはなく、道としても声聞道、独覚道、仏道の三つがあるとされるが、声聞道は、声聞道のためにのみ因となりうるけれども、他の独覚道と仏道に対して因となることはないとされた。

従って、説一切有部における三乗とは、声聞乗、独覚乗、仏乗の三つであって、いずれも男性出家者に限られ、しかも声聞は声聞のまま、独覚は独覚のまま、仏は釈尊に限られていて、それぞれが相互乗り入れすることはなく、固定されたままであった。ゆえに、説一切有部の主張するこの三乗には在家も女性も全く考慮されていないのである。

それに対して大乗仏教は、仏の説かれた教え（声）を仏弟子（声聞）として学ぶ（聞く）のみの小乗仏教の修行に飽き足りず、ブッダと同じく菩薩行を修してブッダとなること、人々に対して利他行を貫くことを理想とした。小乗仏教が、菩《ぼ》提《だい》薩《さっ》埵《た》（bodhi-sattva、菩《ぼ》薩《さつ》）という語を「覚り（bodhi）が確定している人（sattva）」という意味で成道以前の釈尊のことを称していたのに対して、大乗仏教は、発《ほっ》菩《ぼ》提《だい》心《しん》（bodhi-citta-utpāda、略して発《ほっ》心《しん》）といって「〔無上の〕菩提（覚り）を求める心」（bodhi-citta）を発《おこ》す人（sattva）はだれでも菩薩（bodhi-sattva）であると説いた。そこにおいては、当然のように男女が区別されることはなかった。声聞・独覚の二乗、いわゆる小乗仏教に対して、自らの標榜する理想的仏教者の在り方を大乗（mahāyāna、偉大な乗り物）、すなわち菩薩乗（bodhisattva-yāna、菩薩のための乗り物）と称した。大乗仏教は、男女の別なく、また在家・出家を問うことなく、菩提心を発した人はだれでも菩薩であると主張したのだから、その革新性が注目されよう。

大乗仏教は、いわば「釈尊の原点に還れ」という復興運動であった。釈尊が教えを説いたのは、だれ人をもブッダ（覚者）とするためであって、声聞乗や、独覚乗に甘んじているのは釈尊の本意ではないとして、菩薩の自覚に立ってブッダとなることを求めるべきだと主張した。その先駆けが『般若経』であり、仏となることを求める者は、般《はん》若《にゃ》波《は》羅《ら》蜜《みつ》（智慧の完成）を学ぶべきだと強調した。ところが、それは菩薩乗を強調するあまり、二乗を「炒《い》れる種子《たね》」で成仏の芽は出てこないと弾呵《だんか》・否定し、「永不成仏《ようふじょうぶつ》」「二乗不作仏《にじょうふさぶつ》」を説くなど、二乗を排除する結果となった。説一切有部が、声聞の立場から声聞・独覚・仏の三乗の差別を説き、在家や女性を排除していたのに対して、大乗は菩薩の立場から声聞・独覚・菩薩の三乗間の差別を説いて声聞と独覚を排除するという結果となった。

それに対して『法華経』は、その両者の矛盾・対立を高い次元へと引き上げて統合（止《し》揚《よう》）する一仏乗の思想を打ち出した。すなわち、一乗（eka-yāna）、あるいは一仏乗（ekaṃ buddha-yānam）という考えに基づき、二乗、さらには三乗を止揚・統合する思想を提唱したのである。

第二節　三車家と四車家の論点についての検討

この一仏乗と二乗、および三乗は、『法華経』譬喩品第三（第3章）に説かれる「三車火《さんしゃか》宅《たく》の譬《たと》え」の解釈をめぐり中国の仏教者たちの間で古来、三車家《さんしゃけ》と四車家《ししゃけ》に分かれて対立した重要なテーマである。「三車火宅の譬え」は、父親である資産家が火災の邸宅から子どもたちを救い出すという物語である。

資産家の家から出火した。家の中では、資産家の子どもたちが火事に気づかずに遊んでいる。資産家が外から、「火事だから、出てきなさい」と叫んでも、子どもたちは火事の何たるかも分からず、遊びに夢中で出てこない。今は、遊びに夢中で楽しいかもしれないが、このままいったら子どもたちは火に焼かれて苦しみながら死を迎えることになる。そこで資産家は、子どもたちを屋外へ脱出させるために、子どもたちが日ごろから欲しがっていた玩具の羊車、鹿車、牛車を与えると呼びかける。その呼びかけに応じて燃え盛る家から子どもたちが飛び出してきた。

その子どもたちに等しく与えられたのは、羊や、鹿、牛の玩具の車ではなく、「非常に足の速い純白の牛に牽《ひ》かれた、風のように速い、七宝で飾られた大きな牛車」、いわゆる「大《だい》白牛車《びゃくごしゃ》」だった。

「子どもたち」は仏法に無知な衆生のことであり、「火事の家」はわれわれの住む娑婆《しゃば》（sahā、堪忍）世界のことで、「三つの車」は、声聞乗と独覚乗（小乗）、菩薩乗（大乗）を譬えたものである。この譬えにおいて、牛車と大白牛車が同じものなのか、異なるものなのか、議論が分かれた。

これについては、古来、三車家と四車家との意見が対立している。すなわち、中国において、三車、すなわち羊車、鹿車、牛車のうちの牛車と、「純白の牛に牽かれた風のように速い大きな牛車」、いわゆる「大白牛車」とが同じであるのか、異なるのかという意見の対立である。同じであれば、全部で三車となり、大白牛車を一仏乗として牛車（菩薩乗）と異なるとするならば、全部で四車あることになる。そのことから、それぞれの主張をするグループが、「三車家」と「四車家」と呼ばれた。

三車家の代表が三論宗《さんろんしゅう》の吉蔵《きちぞう》（五四九〜六二三）と法相宗《ほっそうしゅう》の慈恩大師《じおんだいし》基《き》（窺基《きき》、六三二〜六八二）であり、四車家の代表が光宅寺《こうたくじ》法雲《ほううん》（四六七〜五二九）、天台大師智顗《ちぎ》（五三八〜

五九七）、華厳宗《けごんしゅう》の法蔵《ほうぞう》（六四三〜七一二）である。こうした事情を智顗は、その著『法華《ほっけ》文句《もんぐ》』に次のように記している。

世人は、車数に執《しゅう》すること同じからず。車体を説くこと同じからず。或《あるい》は言《いわ》く、初め三車を説き、後に二を会《え》して一に帰《き》すと。或は言く、初め三有りと説き、後に三を会して一に帰すと。或は言く、初め四有りと説き、後に三を会して一に帰すと。（大正蔵、巻三四、七一頁上）

また、四車家を代表する光宅寺法雲の「無二亦無三《むにやくむさん》」の解釈について次のように記している。

光宅の云《いわ》く、縁覚・声聞の二無く、偏行の菩薩の三無しと。（同、五二頁上）

こうした議論は、中国だけでなく、日本にも持ち込まれ、そのあらましを凝然大徳《ぎょうねんだいとく》（一二四〇〜一三二一）が、法蔵の『華厳五教章』を註釈した『五教章通路記』に簡潔に要約している。

震旦《しんたん》(3)国古来の諸師に三車、四車、三中の一と、三外の一との諍論《じょうろん》一に非ず。立破《りゅうは》極めて多し。昔、光宅大師大いに法花《ほっけ》を講じて宗を立て、教えを開き、三車は虚指なりとして三の外に一を建て、即ち四車を成じ以《もっ》て四乗となせり。天台大師は広く教文を引き、具《つぶ》さに義理を陳《の》べて亦《また》四車を立つ。北斉恵文《えもん》尊者、南嶽恵思《なんがくえし》大師の義意全く同じ。すなわちこれ天台の遠近《おんごん》に承《う》くる所なり。その後、章安《しょうあん》乃至《ないし》妙楽《みょうらく》、その下の智度《ちど》、行満《ぎょうまん》、道邃《どうすい》等服膺して相伝え、宗緒繁昌し、並びに皆、四車の義を建立《こんりゅう》す。嘉祥《かじょう》はこれ三論の祖師、慈恩はこれ法相の高祖なり。並びに三車を立てて四車を許さず。三の中の牛車はすなわち大車なるが故なり。上宮《じょうぐう》太子は日本の高祖なり。光宅の疏《しょ》を以てその本義となして法花《ほっけ》の疏を作る。故に四車を立てて三の外に一を明す。所釈の宗旨全く光宅に同じ。これらの諸義はともに世に昌《さかん》なり。（大正蔵、巻七二、三一五頁上）

凝然は、中国における三車家と四車家のあらましを述べ、わが国においては上宮太子、すなわち聖徳太子が四車家の立場を取っていたこと、凝然大徳のころにおいても両者の議論が盛んであったことを記している。

ここには触れられていないが、三車か四車かということは、伝教大師最澄《さいちょう》（七六七～八二二）と法相宗《ほっそうしゅう》の徳一《とくいつ》（七四九～八二四？）との間で展開された「三一権実論争《さんいつごんじつろんそう》」のテーマでもあった。

天台宗の最澄は、あらゆる人が成仏できるとする一乗の思想に立ち、三乗は方便だと主張した。法相宗の徳一は、一乗の教えが方便であって三乗の差別を説く教えこそ真実だと主張した。法相宗は、説一切有部の各別説を受け継ぎ、衆生の具える宗教的素質について「五性《ごしょう》各別《かくべつ》」といって、人には、①仏果を得ることが決まっている人、②阿羅漢果を得ることが決まっている人、③独覚果を得ることが決まっている人（以上を決定《けつじょう》性《しょう》）、④三つのいずれとも決まっていない人（不定性《ふじょうしょう》）、⑤覚りとは全く縁のない人（無種性《むしゅしょう》）――といった差別があると主張した。

これは、人を決定論的に成仏できる人とできない人に分類するもので、大乗仏教の通念である一切衆生成仏の思想と反するため、大きな論争となった。

こうした三車家と四車家の解釈の違いが生ずる一因は、鳩摩羅什が譬喩品において、「為説三乗声聞辟支仏**仏乗**」と訳していることに端を発している。ここに、三乗として声聞、辟支仏（独覚、あるいは縁覚）、仏乗の三つが列挙されていることで、三車家の主張の根拠とされるに至った。

もう一つの理由は、『法華経』方便品の「唯有一乗法《ゆいういちじょうほう》　無《む》二《に》亦《やく》無《む》三《さん》」という鳩摩羅什の訳に起因する。この一節に出てくる「二」と「三」を、三車家は「第二」と「第三」の乗がないと読むのに対して、四車家は「二乗」も「三乗」もないと読むべきだと主張した。前者の解釈では全部で三つの車があり、後者では四つの車が存在することになる。

三車であるならば、『法華経』は、男・女や在家・出家の間に差別を認めた説一切有部や法相宗の主張の範囲を出ないことになってしまう。説一切有部は、菩薩乗と仏乗は釈尊だけに関するものであり、男性出家者のみが二乗として、阿羅漢果、独覚果を得ることができるとしていた。言い換えれば、在家や女性は仏果や阿羅漢果から排除されてしまう。法相宗は、牛車と大白牛車とは同一であると解し、それには菩薩のすべて、および声聞と独覚の中の一部（不定性《ふじょうしょう》の人）が乗れると、三乗思想の立場で解釈している。すなわち、成仏できる人と、できない人を明確に選別していた。

四車であるならば、三乗の区別は方便であって仏乗こそ真実だということになり、説一切有部や法相宗が立てる男女や在家・出家の差別を乗り越える教えであり、在家も出家も、男も女も何の差別もなくだれでも成仏できるとする平等の思想を説いたものだということになる。

天台宗などの四車家は、大白牛車が三車の中の牛車とは別なもので、一仏乗は、声聞・独覚・菩薩のすべてを乗せるものだとして、すべての人を平等に成仏させる思想として理解している。

以上のような問題点をサンスクリット原典にさかのぼりつつ検討して、『法華経』は本来、いずれの立場であったのかをここに考察することにしたい。まず初めに、鳩摩羅什が三乗として「声聞、辟支仏、仏乗」と漢訳したことについて考えてみよう。その箇所は、譬喩品に出てくる、

　但《ただ》智慧・方便を以《もっ》て、三界の火宅より、衆生を抜済《ばっさい》せんとして、為《ため》に**三乗の声聞《しょうもん》、辟支《びゃくし》仏《ぶっ》、仏乗《ぶつじょう》**を説く。　（植木訳『梵漢和対照・現代語訳　法華経』上巻、二〇六頁）

　汝等《なんだち》、速かに三界を出でて、当《まさ》に**三乗の声聞、辟支仏、仏乗**を得べし。　（同）

の二ヵ所である。ここに、三乗として「声聞、辟支仏、仏乗」を挙げている。

『正法華経』のこの一節に相当する箇所では、

善権方便修勇猛慧観見三界然熾之宅。欲以救済衆生諸難。故現**声聞縁覚菩薩之道**。以是**三乗**開化……。

（大正蔵、巻九、七六頁上）

となっていて、「声聞、縁覚、菩薩の道」を三乗としている。

サンスクリット原典においても、「仏乗」ではなく、ボーディサットヴァ・ヤーナ(bodhisattva-yāna)、すなわち「菩薩のための乗り物」（菩薩乗）となっている。それは、釈尊がシャーリプトラに如来の教導の仕方を説明する次の一節に出てくる。

如来もまた〔中略〕巧みなる方便という智慧によって、屋根と覆いが燃え上がっている老朽化した邸宅のようなこの三界から衆生を脱出させるために、**三つの乗り物**、すなわち**声聞のための乗り物**（声聞乗）、**独覚果に到る乗り物**（独覚乗）、**菩薩のための乗り物**（菩薩乗）を示されるのである。

（植木訳『サンスクリット原典現代語訳　法華経』上巻、九七頁）

さらに、その如来が、衆生に語りかける次の言葉においても同じである。

あなたたちは、この三界から逃げ出しなさい。あなたたちは、**三つの乗り物**、すなわち**声聞のための乗り物**、**独覚果に到る乗り物**、**菩薩のための乗り物**を見いだすだろう。

（同、九八頁）

これらの三車、あるいは三乗の内容は、サンスクリット原典（*saddharma-puṇḍarīka-sūtra*）と、『妙法蓮華経』『正法華経』の間で譬喩品に限って異なっている。一覧にすると**【表7】**のようになる。

	saddharma-puṇḍarīka-sūtra	**妙法蓮華経**	**正法華経**
譬喩品	声聞乗、独覚乗、**菩薩乗**（『サンスクリット原典現代語訳 法華経』上巻、九七頁）	声聞乗、辟支仏乗、**仏乗**（『梵漢和対照・現代語訳 法華経』上巻、二〇六頁）	声聞、縁覚、**菩薩之道**（大正蔵、巻九、七六頁上）
譬喩品	鹿車＝声聞乗、羊車＝独覚乗、牛車＝**大乗**（同、九八〜九九頁）	羊車＝声聞乗、鹿車＝辟支仏乗、牛車＝**大乗**（同、二〇八頁）	羊車＝声聞乗、馬車＝縁覚乗、象車＝**如来道**（大正蔵、同七六頁上）
化城喩品	声聞乗、独覚乗、菩薩乗（同、二二五頁）	声聞、辟支仏、菩薩（同、四七四頁）	声聞乗、縁覚乗、菩薩乗（大正蔵、同九二頁上）
安楽行品	声聞乗、独覚乗、菩薩乗（同、下巻、五五頁）	声聞、辟支仏、菩薩道（同、下巻、一四四頁）	声聞乗、縁覚乗、菩薩乗（大正蔵、同一〇九頁上）

表7

【表7】の中で『正法華経』応時品（譬喩品に相当）の「如来道」という訳が「仏乗」と同じではないかと思わせるが、「如来道」という言葉の次の一節を見ると、そうではないことが分かる。

謂如来道。菩薩大士所履乗也。　　（大正蔵、巻九、七六頁上）

これによると、「如来道」というのは菩薩大士の乗り物であるというのだ。ということは、「如来道」は、その車の行き着く目的地のことを意識して訳した言葉であって、菩薩大士が乗ることを意識すれば「菩薩乗」と訳すべきものである。だから、『正法華経』では、内容的にはすべて三乗を声聞乗、縁覚乗、菩薩乗と訳していることになる。

鳩摩羅什訳の『妙法蓮華経』に限ってみても、譬喩品以外の化城喩品《けじょうゆぼん》、安楽行品《あんらくぎょうぼん》においては、「声聞、辟支仏、菩薩乗」と漢訳している。譬喩品だけ、「声聞、辟支仏、仏乗」と漢訳していることは、説一切有部の言う三乗を列挙したように見えるかもしれないが、これは、『正法華経』と同様、その到達点を意識した訳であろう。これは、後にも論ずるが、「仏乗」と「菩薩乗」は全く同じではないが、止揚された「菩薩乗」は「仏乗」に通ずるという関係――それが、『法華経』の中心テーマの一つである――を先取りして訳されていると言っていいのではないか。菩薩乗から仏乗への止揚をここに示唆している。あるいは、『法華経』の結論部分を先取りしてここに訳したともいえる。

鳩摩羅什の訳を見ていて、同じような文章が繰り返されるときは、そのうちの一つに鳩摩羅什の解釈を施した訳を紛れ込ませることが多いように見受けられる。鳩摩羅什は、狭義と広義の使い分けをしながら訳して、意味に幅広さを持たせるという手法を取っているといえよう（苅谷定彦著『法華経一仏乗の思想』一〇二～一〇四頁参照）。いずれにしても、三乗を「声聞・縁覚・仏乗」と訳したのは、鳩摩羅什の解釈が施された深読みであることに違いはない。直訳すれば、これは「仏乗」ではなく「菩薩乗」とすべきであったのだ。それを裏づけるのが、各種の梵本写本のすべてが「大乗」か「菩薩乗」となっていて、「仏乗」とはなっていないということである（同、一四六頁）。だから、鳩摩羅什訳のこの一節は特異な例であり、三車家の主張の根拠にはなるべくもないことになろう。

第三節　「無二亦無三」について

次に、方便品の、「無有余乗《むうよじょう》。若二若三《にゃくににゃくさん》」あるいは「唯有一乗法《ゆいういちじょうほう》　無二亦無三《むにやくむさん》」という一節について検討してみたい。鳩摩羅什訳をもう少し詳しく引用すると、

舎利弗よ、如来は但《ただ》一仏乗を以《もっ》ての故に、衆生の為《ため》に法を説きたもう。余乗の若《も》しは二、若しは三有ること無し。（『梵漢和対照・現代語訳　法華経』上巻、九六頁）

十方仏土の中には、唯《ただ》一乗の法のみ有り。二無く亦《また》三無し。仏の方便の説をば除く。
（同、一〇八頁）

となる。これに相当する箇所をサンスクリット原典で見てみると、それぞれ、

シャーリプトラよ、私は**ただ一つの乗り物**（一乗）、すなわちブッダに到る乗り物（仏乗）について衆生に法を説くのだ。シャーリプトラよ、**そのほかに何か第二、あるいは第三の乗り物が存在するのではない。**

（『サンスクリット原典現代語訳　法華経』上巻、五〇頁）

乗り物はただ一つであり、第二のものは存在しない。実に第三のものも世間にはいつ　いかなる時にも決して存在しない。乗り物が種々に異なっていることを説く人間の中の最高の人たちの方便を除いては。

（同、五八頁）

となっていて、確かに三車家のいうように、「無有余乗。若二若三」、あるいは「無二亦無三」と訳されたところは、「〝第二〟　〝第三〟の乗り物が存在するのではない」となっている。この点を見れば、「無二亦無三」を「二乗も三乗もない」と読む四車家の読み方は誤っているといえよう。ということは、一仏乗を「第一」とするとき、「第二」「第三」がないというのであれば、全部で「三つ」の乗り物が議論されているように見える。

そこで問題となってくるのが、その「第二」と「第三」が具体的に何を差しているのかということだ。吉蔵は、『法華玄論』において、

但《た》だ一仏乗を以《もっ》てとは、仏乗を第一と為《な》すと謂《い》うなり。余乗の若《も》しは二、若しは三有ること無しとは、縁覚を第二と為し、声聞を第三と為して有ること無し。此《こ》の文を以て之を詳《つまびら》かにせば、即《すなわ》ち唯《ただ》三車のみ有り。即ち四に執《しゅう》するを謬《あやま》りと為すなり。

（大正蔵、巻三四、三八九頁上）

と述べ、また『法華義疏《ほっけぎしょ》』において、

余乗とは、則《すなわ》ち縁覚、声聞乗なり。縁覚乗を第二と為し、声聞乗を第三と為す。

（同、四九六頁上〜中）

と述べている。第二のものは縁覚（独覚）乗であり、第三のものが声聞乗であると言うのだ。また、サンスクリット原典に言及した窺基《きき》も、『法華玄賛《ほっけげんさん》』において吉蔵と同じく、

仏乗第一、独覚第二、声聞第三にして、第二の独覚無く、第三の声聞無し。

（同、七一五頁中）

と述べ、さらに、『法苑義林章《ほうおんぎりんじょう》』においても次のように述べている。

三乗を数うる中に独覚を第二と為《な》し、声聞を第三と為す。（同、巻四五、二六七頁上）

果たして、三車家の主張が正しいと言えるかどうか、検討してみよう。まず、「無有余乗。若二若三」という一節に相当する箇所の現代語訳をサンスクリットの原文を補って再度

引用してみよう。

シャーリプトラよ、私は**ただ一つの乗り物（一乗《いちじょう》）**、すなわちブッダに到る乗り物（仏《ぶつ》乗《じょう》）について衆生に法を説くのだ。シャーリプトラよ、**そのほかに何か**（kiṃ-cic）**第二**（dvitīyam）、**あるいは第三**（tṛtīyam）**の乗り物が存在するのではない。**

（植木訳『サンスクリット原典現代語訳　法華経』上巻、五〇頁）

この文章を注意深く読み直してみると、「第二、あるいは第三の」（dvitīyam vā tṛtīyam vā）という言葉の前に「kiṃ-cic」（< kiṃ-cit ＝何かあるもの）という言葉が入っていることに気づくはずだ。これは不定代名詞であり、「第二のもの」「第三のもの」を具体的なものとして特定していないことになる。だから、「第二のもの」を独覚乗、「第三のもの」を声聞乗と特定する三車家の考えは誤っているということが結論される。

同様に、「唯有一乗法　無二亦無三」に対応する箇所をサンスクリット原典から再録すると、

乗り物はただ一つであり、第二のものは存在しない。実に第三のものも世間にはいついかなる時にも決して存在しない。**乗り物が種々に異なっていること**を説く人間の中の最高の人たちの**方便を除いては**。

となっていた。「乗り物はただ一つであり、第二のものは存在しない。実に第三のものも……存在しない」と言っておいて、「方便を除いては」と断っている。「乗り物が種々に異なっていること」を仏は方便として説くと述べているのだ。これからすると、声聞乗、独覚乗、菩薩乗などの種々の異なった乗り物と、「ただ一つの乗り物」「第二のもの」「第三のもの」とは全く別の次元で説かれていることが明らかである。

鳩摩羅什はこれを、

十方仏土の中には、唯《ただ》一乗の法のみ有り。二無く亦《また》三無し。仏の方便の説をば除く。

と漢訳していた。このように、種々に異なる乗り物は、「方便」として説かれたことが、何度も繰り返し論じられている。それに対して、「一乗」（仏乗）は方便ではなく、真実として説かれたものであるという決定的な違いがある。従って、一乗のみあって「二無く亦三無し」というのは、方便として説かれた二乗や三乗のことでは毛頭ないのである。それは、「唯一乗の法のみ有り。二無く亦三無し」と言った直後に、「方便の説をば除く」とわざわざ断っていることからも明らかである。方便としての「二乗」や「三乗」は、方便という条件付きであれば存在するのである。

これをもう少し分かりやすくするために、言葉を補って言い直せば、

仏が説きたかった真実の乗り物は、一仏乗しかなく、それ以外に第二のものや、第三の

何かあるものが存在することはない。ただし、方便として説かれた二乗や三乗は、方便という条件付きでは存在しているのである。

ということになる。従って、四車家の「二」を「二乗」、「三」を「三乗」だとする主張は間違っている。『法華経』が、真実としての一仏乗と、方便としての二乗・三乗とを立て分けて論じているにもかかわらず、四車家はそれらを同次元のこととしてとらえているからである。

その誤りは、同じく三車家も犯している。「二」を「第二」に、「三」を「第三」にと正したことはよいが、不定代名詞があるにもかかわらず、一乗に対する第二の声聞、第三の独覚と特定したうえで、それらが存在しないと解釈するのだから、真実と方便を同次元で議論していることに変わりはないのである。

それでは、「第二、あるいは第三のものがない」とは、何を意味するのだろうか。それが問題になってくる。それについては、苅谷定彦博士の見解が傾聴に値すると思う。それは、釈尊が究極的に説こうとされた真実の教えが、ただ一乗のみであることを強調するレトリックであるということだ（『法華経一仏乗の思想』一一二頁）。筆者も、全く同意見である。それがレトリックであると言うためには、サンスクリット語の文献でこれと類似した文章を示すことが有力な傍証となるであろう。それを探していて、『ウパニシャッド』関係の文献中にいくつも見つけることができた。その中から次の『チャーンドーギャ・ウパニシャッド』の一節を引用してみよう。

〔父がいった、〕「愛児よ。これ（宇宙）は、太初（宇宙の始まり）においては有のみであった。**それは唯一であって、第二のものはなかった**」。ところが、ある人々はいう、「太初においては、これ（宇宙）は無のみであった。**それは唯一であって、第二のものはなかった。**この無から有が生じた」と。（VI・二・一）

ここでは、「第三のもの」という言葉は見られず、「第二のもの」までしか言っていないけれども、唯一を強調するという意味では全く同じ構造である。

このほか、原始仏典の中で最古とされる『スッタニパータ』にも同類の表現がある。それは、バーヴァリという名前のバラモンが弟子たちに、「目覚めた人（ブッダ）に会いに、サーヴァッティー（舎衛城）へ行くように」と指示した時の、バーヴァリと弟子たちとのやり取りの中に出てくる。弟子たちは、「どうやって目覚めた人を見分けることができるのでしょうか？」と問う。バーヴァリは、ヴェーダの聖典（manta）に偉大な人の具える三十二の相のことが伝えられていることに触れ、

身体にこれらの偉大な人の相のある人――**その人には、ただ二つの前途があるのみで、第三のものなど存在しないのである。**（第一〇〇一偈）

と答える。三十二相があるから分かるはずだということであろう。そして、その二つの前途とは、①在家の身で武力によらず法によって統治する普遍的帝王（転輪聖王）の道と、②出

家して目覚めた人（ブッダ）となる道――の二つである。その二つ以外に「第三のものはない」と言っている。ここに「第三のもの」（tatiyā）というのは、具体的な何かを挙げることはできない。具体的な何かを意味しているのではなく、「二つしかない」ということを強調するレトリックなのである。

また『スッタニパータ』には、次のような文章も見いだされる。

真理はただ一つであって、第二のものは存在しない。その〔真理〕を知った人は、争うことがない。（第八八四偈）

ここには、「第三のもの」という言葉はないが、「第二のもの」が存在しないことを言うことによって、真理の唯一性を強調している。このほか、『スッタニパータ』には、鍛冶工の子チュンダが世間にどれだけの修行者がいるのかと尋ねたのに対して、釈尊は、

チュンダよ、四種の修行者があるのであって、第五のものはありません……。（第八四偈）

と答えている。この場合も、①「道による勝利者」、②「道を説く者」、③「道において生活する者」、④「道を汚す者」――の四つ以外にはないということを強調する構文である。

さらにまた、『法華経』自体からも拾い出すことができる。それは、方便品の次の一節である。

世間の保護者は、ブッダの知を顕示するために世間に出現されるのだ。**なすべきことは、ただ一つであって、第二のものは存在しない**。ブッダたちが、貧弱な乗り物（小乗）によって衆生を導かれることはないのである。

（『サンスクリット原典現代語訳　法華経』上巻、五八頁）

ここは、「乗り物」の話ではなく、仏の「なされるべきこと」について「ただ一つ」と述べて、「第二のものは存在しない」と言っている。ここでは、これまでの議論のように「第二のもの」として声聞や、縁覚などといった具体的な何かを当てはめることはできない。それは、仏の「なされるべきこと」が唯一であるということを強調するレトリックにすぎないからである。鳩摩羅什は、これを次のように「第二」ではなく「二」と訳している。

但《ただ》、仮《かり》の名字《みようじ》を以《もっ》て衆生を引導《いんどう》したもう。仏の智慧を説かんが故に、諸仏世に出でたもうには、**唯此《ただこ》の一事のみ実《じつ》なり。余《よ》の二は則ち真に非ず**。終《つい》に小乗を以《もっ》て、衆生を済度《さいど》したまわず。

（植木訳『梵漢和対照・現代語訳　法華経』上巻、一〇八頁）

以上のような具体例を見て結論されることは、「無有余乗。若二若三」や、「無二亦無三」の「二」と「三」というのが、声聞や独覚のことではなく、ましてや「二乗」や「三乗」のことでもなく、「ただ一つ」しかないということを強調するために用いられているということである。
それを裏づけるのが、次の梵文とその鳩摩羅什訳であろう。

シャーリプトラよ、**乗り物はこの一つだけ**、すなわち**ブッダに到る乗り物**だけなのだ。
（『サンスクリット原典現代語訳 法華経』上巻、五五頁）

この梵文では、ブッダの乗り物がただ一つ存在することしか言っていない。「第二のもの」や「第三のもの」には全く言及していない。ところが、鳩摩羅什はこの箇所を次のように漢訳した。

無有余乗唯一仏乗（**余乗有ること無く**、唯一仏乗のみなり）。
（『梵漢和対照・現代語訳 法華経』上巻、一〇四頁）

すなわち、「**他の乗り物は有ることなく**、ただ一仏乗のみ〔が有る〕」と訳している。本来ならば、「無有余乗」の四文字はなくてもよいところだ。それなのに、鳩摩羅什は、敢えてそれを挿入して訳している。このことからしても、鳩摩羅什は、「余乗は有ることがない」（先に引用した「無二亦無三」に相当する）を「乗り物はただこの一つだけである。すなわち、ブッダの乗り物のみである」ということを強調するために用いていることが分かる。
鳩摩羅什訳の「二」と「三」は、梵本では「第二」「第三」と序数詞になっているということがしばしば取り沙汰されるが、上記のように唯一性を強調するレトリックであると理解すれば、鳩摩羅什訳でも全くかまわないことになる。すなわち、「第二のものはない」と言おうが、「一仏乗とそれ以外のものを合わせた〝二つ〟のものが同時に存在することはない」と言おうが、同じことである。あるいは、「第三のものはない」と言おうが、「一仏乗とそれ以外の二つを合わせた〝三つ〟のものが同時に存在することはない」と言おうが、同じことである。いずれにしても、仏が真実に説くべきものは、仏乗ただ一つだということである。一仏乗を入れて「『二つ』、あるいは『三つ』はない」と表現するか、入れないで「『第二』、あるいは『第三』はない」と表現するかの違いだけで、「真実のものは一仏乗しかない」ということを強調していて、意味としては全く変わりない。

その証拠に、梵文『法華経』には、唯一を強調するのに「第二」「第三」ではなく、「二つ」「三つ」がないという言い方をしているところもあるのだ。それは、薬草喩品の次の一節である。

> カーシャパよ、あらゆるものごとが平等であることを覚ることによって、涅槃があるのである。しかも、**その涅槃はただ一つであって、二つあるのでもなく、三つあるのでもない。**
>
> （『サンスクリット原典現代語訳　法華経』上巻、一五六頁）

これは、鳩摩羅什訳に存在せず、後世に書き足された部分に含まれているが、「第二」「第三」という序数詞を用いないで、「二つ」（dve）、「三つ」（trīṇi）という数詞を用いて「ただ一つ」ということを強調した文章である。こういう文章が、梵文『法華経』で用いられているとなると、鳩摩羅什が訳したサンスクリット原典では「無二亦無三」と訳せるような表現がなされていたという可能性が一概には否定できないだろう。ただし、これまで論じてきたように、そうである必要はさらさらない。どちらであれ、意味としては「ただ一つ」を強調しているのであって、全く変わりはないからである。

とすると、鳩摩羅什は、「二」「三」という数詞を用いていて、「第二」「第三」という序数詞こそ使ってはいないが、サンスクリット語の『法華経』の原意をそのままくみ取って、「ただ一仏乗のみがある」ということを強調した文章として翻訳していたことに変わりはないのである。

鳩摩羅什が「無二亦無三」と訳したのは、表現上の要請があったと思われる。「無第二亦無第三」よりも「無二亦無三」としたほうが、文章としては簡潔で、読誦するにもリズム感がある。また、この箇所は、五文字の句を繰り返す定型詩であり、文字数をそろえる必要もあったのであろう。

以上のところで、「第二、あるいは第三のものがない」という表現の具体例を見てきた。ここまで示してくると、それが唯一を強調するレトリックであるということに、もはや異論はないであろう。

それにもかかわらず、四車家が、「二」と「三」という数字を見て早合点し、「二」を「二乗」として、「三」を「三乗」として解釈したのであって、それは鳩摩羅什のせいではない。ただし、そのような四車家の誤った解釈も、「三乗方便・一乗真実」という『法華経』

の真意を歪めるような致命的な間違いとはなっていない。『法華経』の真意を歪める決定的な誤りをおかしているのは、三車家のほうであるといえよう。

中村元博士は、「無二亦無三」に対する慈恩大師基《き》の考えについて、次のように評されている。

慈恩大師基はときにはサンスクリット原本を参照したこともあったようである……しかし思想の理解という点に関しては、慈恩大師は、サンスクリット原本を参照しなかった天台大師よりもかえって『法華経』から遠ざかっている点がある。

（『シナ人の思惟方法』一〇頁）

それにもかかわらず、田村芳朗博士（一九二一～一九八九）は、「中国における法華経註釈書の研究」という論文で、三車家の考えに立つ三論宗の吉蔵を評価して次のように記している。

原典に則するかぎり、吉蔵の見解ないし配当のしかたは最も適正であると思われる。

（坂本幸男編『法華経の中国的展開』一八八頁）

その一方で、次のようなことも述べている。

方便品の「於一仏乗分別説三」ということばや、仏乗という語の使いかたなどに着目するときは、一乗を統一的、超勝的に解して三乗の上に立てる四乗ないし四車説が、いちがいに誤りとはいえなくなろう。（同、一八九頁）

これまでの考察からすると、これは、「二」と「三」が三車家の言うように、梵本では「第二」「第三」となっている一方で、四車家の論拠となった「於一仏乗分別説三」といったことも他方で明記されているという一見、食い違っているかに見える表現に起因していると言えよう。その食い違いをうまく解決できなかったために、両者に妥協的に解釈したものと判断せざるを得ない。

田村博士は、三車家の考えを「最も適正」とし、四車家の考えを「いちがいに誤りとはいえなくなろう」と述べて、どちらかというと三車家の説に軍配を上げておられるが、これまでの考察からすると、その判定は逆だということが、ここに確認されよう。

菅野博史博士は、『法華経入門』（一九七〜一九八頁）において、『法華経』自体に三車家と四車家の両面が見られるとしておられるが、これまでの議論に照らしてそれは誤りであり、菅野博士も田村芳朗博士と同様に妥協的な見解を採られていることが明らかであろう。この問題を漢訳仏典のみから議論すると、このような誤りをおかすことになるのである。

第四節　「二乗と菩薩乗」「三乗と一仏乗」の関係

『法華経』において、一乗と三乗とが真実と方便として立て分けられているとなると、『法華経』の言う菩薩乗と仏乗との関係は、全同ではないことになる。譬喩品では、菩薩乗を玩具としての牛車に譬え、仏乗を大白牛車《だいびゃくごしゃ》に譬えた。いずれも「牛」の車である点では通ずるものがある。けれども、菩薩乗が玩具に譬えられている点は、声聞乗、独覚乗に共通していることになる。

そこで、「二乗と菩薩乗」「三乗と一仏乗」の関係について考えてみることにする。羊・鹿・牛の三車という時の「車」はラタカ（rathaka）であるが、三乗という時の「乗」はヤーナ（yāna）である。ヤーナは、「行く」「趣く」「旅行する」といった意味を持つ動詞ヤー（√yā）に、動作・状態・手段・用具などを表わす中性名詞を作る接尾辞 ana をつけたものである。従って、「行くこと」「趣くこと」「旅行すること」が本来の意味であり、それが転じて「旅行」「旅」、あるいは馬車、荷馬車、船など種々の「乗り物」を意味する。仏教においては特に、「智慧に到るための手段あるいは方法」という意味として用いられる。

ヤーナの持つそのような意味に対して、シュラーヴァカ・ヤーナ（śrāvaka-yāna）、プラティエーカ・ブッダ・ヤーナ（pratyeka-buddha-yāna）、ボーディサットヴァ・ヤーナ（bodhisattva-yāna）、ブッダ・ヤーナ（buddha-yāna）の意味するものは何であろうか？　それぞれ声聞乗、独覚乗（辟支仏乗）、菩薩乗、仏乗と漢訳されている。

それぞれの複合語をどう訳すか。シュラーヴァカ・ヤーナを安易に「声聞の乗り物」と訳しても、「声聞が牽《ひ》く車」とも取れるし、「声聞が所有する車」「声聞が乗っている車」「声聞が作った車」などと取ることもできて、曖昧さが残る。それを明らかにすることが、二乗、三乗、一仏乗の違いを明確にすることにもなろう。それらは、複合語の前半と後半の関係が同一構造ではないようだ。

まず、初めの三つ、いわゆる声聞乗、独覚乗、菩薩乗の三乗の場合は、それらに乗る人は、それぞれ声聞であり、独覚果を求める人であり、菩薩である。それに対して、仏乗に乗る人はブッダではない。ブッダは既に完成された人であって、人々に仏乗を示して乗せることはあっても、もはや自らが仏乗に乗る必要はないからだ。これは決定的な違いである。ブッダ・ヤーナ（仏乗）のブッダ（仏）が、乗る人のことを示しているのではないとすると、そのブッダは何を意味しているのだろうか。それは、本章第二節で既に述べたように、その車の到達点を意味しているのである。

それは、仏乗について定義した『法華経』方便品の次の一節、

一切知者の智慧（一切種智《いっさいしゅち》）を終着点とするブッダに到る乗り物……。

（『サンスクリット原典現代語訳　法華経』上巻、五一頁）

一仏乗の為《ため》の故《ゆえ》なり。〔中略〕究竟《くきょう》して皆《みな》一切種智を得たり。

（『梵漢和対照・現代語訳　法華経』上巻、九八頁）

が裏づけている。この言葉の直後に、その乗り物（教え）についてさらに詳しく説明がなされる。

言い換えれば、まさに如来の知見によって衆生を教化《きょうけ》することであって、衆生に如来の知見を開示し、如来の知見に入らせ、如来の知見を覚らせ、如来の知見の道に入らせる法……。

（『サンスクリット原典現代語訳　法華経』上巻、五一頁）

これが、一仏乗の具体的な内容である。すなわち、「如来の知見によって衆生を教化すること」であり、さらに具体的に言い換えれば、衆生に「如来の知見を開示し」「如来の知見に入らせ」「如来の知見を覚らせ」「如来の知見の道に入らせる」教えが一仏乗なのである。

そうすると、三乗は、「声聞のための乗り物」「独覚果に到る乗り物」「菩薩のための乗り物」と言い換えられるのに対して、仏乗は「ブッダへ到る乗り物」という意味で解釈していいであろう。

それでは、三乗のそれぞれの目的地はどこかといえば、声聞乗は阿羅漢果であり、独覚乗は独覚果であって、いずれもブッダではない。ブッダとなることを目的地とするのは菩薩である。目的地が同じであるという意味では、仏乗と菩薩乗は似ている。違うのは何かといえば、菩薩乗に乗れるのは声聞、独覚の二乗を除いた菩薩だけであるのに対して、仏乗には声聞、独覚、菩薩の別なくすべての人々が乗ることができるし、そのすべてがブッダの境地に到達できるとしていることだ。

在家と出家、および男女という観点から見れば、声聞と独覚の二乗は出家の男子に限られ、在家と女性は全くの対象外とされている。菩薩乗は、在家と出家の男女の成仏を許してはいるが、二乗を排除している。仏乗は、それらの差別を一切取り払って二乗も含めた在家と出家の男女のすべてを成仏可能としているという違いがある。

従って、二乗と菩薩乗の違いは、①在家と女性を含めるかどうかということ、②ブッダの境地に到れるとするかどうかということ——の二点である。菩薩乗と仏乗は、在家・出家、男女の違いも問うことなく、いずれもブッダの境地に運んでいく乗り物であるとする点では同じであるが、それに乗れる人を二乗を排除して菩薩に限るとするのか、あるいは声聞、独覚も含めた一切衆生にまで許すのかという違いがある。こうしたことを【表8】にまとめる。

サンスクリット語	漢訳	意味	乗る人	目的地
śrāvaka-yāna	声聞乗	声聞のための乗り物	声聞（出家の男子）	阿羅漢果
pratyeka-buddha-yāna	独覚乗	独覚果に到る乗り物	独覚果を求める人（出家の男子）	独覚果
bodhisattva-yāna	菩薩乗	菩薩のための乗り物	菩薩 （在家と出家の男女。二乗は除く）	ブッダ
buddha-yāna	仏乗	ブッダに到る乗り物	三乗など一切衆生 （在家と出家の男女）	ブッダ

表8

このように、仏乗は、他の三乗とは際立って異なっているのである。声聞は、自らブッダになるなどということはおそれ多いことだとして、阿羅漢果というところで満足してしまっている。独覚は、〝ブッダ〟になるとはいえ、それは独り自己のみのためであり、他者のことなど眼中にない。菩薩は、ブッダに至ることを願い求めてはいるが、それは声聞、独覚を排除したところでなされている。そういう意味では、声聞、独覚は当然のことながら、菩薩でさえも、あらゆる人が差別なく成仏できるとする『法華経』の一仏乗の教えについては理解し難いことになるのである。

だから、序品で三昧《さんまい》に入っていた釈尊は、方便品に入るやいなや、静かに立ち上がって、

シャーリプトラよ、正しく完全に覚った尊敬されるべき如来によって覚られたブッダの智慧は、深遠で、見難く、知り難いものであって、**一切の声聞や、独覚（辟支仏）によっても理解し難い**ものである。（『サンスクリット原典現代語訳　法華経』上巻、三七頁）

諸仏の智慧は甚深無量なり。其《そ》の智慧の門は難解難入《なんげなんにゅう》なり。**一切の声聞、辟支仏の知ること能《あた》わざる所なり**。（『梵漢和対照・現代語訳　法華経』上巻、七六頁）

と、切り出したのである。さらには、方便品の第八偈において、声聞、辟支仏だけではなく、菩薩でさえも理解できないことであると論じられていく。

まず、声聞については、次のように論じた。

世間をよく知る人〔であるブッダ〕に属しているこれらの**声聞たちで**、かつてブッダたちに供養をなし、人格を完成された人によって称讃され、汚れを滅し、現在の身体が〔輪廻

における〕最後の身体となっている**声聞たち**にとってもまた、**勝利者たちの智慧の中には理解できる対象は存在しないのだ**。（『サンスクリット原典現代語訳　法華経』上巻、四〇頁）

諸仏の**弟子衆**の曾《かつ》て諸仏を供養し、一切の漏《ろ》已《すで》に尽くして、是《こ》の最後身《さいごしん》に住せる、是《か》くの如《ごと》き諸人等、**其《そ》の力堪《た》えざる所なり**。（『梵漢和対照・現代語訳　法華経』上巻、八〇頁）

次に縁覚（独覚）については、次のように述べている。

汚れがなく、明敏な能力（利根《りこん》）を持ち、現在の身体が〔輪廻における〕最後の身体となっている**独覚たちが**、あたかも葦《あし》や竹林のように十方のすべてを満たしているとしよう。それらの独覚たちが一つになって、幾コーティ・ナユタ劫もの無限の期間にわたって、私の最高の教えの一部分を熟考したとしても、**そのブッダの知の真実の意味を知ることはないであろう**。（『サンスクリット原典現代語訳　法華経』上巻、四〇〜四一頁）

辟支仏《びゃくしぶつ》の利智《りち》にして、無漏《むろ》の最後身なる、亦《また》十方界に満ちて、其《そ》の数《かず》竹林の如くならん。斯《こ》れ等《ら》、共に一心に、億無量劫《こう》に於《お》いて、仏の実智を思わんと欲すとも、能《よ》く少分をも知ること莫《な》けん。（『梵漢和対照・現代語訳　法華経』上巻、八〇、八一頁）

これに続けて、さらに菩薩にまで言及がなされる。まず初めに、新発意《しんぼっち》の菩薩、すなわち菩薩の中でも初歩的な段階に位置づけられる人たちについて次のように告げる。

新たに菩薩のための乗り物によって出で立った新発意の菩薩たちは、幾コーティもの多くのブッダたちに供養をなし、教えの意義をはっきりとよく理解し、多くの法を語るもの（法師）たちであって、それらの菩薩たちが、この十方を満たしているとしよう。葦や竹のように、それらの新発意の菩薩たちが常に全世界をすきまなく満たしているとして、人格を完成された人が自身の眼をもって観察された法について、一つになって熟考するとしても、

あたかもガンジス河の無量の砂の数のように、幾コーティもの多くの劫にわたって、心を一つにして量り知れないほどきめ細かな智慧によって熟考しても、**それらの新発意の菩薩たちにとってもまた、この人格を完成された人が自身の眼をもって観察された法の中には理解できる対象は存在しないのだ。**

（『サンスクリット原典現代語訳　法華経』上巻、四一頁）

新発意の菩薩の無数《むしゅ》の仏を供養し、諸の義趣を了達し、又《また》、能《よ》く法を説かんもの、稲麻《とうま》竹葦《ちくい》の如くにして、十方の刹《くに》に充満せん。一心に妙智を以て、恒河沙劫《ごうがしゃこう》に於いて、咸《ことごと》く皆共に思量《しりょう》すとも、**仏智を知ること能《あた》わじ**。

（『梵漢和対照・現代語訳　法華経』上巻、八二頁）

さらに不退転となった菩薩についてでさえも、

あたかもガンジス河の砂の数のように多くの**不退転の菩薩たちがいて、心を一つにして熟考するとしても、それらの菩薩たちにとってもまた、この人格を完成された人が自身の眼をもって観察された法の中には理解できる対象は存在しないのだ。**

（『サンスクリット原典現代語訳　法華経』上巻、四一頁）

不退の諸の菩薩、其《そ》の数、恒沙《ごうじゃ》の如くにして、一心に共に思求《しぐ》すとも、亦復《またまた》知ること能《あた》わじ。

（『梵漢和対照・現代語訳　法華経』上巻、八二頁）

と、一仏乗の教えの理解が困難なことを宣言している。このように、声聞、独覚、新発意の菩薩、不退転の菩薩までもがブッダの智慧については知ることができないと言っていること も、上記の二乗と菩薩乗の違い、そして菩薩乗と仏乗の違いということを思い出せば、なるほどとうなずけよう。声聞、独覚、菩薩の三つの乗り物が、そろって玩具の車に譬えられていたのもそのためである。そのこと自体がまた、「三乗方便・一乗真実」を言い換えたものでもある。

これは、当時の仏教界に対するある意味の批判である。声聞・独覚でくくられる、いわゆる小乗の限界だけでなく、小乗の在り方を批判して菩薩という在り方を提唱した大乗の限界をも突いているのである。これまで、『法華経』方便品は二乗を破折《はしやく》していると解釈されることもあったが、そうではなくて『法華経』は、菩薩も含めた三乗すべての限界を指摘していたのである。

声聞・独覚に代表される小乗は、十号の一つで本来、ブッダの別称であった阿羅漢

(arhat) をブッダよりも低めてしまい、それを声聞の最終到達点とすることに甘んじていた。独覚は、自ら独り覚ることを求めるだけで、他者のことなど眼中にない。一方、大乗は、菩提心を発す者はだれでも菩薩であり、成仏できるとするが、それは小乗仏教の担い手としての声聞・独覚の二乗を排除することと表裏の関係として主張されていた。それは、「二乗不作仏《にじょうふさぶつ》」「永不成仏《ようふじょうぶつ》」という言葉が示す通りである。小乗が在家の不作仏や、女人不作仏《にょにんふさぶつ》を説いたのと同じ次元に立っていると言える。平等を主張するのに、例外規定を設けて何かを排除することは、それ自体が自己矛盾である。それが、大乗の限界ということになろう。こうした三つの在り方（三乗）をまとめて止揚すること、すなわち三乗相互の矛盾・対立を高い次元において統一・昇華すること、それが『法華経』の主眼であったと言えよう。そのカギが一仏乗ということであった。その止揚は、二乗から菩薩へ、菩薩から〝真の菩薩〟へ、そして三乗すべてから一仏乗へという方向性をもってなされた。

　まず声聞を菩薩へと止揚する言葉として、釈尊は声聞の代表であるシャーリプトラに告げる。

　ここにおいて疑念と疑惑を取り除くがよい。法の王である私は告げる。「私は最高の覚りに向けて教化するのであり、**私にとって、この世に声聞〔と言われる人〕は誰一人として存在しないのだ**〔なぜならば、彼らも菩薩であるからだ〕……」と。

シャーリプトラよ、このことはあなたにとって秘要の教えであるべきである。また、**私に属するこれらのすべての声聞たちも、また最も重要な人たちであるこれらの菩薩たちも、**

私のこの秘要の教えを受持するべきである。

（『サンスクリット原典現代語訳　法華経』上巻、七一、七二頁）

汝等《なんだち》よ、疑い有ること勿《なか》れ。我は為《こ》れ諸法の王、普く諸の大衆に告ぐ。「但《ただ》、一乗の道《どう》を以《もっ》て、諸の菩薩を教化《きょうけ》して、声聞の弟子無し」と。汝等、舎利弗、声聞、及び菩薩、当《まさ》に知るべし、是の妙法は、諸仏の秘要《ひよう》なり。

（『梵漢和対照・現代語訳　法華経』上巻、一三〇頁）

ここに、「私にとって、この世に声聞〔と言われる人〕は誰一人として存在しない」とある。声聞と言われる人でなければ、何と言われるのであろうか？　他のところでは、「真の声聞」（śrāvaka-bhūta ＝『サンスクリット原典現代語訳　法華経』上巻、一三九頁）という表現も出てくるが、それは菩薩と言われるのである。法師品の冒頭で釈尊は、八万の菩薩たちの中の薬王菩薩に向かって、多くの神々（天）、龍、ヤクシャ（夜叉《やしゃ》）、ガンダルヴァ（乾闥婆《けんだつば》）、アスラ（阿修羅《あしゅら》）、ガルダ（迦楼羅《かるら》）、キンナラ（緊那羅《きんなら》）、マホーラガ（摩睺羅《まごら》迦《が》）、人間（人《にん》）や、人間以外のもの（非人《ひにん》）たち、比丘・比丘尼・優婆塞・優婆夷の四衆たち、声聞乗に属するもの、独覚乗に属するもの、菩薩乗に属するものたちのことを指して次のように宣言していた。

〝薬の王〟よ、実にこれらはすべて、〔中略〕偉大な人である菩薩たちであり……。

（『サンスクリット原典現代語訳　法華経』上巻、二五九～二六〇頁）

この箇所の漢訳相当箇所は存在しないが、この一節からして、声聞乗に属している者も、釈尊から見れば本来、菩薩なのである。

『アジア仏教史・インド編Ⅲ　大乗仏教』（佼成出版社）には、

『妙法華経』には「仏は、ただ菩薩のみを教化す」ということばが、たびたび説かれて、二乗を認めないことを示している。（二〇三頁）

とあるが、これは甚だしい誤解である。『法華経』の主張は全く逆である。二乗を認めないのではなく、認めているのである。『法華経』は決して、二乗を弾呵《だんか》してはいない。いわゆる二乗と呼ばれる人は、釈尊にとって存在しないのである。というのは、釈尊から見れば、二乗と呼ばれている人も本来、すべてが菩薩であるからだ。だから、彼らを教化することは、ただ菩薩のみを教化していることになるのである。もしも、二乗を弾呵していると言うのなら、菩薩も弾呵していると言い直すべきである。それは、声聞、独覚、新発意の菩薩、不退転の菩薩も仏智を理解し難いとしているからである。

観点を変えて言えば、釈尊が「声聞、独覚、新発意の菩薩、不退転の菩薩も仏智を理解できない」と述べたことは、果たして彼らを否定したことなのかどうかということである。ここで言う、「声聞、独覚、新発意の菩薩、不退転の菩薩」も理解できないところの「仏智」の内容は、彼らすべてが等しく一仏乗によって成仏できるということである。これは、「あなたは無知です」「あなたは、自分がいかにすごい能力と才能を持っているか知らない」といった発言があったとして、これは相手をけなしているのか、ほめているのかという問題と似ているのではないか。「無知だ」というところだけを見ると、一見、けなしているように見える。ところが、「無知である」とするその内容が、「あなたがいかにすごい能力と才能を持っているか」ということである点を見れば、結局のところは、これはほめていることになる。パラドクシカルに肯定しているのである。この『法華経』方便品での釈尊の三乗に対する態度も全く同じである。三乗を否定しているように見えるが、結局は肯定しているのである。ここに『法華経』の止揚の論理を見ることができる。

また、方便品に「菩薩のみを教化す」という一節があることを示して、同書では「二乗を認めないことを示している」と短絡的な判断がなされているが、これも甚だしい勘違いである。そのように解釈してしまうと『法華経』の立場ではなく、他の大乗の立場になってしまう。すなわち、二乗を排除することによって菩薩という在り方を探求するという立場である。方便品で釈尊が言っているのは、釈尊から見れば人間は平等であり、いわゆる声聞、独覚も皆、菩薩なのであって、釈尊が彼らを教化することは「菩薩のみを教化」していることなのである。ここに、一般の大乗や、小乗の取っていた考えと『法華経』の考えの違いがはっきりと読み取れる。

シャーリプトラ（舎利弗）——それは声聞、すなわち小乗仏教を代表する人物として大乗経典では登場するが、その人に向かって釈尊は、「声聞に属する人はだれ一人いない」と告げる。しかも、そのことを声聞たちだけではなく、菩薩に対しても受け入れるように諭している。これは、二乗を排除している菩薩に対して反省を促す教示である。彼らが声聞と称している者たちは、本質的には声聞に属するものではない。菩薩に属するものなのである。その事実を受け入れて、人間の平等を理解してこそ〝真の菩薩〟たり得るということであろう。

『法華経』には、「真の声聞」（śrāvaka-bhūta）という語は用いられているが、〝真の菩薩〟という語は用いられていない。けれども、方便品でブッダの智慧は声聞も菩薩も理解できないとしておいて、その声聞が実は菩薩であることを明かし、さらには菩薩にも、「声聞が菩薩である」ことを受け入れるように促している。ここに、声聞を差別する菩薩と、差別しない菩薩の区別がなされていて、『法華経』は後者をあるべき菩薩であると考えている。従って、筆者は、それを「真の声聞」にならって、〝真の菩薩〟と呼ぶことにした。

あえて言えば、一仏乗の説かれた「この経」を受持する人のことを、宝塔品第十一（第11章）で「世間の保護者の嫡出子」（loka-nāthāna aurasaḥ＝『サンスクリット原典現代語訳　法華経』下巻、二〇頁）と表現していることが、〝真の菩薩〟に相当している。「世間の保護者」（loka-nātha）とはブッダのことだ。菩薩は、しばしば「仏子」と言われ、buddha-putraと表現される。宝塔品でputra（息子）でなく、aurasa（嫡出子）を用いたということは、息子の中でも特別なものという意味を込めているのだ。鳩摩羅什も、この「世間の保護者の嫡出子」に相当するところを「真の仏子」（『梵漢和対照・現代語訳　法華経』下巻、六〇頁）と漢訳している。これは、まさに〝真の菩薩〟ということである。

また、声聞が、「声聞に属する人はだれ一人いない」ということを信受してこそ「真の声聞」であり、それは取りも直さず菩薩にほかならないのである。ということは、声聞にはまず菩薩の自覚を持たせ、菩薩には〝真の菩薩〟たらしめるということが『法華経』の教示の主眼であるということになる。そう考えると、序品をはじめとして何度も出てくる『法華経』を修飾する次の言葉の意味が明らかになってくる。

広大なる**菩薩のための教え**(bodhisattvâvavāda)であり、すべてのブッダが把握しているその〝白蓮華のように最も勝れた正しい教え〟(4)という法門の経。

(『サンスクリット原典現代語訳 法華経』上巻、二八頁ほか多数)

大乗経の妙法蓮華・**教菩薩法**・仏所護念と名づくる……。

(『梵漢和対照・現代語訳 法華経』上巻、四二頁ほか多数)

ここに、「ボーディサットヴァーヴァヴァーダ」(bodhisattvâvavāda)とあるのは、bodhisattva(菩薩)とavavāda(教示、教え)の複合語であり、「菩薩のための教示」とでも訳されよう。それは、以上の議論から「声聞に菩薩の自覚をもたらす教示(5)」という意味と、「菩薩を〝真の菩薩〟たらしめるための教示」という二つの意味が掛詞として用いられていると理解できるのではないか。このようにして、最終的には三乗のすべてを一仏乗に導く。そして三乗のすべてを成仏させる。これが、『法華経』の目指したことであった。それは、次の一節が述べている通りである。

それらのすべての最高の人たちは、譬喩と、因縁、そして幾百もの多くの巧みなる方便によって、多くの浄らかな法を説かれた。
また、それらのブッダたちは、すべて一つの乗り物を説いたのであり、考えることもできない幾千・コーティもの生命あるものたちを**一つの乗り物に到らしめ、一つの乗り物の中において成熟させるのだ。**（『サンスクリット原典現代語訳　法華経』上巻、六二頁）
是《か》くの如《ごと》き諸の世尊も、種種の縁・譬喩・無数《むしゅ》の方便力をもって、諸法の相を演説したまいき。是《こ》の諸の世尊等も、皆、一乗の法を説き、無量の衆生を化《け》して、仏道に入らしめたまいき。（『梵漢和対照・現代語訳　法華経』上巻、一一二頁）

当時の小乗仏教と大乗仏教が、いずれも特定の人々を成仏から排除していたのに対して、『法華経』は「皆成仏道《かいじょうぶつどう》」を主張し、二乗も、女性も、在家も、悪人[6]も排除することなく、あらゆる人々が成仏できることを説いた。『法華経』の強調する仏乗には、このような重大な意味が込められているがゆえに独一である。単に「仏乗」と言えばすむところを、敢えて「一仏乗」と言い、「無二亦無三」とその唯一性を強調したのは、以上のような特別の意味が込められているからであろう。それは、「一声聞乗」「一独覚乗」「一菩薩乗」という言い方が、決してなされないことからも、その独一性がうなずけよう。

『法華経』において、二乗から菩薩へ、菩薩から〝真の菩薩〟へという止揚は、前半部（いわゆる迹門《しゃくもん》）の二乗に対する未来における成仏の予言（vyākaraṇa、授記）と、後半部（いわゆる本門）の菩薩に対する滅後の弘教《ぐきょう》の付嘱（anuparīndanā）という二段構えで行なわれているのではないか。

方便品第二（第2章）において二乗、すなわち小乗仏教の代表的存在であるシャーリプトラが質問する形を取り、それをきっかけとして、ヴァーラーナシー（ベナレス）郊外の鹿野《ろくや》苑《おん》で行なった初転法輪に続く「第二の最高の転法輪」が行なわれ、二乗も菩薩であることが明かされた。それとともに、

シャーリプトラよ、あなたは、未来の世に世間において、量り知れず、考えることもできない無量の劫にわたって幾百・千・コーティ・ナユタもの多くの如来の正しい教えを受持して、また種々の供養をなして、まさにこの菩薩としての修行を完成して、〝紅蓮華《ぐれんげ》の輝きを持つもの〟（華光《けこう》）という名前の正しく完全に覚った如来で、尊敬されるべき人となり、学識と行ないを完成した人で、人格を完成した人で、世間をよく知る人で、人間として最高の人で、調練されるべき人の御者《ぎよしや》で、神々と人間の教師で、目覚めた人で、世に尊敬されるべき人となるであろう。

（『サンスクリット原典現代語訳　法華経』上巻、八一頁）

と、仏の十号を列挙して二乗を代表するシャーリプトラへの授記をなした。これは、二乗から菩薩への止揚と、その結果としての作仏《さぶつ》を説いたものである。

また涌出品《ゆじゆつぼん》第十五（第14章）には、他の世界からやって来ていた八つのガンジス河の砂（八恒河沙《ごうがしや》）の数に等しい無数の菩薩たちが、滅後の弘教を願い出る場面がある。それに対

して、釈尊は、次のように制止する。

やめなさい。良家の息子たちよ、あなたたちのその仕事が何の役に立とうか。

（『サンスクリット原典現代語訳　法華経』下巻、六七頁）

止《や》みね、善男子《ぜんなんし》よ。

（『梵漢和対照・現代語訳　法華経』下巻、一八〇頁）

その時、大地の下から無数の菩薩（地涌《じゆ》の菩薩）を呼び出す。すると、八つのガンジス河の砂の数にも等しい無数の菩薩たちは、輝かしい地涌の菩薩の姿に圧倒され、疑問を抱く。そこで、小乗と大乗の両方において未来仏として待望されていたマイトレーヤ（弥勒）菩薩が、菩薩たちを代表して質問をする。

方便品第二（第2章）では、二乗を代表するシャーリプトラに対して、「諸仏の智慧は甚深無量なり。其《そ》の智慧の門は難解難入《なんげなんにゅう》なり。一切の声聞、辟支仏《びゃくしぶつ》の知ること能《あた》わざる所なり」（同、上巻、七六頁）と述べられていたが、この涌出品第十五（第14章）では、マイトレーヤをはじめとする菩薩にとって理解困難であることがテーマとされている。これは、一般の大乗仏教に説かれる菩薩たちにとって「知ること能わざる所」のことを問題提起して、その上で寿量品第十六（第15章）に移行していくという構造であり、〝真の菩薩〟への止揚が意図されている。

その止揚のために、『法華経』の説く菩薩のモデルとして地涌の菩薩を登場させている。さらには、その具体的な実践の在り方を示すモデルとして不軽菩薩を登場させている（第七章を参照）。その上で、滅後の弘教の付嘱を地涌の菩薩になした。こうして最終的には、嘱累品第二十二（第27章）において他の菩薩にも付嘱するということで、菩薩から〝真の菩薩〟への止揚は完結するのである。

二乗から菩薩への止揚が「授記作仏」としてなされ、菩薩から〝真の菩薩〟への止揚が「滅後の弘教の付嘱」という形でなされたのも重要な意味があると思う。菩薩たちに対しては、未来成仏の授記（vyākaraṇa）がなされていないのである。説一切有部を代表とする小乗仏教教団に比される二乗は、自らが菩薩、ましてや仏になるなどということは、恐れ多いこととしていたので、敢えてそのアンチテーゼとして「授記作仏」という形をとったのであろう。それは、釈尊に対してのみなされたとする燃燈仏《ねんとうぶつ》による授記を二乗にまで拡大したものであった。さらに、『法華経』では、ブッダ（覚者）に成るのは当然のことであり、なってどうするのかという行為こそが問われる。それは、永遠の菩薩道に徹するということである。

法師品第十（第10章）において、法師たる善男子・善女人のことが「ブッダの国土への勝れた誕生も自発的に放棄して」（『サンスクリット原典現代語訳 法華経』上巻、二六二頁）、この法門を説き示すためにわれわれの住むジャンブー州（閻浮提《えんぶだい》）の人間の中に生まれてきた者だと説明されていた理由は、ここにあったのである。

また、寿量品《じゅりょうほん》において久遠実成《くおんじつじょう》（遥かな過去において釈尊が成仏していたこと）を明かすのと併《あわ》せて、また、良家の息子たちよ、私は、私の過去における菩薩としての修行を今なお未だに完成させていないし、寿命の長ささえも、未だに満たされていないのである。

（『サンスクリット原典現代語訳　法華経』下巻、九二頁）

諸の善男子よ、我、本《もと》菩薩の道《どう》を行じて成《じょう》ぜし所の寿命、今猶《いまなお》、未《いま》だ尽きず。

（『梵漢和対照・現代語訳　法華経』下巻、二二八頁）

という言葉が記されていること自体が、ブッダであると同時に永遠に菩薩道を貫いている釈尊自身の姿を通して〝真の菩薩〟の在り方を表明している。ここに『法華経』の目指した〝真の菩薩〟の在り方が求められよう。その在り方はまた、第七章において既に詳述した常不軽菩薩の人間尊重と寛容の振る舞いとしても提示されるのである。

第五節　『法華経』で女人成仏は当然すぎること

以上が、『法華経』の中心思想の一つである一仏乗思想のあらましである。ここでは、声聞・独覚の二乗、および菩薩に代表されるあらゆる人々の平等が説かれているが、女性というテーマでは取り立てては何も論じられていない。これを女性についての観点からとらえ直してみよう。

小乗仏教は、出家中心主義、男性中心主義であった。小乗仏教の言う声聞、独覚、菩薩、仏には女性や在家は含まれていないのである。それに対して、大乗仏教が打ち出した菩薩乗には女性も在家も含まれていた。しかしこの段階では、小乗が在家や女性を排除するという、声聞の立場からの差別思想であるのに対して、大乗は二乗を排除するという意味で菩薩の立場からの差別思想であることに変わりはなかった。何かを差別することによって平等を唱えることは、自己矛盾であり、必ず破綻《はたん》をきたす。菩薩によって女性の平等を唱えたといっても、何かの口実を設けて再び軽視されるようになる余地を残すことになる。絶対的な平等を唱えるためには、何かを排除することなく、すべての平等を提示しなければならない。それが、一仏乗の思想であった。

ただ、仏教史のなかで小乗対大乗という図式が大きなテーマとなっていたことから、一仏乗は、声聞・独覚・菩薩を止揚するという形で打ち出された。そのため、女性のことが表に出ることはなかった。それは、『法華経』編纂者たちにも自覚されていた。そこで、彼らは、『法華経』に登場する女性たちが、自分たちの名前を挙げて授記がなされなかったことに不安を覚えるという場面を敢えて盛り込んでいる。

二乗から菩薩へ、菩薩から〝真の菩薩〟へ、さらにはブッダへという『法華経』のストーリー展開を見ると、確かに女性のことが話題にされていないように見える。けれども視点を逆転させて、一仏乗の立場から逆に二乗や三乗、さらにはあらゆる人々を見直したとき、一切の差別は消失し、二乗も菩薩であり、在家も菩薩であり、女性も菩薩であり、だれ人も菩薩であることが明らかとなる。その一仏乗を信受してブッダ（覚者）となれるということが一仏乗の思想の説くところである。一仏乗はすべての人の成仏可能性を保証するものであった。敢えて女性の成仏をテーマとして取り上げることはなされなかったが、既にそこには、あらゆる人の成仏として女性の成仏も含まれていたのである。

『法華経』の流れを振り返ってみると、人記品第九（第9章）までで『法華経』の第一のテーマである一仏乗を明かすことが、二乗への授記ということを通して完了する。続いて法師品第十（第10章）から、釈尊の滅後においてだれが『法華経』を弘通《ぐつう》するのかという第二のテーマに話題が移る。そこで、「説法者（法師）としての菩薩」という在り方が求められる。ところが、勧持品第十三（第12章）の初めのほうで、マハー・プラジャーパティーをはじめとする女性たちが、授記から取り残されたかのような不安にかられる。釈尊はその不安に対して、「既に授記したことになっているのだけれども……」と述べつつも、改めて彼女らに授記をなしている。その場面を追ってみよう。

するとその時、世尊の叔母《おば》であるマハー・プラジャーパティー・ゴータミー（摩訶波闍波《まかはじゃは》提憍曇弥《だいきょうどんみ》）は、まだ学ぶべきことのあるものと、もはや学ぶべきことのない女性出家者たちである六千人の女性出家者たちとともに席から立ち上がって、世尊のおられるところに向かって合掌して敬礼し、世尊を見つめながら立っていた。

（『サンスクリット原典現代語訳　法華経』下巻、三六頁）

爾《そ》の時、仏の姨母《いも》、摩訶波闍波提《まかはじゃはだい》比丘尼、学《がく》・無学《むがく》の比丘尼《びくに》六千人と倶《とも》に、座より起《た》って一心に合掌し、尊顔《そんげん》を瞻仰《せんごう》して目暫《しばら》くも捨てず。

（『梵漢和対照・現代語訳　法華経』下巻、一一〇頁）

それを見て釈尊は、マハー・プラジャーパティーに語りかけた。

ゴータミー（橋曇弥《きょうどんみ》）よ、なぜ、あなたは憂いを抱いて立って如来の私を見つめているのか？

（『サンスクリット原典現代語訳　法華経』下巻、三七頁）

マハー・プラジャーパティーは、言った。

私は、名前を呼ばれて、この上ない正しく完全な覚りに到るであろうという予言がなされませんでした。

（同）

それに対して、釈尊は、

しかしながら、ゴータミーよ、すべての聴衆に対する未来の成仏の予言によって、あなたは、既に予言がなされているのだ。

（同）

と答えている。女性のことは、取り立てて論じられてはいないけれども、既に女性への記別も完了しているというのである。これは、一仏乗の思想によれば、あらゆる人が漏れることなく成仏できるということであるので、当然のことであろう。けれども、マハー・プラジャーパティーたちは、それでは納得できなかった。それで、「私たちには授記はしてもらえないのだろうか」という不安にかられたのであった。そこで釈尊は、女性たちを安心させるために、改めて彼女たちに未来の成仏の予言を行なうのである。これは、女性の成仏が否定されていた当時の情況の中で、敢えて女性の成仏を際立たせようとした表現と見ていいであろう。

初めに、マハー・プラジャーパティー・ゴータミーに対して予言がなされた。

従って、ゴータミーよ、あなたは、この私の外に三百八十万・コーティ・ナユタものブッダたちのそばにおいて、〔称讃、尊重、尊敬、供養、恭敬、尊崇をなして後に、〕説法者としての菩薩となるであろう。　（同）

同じことが六千人の比丘尼たちについても繰り返される。その上で、マハー・プラジャーパティーに対して、

それからさらに後に、あなたは世間において、菩薩としての修行を成し遂げて、〝あらゆる衆生が喜んで見るもの〟（一切衆生喜見《いっさいしゅじょうきけん》）という名前の正しく完全に覚った如来で、尊敬されるべき人で、学識と行ないを完成した人で、人格を完成した人で、世間をよく知る人で、人間として最高の人で、調練されるべき人の御者で、神々と人間の教師で、目覚めた人で、世に尊敬されるべき人となるであろう。　（同）

と、仏の十号を列挙して未来における成仏の予言がなされた。これは、譬喩品第三（第3章）以後のシャーリプトラをはじめとする声聞たちへの授記の場面と全く同じ表現となっている。

さらに、同じことが六千人の比丘尼たちに対しても行なわれる。そして、ヤショーダラーに対しても「幾百・千もの光明で満たされた旗を持つもの」（具足千万光相《ぐそくせんまんこうそう》）という名前の如来となるであろうと、全く同じ表現で未来の成仏の予言がなされる。

この釈尊とマハー・プラジャーパティー、あるいはヤショーダラーとの対話自体に、既に一仏乗の思想が女性の成仏・平等を保証するものであったということが示されているのである。一仏乗の思想からすれば、女人の成仏を取り立てて言わなくても、それは当たり前すぎることであった。

こうした文脈からすると、提婆達多品の龍女の成仏は必ずしも必要ではない。マハー・プラジャーパティーも、六千人の比丘尼たちも、ヤショーダラーも変成男子することなく授記されているのである。女人成仏というテーマが一致することから、「変成男子」による龍女の成仏の話が後世に挿入・付加されたのであろう。

第十章　結論、および今後の課題

一口に仏教と言っても、インド、チベット、中国、朝鮮、日本とそれぞれ独特の展開を見せており、同じインドでも原始仏教、小乗（部派）仏教、大乗仏教と大きく異なっている。従って、仏教の女性観を論ずるに当たっても、その中のどの部分について論じているのかを明確にしなければならない。そのいずれかの一部を論じて、仏教全般を論じているかのごとき錯覚をいだくことは厳に戒めなければならない。このことは、序章で断っておいた。

そのような立場から、本論は、チベット、中国、朝鮮、日本まで手を広げることはできなかったが、インド仏教に限って、仏教以前、あるいは仏教を取り巻く社会の女性観をはじめ、歴史的人物としての釈尊の女性観、釈尊在世当時の尼僧教団の実態、釈尊滅後の「小乗仏教」と貶称された部派仏教の女性観、さらには大乗仏教の女性観と立て分けて論じ、その上で、それらの変遷の歴史的背景——といったことを明らかにすることに努めた。また、インド仏教に女性差別があったとするならば、それはどのような時代であり、いかにしてそのような思想がもたらされたのか、またそれを乗り越える運動があったとするならば、何を問題として、いかにそれを乗り越えようとしたのか——それを明らかにする試みであった。

それは、結論として次のように要約できる。

(1)インドにおいて女性は著しく蔑視されていた。『マヌ法典』には「三従」が説かれ、「穀物と〔金銀以外の〕非貴金属と家畜を盗むこと、酒を飲む女を強姦すること、また女・シュードラ・ヴァイシャ・クシャトリヤを殺害すること、そして不信仰は準大罪(ウパパータカ)である」とまで規定されていた。バラモンを頂点とするカースト制度に縛られたヒンドゥー社会においては、女性は本質的に「不浄」「邪悪」「軽薄」「淫ら」なものとされ、「女は出産の手段」「男児を産んでやっと一人前」「娘は厄介者、息子は最高天の光」とされていた。こうした考えがインドに根強く存在し続けていたのだ。

(2)こうした社会にあって釈尊が女性だけでなく、あらゆるカーストに対しても徹底した平等を説いたことは画期的なことであった。釈尊のなまの言葉に近い原始仏典を見ると、女性が「劣ったものである」というような女性を軽視する考えは全く見られなかった。『サンユッタ・ニカーヤ』には、「このような車(教え)に乗る人は、女であれ、男であれ、実にこの車によって、ニルヴァーナ(涅槃、安らかな境地)の近くにいる」とあり、最高の智慧の完成において男女の区別はなされていなかった。シリア王の大使としてインドを訪れたギリシア人のメガステネース(紀元前三〇〇年ごろ)は、「インドには、驚くべきことがある。そこには女性の哲学者たちがいて、男性の哲学者たちに伍して、難解なことを堂々と論議している!」と記していたほどである。

(3)メガステネースの言葉が誇張ではなく、事実を伝えたものであることは、女性修行者たちが自らの体験を詩として集大成した『テーリー・ガーター』に明らかであった。『テーリー・ガーター』には、「わたしは安らぎを得ました」「わたしの心は解脱しました」「わたしはブッダの教えをなし遂げました」――などと自らの覚りの体験を誇りに満ちて語る尼僧たちの姿が生き生きと描かれていた。男性修行者たちがつづった『テーラ・ガーター』が、内面的な体験が多く、外部的な経験に関説することがまれであるのに対して、『テーリー・ガーター』は、外面的体験が語られていて、現実生活の描写に勝れ、一個の人間としての真《しん》摯《し》な生きざまや、人生の描写が豊かであった。そこには、男性修行者の側からの女性蔑視もなければ、女性自身の卑屈さも全く見られなかった。むしろ、一人ひとりの女性が、修行者としての誇りに満ちて自らの体験を語っていた。このように原始仏教においては、覚りは男女間で全く平等であったということがうかがわれた。釈尊は男女間に本質的な差別を設けていなかったのである。

（4）ところが釈尊の滅後、バラモン教的女性観が教団にも忍び寄ってきた。釈尊の平等思想によって教団においては出家前のカーストは不問であった。しかし、比丘教団の構成は、バラモン出身者が約半数を占めていたのは事実である。釈尊滅後もその比率は、大きく変わることはなかったであろう。そうしたこともあって、釈尊の滅後、バラモン教的女性観の侵入が余儀なくされた。それは仏教教団の小乗化（保守化、権威主義化）によって促進された。そこでは、釈尊の神格化が行なわれ、釈尊は我々から程遠い存在とされた。それと並行して、女性は、①梵天王、②帝釈天、③魔王、④転輪聖王、⑤仏身――の五つのものになれないとする「女人五障」説、あるいは、①幼時には親に従い、②嫁《か》しては夫に従い、③老いては子に従う――という「三従」説などの差別思想を小乗（部派）仏教が導入した。釈尊という理解者を失って尼僧教団の立場はますます低下した。ブッダや普遍的帝王（転輪聖王）

が具えるとされる三十二の身体的特徴（特に雄ライオンのような頬、雄ライオンのような上半身、馬のように隠れた男性器といった特徴）の考えも女性排除に一役果たした。そして、女性を蔑視する言葉は、不幸なことに、釈尊が語ったという設定で仏典に記されていった。

（5）紀元前後になって大乗仏教という仏教のルネッサンス（復興）運動が起こった。それは、小乗仏教徒から低く見られていた在家の男性や女性たちに支持された運動であった。その運動の一つとして、小乗仏教の女性差別思想の超克が挙げられた。それは、「変成男子」の考えと、あらゆる現象には固定的な実体はないとする「空《くう》」「不二《ふに》」の思想を打ち出すことでなされた。

（6）『首楞厳三昧経』『維摩経』などは、「一切は男にあらず、女にもあらず」とする「空」の思想からの女性の地位向上を訴えた。智慧第一とされたシャーリプトラを小乗仏教の代表として登場させ、女性が智慧によってやりこめるという場面も描かれていた。

（7）こうした運動は、さらに積極的なものとなった。バラモン教的女性観や小乗仏教からの女性に対する非難を主体的に受け止め、開き直り、「そんな女性に生まれたが故に女性の苦しみを理解できるし、女性を救うことができるのだ」と、他者救済の原動力に転ずるに至った。それは、「利他」をスローガンとする大乗仏教の菩薩の精神を彷彿とさせるものであった。こうした運動が進んで、しだいに妥協的表現の必要性はなくなったのであろう。「変成男子」に触れる仏典は少なくなり、代わって女性が主人公となって釈尊の代わりに教えを説き、それを釈尊が認可するという内容の『勝鬘経《しょうまんぎょう》』が登場するまでになった。

（8）『法華経』に導入された「変成男子」による龍女の成仏は、バラモン原理主義に配慮した妥協的な表現として女性の成仏が可能であることを論じ、「女人五障」説を全面否定するものであったが、厳密に読めば、「変成男子」は女性の成仏に不可欠な条件ではなく、小乗仏教の女性観に固執するシャーリプトラへの〝当てつけ〟であった。『法華経』は、一仏乗の思想によって一切衆生の成仏を説くことで有名だが、それは、当然のこととして女性の成仏も可能としている。しかも、行ないの立派な男女を意味する「善男子・善女人」を並べて称するなど、男女を同等に扱っていることも注目された。さらには、『法華経』の理想とする菩薩である常不軽菩薩は、悪口・罵詈されながらも男女の分け隔てなく「あなたもブッダになれます」と訴え続けた。

以上の考察を通して、ここに結論されることは次の通りである。インド仏教における女性蔑視を乗り越える運動は、大きく分けて二回あったということができる。その第一は、バラモン教に基づく女性蔑視のインド社会にあって、釈尊自身によって説かれたものであった。第二は、釈尊滅後、教団が保守化し、権威主義化するとともに在家や女性を軽視する風潮が教団内に強くなる中で、大乗仏教運動が興り、在家や女性の平等を訴えたことである。

第一は、バラモン教的差別が横行している中で、教団（僧伽）という集いの中において実現されていた平等である。対社会的には積極的に働きかけるということはなかったが、釈尊は機会あるごとに仏教外の人たちにも平等を説いていた。

第二は、仏教教団自体が権威主義化し、在家や女性を差別するようになったのに対して、在家の男性や女性たちが主体的に担っていた大乗仏教は、対社会的にも、部派教団に対しても平等を訴えることになった。仏教史において女性が確かに軽視されていた時代があった。けれどもそれは歴史的人物としての釈尊の本意ではなかった。大乗仏教は、いわば「釈尊の原点に還れ」というルネッサンス運動であった。

「生まれによってではなく、行ないによって人は貴くも、賤しくもなる」という素朴な平等観が、原始仏教の教団内において実現されていたにもかかわらず、時代を経て、また社会の現実にさらされて、教団自体にも女性差別が持ち込まれることになった。仏教は再度、仏教教団内外のインド古来の女性差別の思想と真っ向から向き合って、いかにそれを乗り越えるかという試練に立たされた。その運動を担ったのが大乗仏教であり、彼らは、そのために「空」の思想を論じ、「変成男子」という考えを導入し、さらには二乗と菩薩の対立を超越して普遍的な平等観の根拠として「一仏乗」の思想を打ち出した。この場合の「二乗」という言葉は、小乗、あるいは男性出家者と言い換えられるし、「菩薩」という言葉は、大乗を信奉する在家と出家の男女と言い換えることができる。一仏乗は、それらの対立を超えてあらゆる人々の平等を説くものであった。

大乗仏教の支持者であった在家の人たちは社会の中にあったがゆえに、なおさらバラモン教的差別の因襲と直接に対峙していた。それだけに、大乗仏教は、小乗教団だけでなく、対社会的にも緊張感をもって平等を訴えた。大乗仏典はいわば女性蔑視など現実との格闘の足跡といえよう。

ただし、仏教の平等論は、労働や、教育、財産などに関する社会的権利の主張として論じられたのではなく、一人ひとりが「法」(真理)に基づいて「真の自己」に目覚め、智慧と人格の完成によって、自他ともに人間の尊厳に目覚めるという形で提唱された。それは「権利の平等」というよりも、「精神的・宗教的な意味での平等」であった。それが、近代西洋の平等の観念と異なる点である。西洋において平等は、フランス革命の標語の一つに掲げられていたように、権利のための闘争を通じて現われた観念であった。中村元博士は、『原始仏教の社会思想』において、仏教の平等論が権利の主張という形でなされなかったことについて、次のように論じている。

> 一般に近代の平等思想が見のがしている重大な問題点は、精神的宗教的な平等思想がなければ、社会的な平等は樹立し得ないということである。仏教では精神的な意味での平等を主張した。平等の主張が単に利己主義にもとづくものではなくて、人間のより高き生存を実現するための思想的基盤を提供するものとなるためには、仏教にいたっていちおう完成した平等論は大きな意味をもっている。それは equality であるとともに、equanimity としての性格を多分にもっている。（九七～九八頁）

equality も equanimity も、いずれも equal の派生語であり、equal は「(数量・程度・価値などが) 等しい」を語義としており、equality はその名詞形で「平等」を、equanimity は「心のバランスがとれている」、すなわち「(心の) 平静」を意味する。

　さらに、近代において、平等の主張が結果的に不平等という現実を作り出しているということも無視できないものであり、中村元博士は、真の平等は人間の我欲、偏執を超克するという方向において実現されるべきではなかろうか。原始仏教の平等論が依然としてとりあげられるべきゆえんである。（九八頁）

とも付け加えている。それとともに、釈尊の原点に還る運動としての大乗仏教の平等論も取り上げられるべきであろう。

「利己主義にもとづくものではなくて、人間のより高き生存を実現するための思想的基盤を提供するもの」とは、「法」に基づいた「真の自己」の実現ということであり、それが大乗仏教になると、「仏性」とされ、『法華経』では「一仏乗」として展開されたと言えよう。

ところが、わが国のフェミニストたちは、仏教は女性を差別しているという見解をとられているようだ。その主張は、次の三点にまとめられよう。

①仏教は女性差別の宗教である。

②「女人五障」は性の一元化であり、「変成男子」は女性を差別するものである。

③「男にあらず、女にあらず」という「空」の考えは、性差に目をつぶるものである。

特に、日本仏教学会が一九九〇年に行なった「仏教と女性」と題するシンポジウムでは、「仏教は本来、女性を差別するものではない」とする仏教学者と、「仏教は女性を差別している」とするフェミニストたちの議論が平行線をたどっているという印象が否めない。

これまでの考察を踏まえ、上記の三点について検討して本論を終わりたい。

まず、①の「仏教は女性差別の宗教である」ということについては、リス・デヴィッズ夫人やI・B・ホーナー女史が、仏教の登場によって、女性たちが平等に扱われるようになり、男性に勝るとも劣らぬ生き生きとした姿を示していたことを感銘をもってつづられていることと比べても、そのギャップのあまりの大きさに驚きを禁じ得ない。

考えてみると、リス・デヴィッズ夫人や、ホーナー女史は、明治時代に至るまで日本仏教界がその存在すら知らなかったパーリ語の経典からアプローチされていたという違いがある。パーリ経典は、既に述べたようにアショーカ王の子（弟？）マヒンダによって紀元前三世紀ごろセイロン（スリランカ）に伝承されたものをほぼ忠実に伝えるもので、部派分裂、すなわち仏教の小乗化以前の原始仏教の教団の模様を伝えている。それは、仏教教団内で女性差別が本格化する以前のことであった。従って、パーリ経典を通してなされた議論では、当然のように仏教の登場で女性が平等に扱われるようになったという評価がなされたわけである。

それに対して、漢訳仏典は、部派分裂後に、教団が小乗化した中で成立した経典や、大乗仏教が興起し小乗仏教の女性軽視の思想を乗り越える努力が払われた時代に成立した経典類が併せて漢訳されたという経緯がある。従って、そこには差別の思想もあれば、その差別を乗り越えようとする言葉もある。ところが、フェミニストの方々は、「五障」のような小乗仏教の女性差別の言葉だけでなく、その差別を乗り越えようとして提示された「変成男子」のような言葉まで一緒にして「差別である」と、逆に理解されている感が否めない。

②については、「女人五障」は小乗仏教の女性差別の言葉だから、その指摘は正しい。しかし、「変成男子」という言葉は、第六章で考察したことからすれば、「性の一元化」という

ことと は全く異なるもので、大乗仏教徒からすれば、予期せぬ拡大解釈といえよう。少なくとも「変成男子」の意味するものは、各経典間で微妙なニュアンスの違いがある。女身を転じて男身となること、すなわち『法華経』では、第六章において論じたように、女身を転じて男身となること、すなわち「変成男子」が女性の成仏のための絶対的不可欠の要件ではなかった。女性の平等を訴える大乗仏教運動の背景には、極端に女性を蔑視するヒンドゥー社会があり、大乗仏教の徒も、そうした状況下で緊張感を持って女性の成仏を訴えていかざるを得なかったという事情を考慮しなければならないであろう。

また、男女の差異も相対的なものにすぎず、絶対的ではないとするのが、大乗仏教の基本的見解であった。ところが、小乗仏教の見解を代弁する役回りのシャーリプトラは、男身か、女身かという二者択一的な先入観に因われている。それで、シャーリプトラの先入観に沿った形を取りつつそれを否定するということで、『法華経』では「変成男子」説が取り入れられている。シャーリプトラが執著している小乗的な女性観と同じ土俵に立って、その上でそれを論破するという構図である。

こうしたことを考えても、「変成男子」を示したのは、男と女を対立的にとらえ男性優位を唱える小乗仏教徒の立場を象徴するシャーリプトラの先入観に付き合ったまでのことであり、『法華経』は、女性であることが何ら成仏の妨げにはならないということを言いたかったのである。いわば、「変成男子」は、小乗仏教の女性観へのアンチテーゼであったのだ。

また、「三十二相・八十種好」という小乗仏教教団が理想化し、神格化したブッダ像によって龍女の成仏を示したこと自体、シャーリプトラによって象徴される小乗仏教教団の先入観に付き合ったまでのことであろう。

このように「変成男子」は、シャーリプトラに象徴される小乗仏教教団の男性出家者の先入観に対する〝当てつけ〟としての表現であった。『法華経』の真意は、むしろマンジュシリー菩薩や、龍女自身が語っていたように、女身のままで不退転の菩薩の位に至り、女身のままで仏に成ることができるということ（即身成仏）を示すことにあった。従って、「変成男子」を男性の性への一元化などと解するのは、大乗仏教徒の意図したこととは全く別の次元へとずれた解釈でしかない。

譬喩や、象徴的表現には、誤解やズレが伴いやすい。譬喩するものと、譬喩されることが、必ずしも全同ではないからだ。『摩《ま》訶《か》止《し》観《かん》』（大正蔵、巻四六、四頁上）には、目の不自由な人に、「白い色」を説明する話がある。目が見えないから、「白い色」というものを理解しにくい。それで「雪のように白い」と言うと、「白い色というのは、そんなに冷たいのか？」と言われた。「いや、違う。鶴のように白い」と言い直すと、「白い色とは、動くものか」といった会話が交わされる。

ここには、ある意味を相手に伝えたくて、その意味を象徴する譬喩を用いたが、その譬喩には他の意味も含んでいて、必ずしも話者の伝えたい意味としては受け取られなかったことが示されている。従って、ある言葉なり、概念なり、譬喩が用いられたとして、その言葉で何を表現したかったのか、ということを正確にとらえることが大事になってくる。

ましてや、伝聞に伝聞を重ねていると、初めのうちは元のものと「似たもの」であっても、次第に「似て非なるもの」となり、挙句の果てには「似ても似つかぬもの」に変容してしまう。短い文章を耳打ちによって次々に伝える「伝言ゲーム」ですら、とんでもない文章に変わってしまうものである。

まさに「変成男子」ということを「性の一元化」としてとらえることは、「白い色」を「雪のようなものだ」と説明して、「そんなに冷たいのか」と言われたようなものである。

フェミニストの方が、ある宗派で「変成男子」の出てくる箇所が女性の葬儀の際に読経《どきょう》されることを問題にされていたけれども、そのことと、「変成男子」を問題にすることは別問題である。

③については、「男にあらず、女にあらず」という主張のみを見るのではなく、その前後関係をきちんと踏まえてとらえなければならない。その言葉が用いられる場面の前には、必ずと言っていいほど、「男か女かという二者択一」の考えの持ち主から、男性優位の発言がなされていることを見逃してはならない。「男にあらず、女にあらず」は、相手（小乗仏教徒）の二者択一的見解を否定する言葉として出てくるのである。それは、『首楞厳三昧経《しゅりょうごんさんまいきょう》』しかり、『維摩経』しかりである。

「空」の思想をフェミニストの方は、男と女の差異に目をつぶることであるかのように理解されているようだが、それは違う。これは、小乗仏教がそういう差異にとらわれているが故に、「その様な差異というものは本質論ではない。それに執着すべきではない。本質論は別のところにある」と訴えたものである。

女性に対する男性優位の二者択一論に対して、女性優位の二者択一論を主張することは、同じものの裏表の関係であって、不毛の論議を繰り返すだけで何ら解決にはならない。〝男だから〟とか、〝女だから〟とかという二元相対的立場に立つのではなく、〝人間だから〟という視点に立ったとき、それぞれの違いを認めつつも、その違いを生かすという視点に変わるのではないか。その意味では、仏教の目指す女性の地位向上は、フェミニズムや、フェミニストという言い方よりも、ヒューマニズムや、ヒューマニストという立場に立っていると言ったほうが正確である。

本論に既に引用した仏典の言葉を、そのような視点から再度見直してみよう。まず、初めに『サンユッタ・ニカーヤ』第一巻には、

> その道は「真っ直ぐ」という名前で、その方角は「恐れがない」という名前で、車は「ガタガタ音を立てない」という名前で、真理の車輪（法輪）を備えている。
> 慚じることは、その車の制御装置であり、念いを正していること（正念）はその囲幕である。私は法（真理の教え）を御者と〔呼び〕、正しく見ること（正見《しょうけん》）を先導者と呼ぶ。
> 女性であれ、男性であれ、その人の乗り物（yāna）がこのようであれば、その人は実にこの乗り物によってまさにニルヴァーナのそばにいる。（三三頁）

とあった。これは、男女の差異など問題にすることなく、人間としての慚じを知ること、念いを正していること、法（真理の教え）に基づき、正しくものごとを見て、考えることができるかどうかということが、ニルヴァーナという覚りを得る条件であると述べている。

次に、『サンユッタ・ニカーヤ』第一巻には次の言葉もある。

心がよく安定し、智慧が生じているのであるから、正しく法〔真理の教え〕を観察した者にとって、女人であることが、いったい何〔の妨げ〕をなすというのでしょうか。「私は女であろうか、それとも男であろうか」と、あるいはまた、「私は何ものであろうか」と〔迷っている〕人、その人にこそ悪魔が話しかけることは値するのである。

（一二九頁）

これは、悪魔が、女人には智慧がないから覚りにいたることはできないと言ってきたことに対して、ソーマー尼が、男であるか、女であるかが問題なのではなく、心が安定し、智慧が生じていて、正しく真理を観察しているかどうかということこそが問われるべきだと言っていたところである。

また、『維摩経』では、小乗仏教の代弁者の役回りを与えられたシャーリプトラ（舎利弗）が、男性優位の二者択一論に立って智慧の勝れた天女に、「あなたはどうして女身を転じて男の身とならないのですか？」と尋ねる場面が出てきた。

すると、天女は即座に神通力をもってシャーリプトラを天女の姿に変え、天女自身はシャーリプトラの姿に変わった。そして、天女の姿をしているシャーリプトラに尋ねた。

「尊者シャーリプトラよ、〔あなたは、〕どうして女であることを転じ〔て男の身を示さ〕ないのですか」

天女の姿をしているシャーリプトラが言った。

「どのように元に戻すのか、〔どうして〕男の姿が消滅し、私に女の姿が生じたのか、私はわからない」

そこで、天女が言った。

もしも、大徳〔シャーリプトラ（舎利弗）〕が女であることを元に戻すことができるのならば、その時は、すべての女性たちもまた女であることを元に戻すでありましょう。大徳〔シャーリプトラ〕が、女でないのに、女のような〔姿を〕顕現しているように、そのようにすべての女たちにもまた女の姿が具わっているのであり、しかも女でないのに、女の姿が観察されるのであります。これを結論して、世尊は「あらゆるものごと（一切法）は、女でもなく、男でもないのだ」と言われました。

（『梵漢和対照・現代語訳　維摩経』三一一頁）

と。ここでも「男にあらず、女にあらず」という「空」の論理が登場する。

しかし、これで話は終わっていない。次に、ヴィマラキールティ（維摩詰）がシャーリプトラに、

この天女は、九十二・コーティもの〔多くの〕ブッダたちに親近し、神通の智慧により自在に振る舞い、誓願を満たし、〔無生法《むしょうぼう》〕忍《にん》を得て、不退転〔の位〕に入っていて、衆生を成熟させるために誓願の力によって欲するままに、そのように〔天女として〕あり続け

ているのである。（同、三一五頁）

と語っているのだ。男だとか、女だとかということは本質的な問題ではない。既に天女は、不退転の菩薩の境地に達している。女性の姿をしているのは、世間で蔑まれている女性を救済するために、自ら願ってのことであるということが、明かされるのである。

このように、「男にあらず、女にあらず」という言葉は、必ず相手が男か女かという二者択一的に男性優位を主張したことに答える場面で言われている。しかも、話はそれで終わっていない。男か女かという表面的な違いにとらわれ、二者択一に執着する相手の態度を否定しておいて、その次に必ず全く別の高次の普遍的次元からの見解が主張されているのだ。

悪魔をやりこめたソーマー尼の話も、舎利弗をやりこめた天女の話も、男か女かという次元の主張に対して、男か女かという次元ではなく、その二元相対的対立を超越したところから女性たちが答えていることを見落としてはならない。それは「人間として」という次元からの答えであった。男女の違いから対立するのではなく、男女の生物学的違い（sex）を違いとして認めて、さらに人間としての在り方という普遍的な立脚点を提示しているのだ。それがまさに「ジェンダー平等」（gender equality）と言うべきものであった。

仏教は、二元相対的思考に陥ることを戒めたところに特徴がある。釈尊自身の思考の特徴もそこにあった。ところが、小乗仏教は在家と出家、男と女といった二元相対的思考に陥っていた。そうした思考が虚妄なものであることを大乗仏教は「空」の思想によって批判したのである。それは、「空」ということ自体を主張することが目的ではなかった。もし、それだけに終わっていれば、女性の地位向上は消極的なものに終わってしまう。「空」によって、男女の差異が本質的なものでも、実体的なものでもないことを訴えて、その上で、さらに積極的に、その差異を超えて、「人間として」あるべきことへと止揚する主張もなしていることを見落としてはならない。

「男であること」や「女であること」よりも「人間として何をするか」ということを重視している。かつて、丸山真男が『日本の思想』で「『である』ことと『する』こと」という小論を書いたが、そのテーマを思い出す。それは『スッタニパータ』の次の言葉とも共通している。

生まれによって賤しくなるのではなく、生まれによってバラモンとなるのではない。行ないによって賤しくなるのであり、行ないによってバラモンとなるのである。（第一三六偈）

ここでいう「生まれ」の一つとして、「男であること」「女であること」を挙げることができよう。男であるか、女であるかということによって賤しくなるのでもなく、貴いとされるのでもない。男女という「であること」の違いではなく、「行ない」、すなわち「すること」の内容によって賤しくも貴くもなるというのである。

『法華経』に説かれる女人の成仏は、龍女の成仏の際の「変成男子」を通してだけではない。マハー・プラジャーパティーや、ヤショーダラー、そして六千人の比丘尼たちの姿を通して、「法師としての菩薩」となって女身のままで成仏することが説かれている。「法師」とは、だれでも成仏できると説く「この法門」(=法華経)を自らも受持し、他者にも説き聞かせる人のことであり、「菩薩」は、利他行に徹する人のことである。ここにも、「であること」よりも「すること」の重視がうかがえる。

その「すること」の一つとして、大乗仏教の女性たちは、女性として生まれたが故に女性の苦しみを理解できるし、その女性たちを救済できると主張した。悪条件を主体的に受け止め、他者救済の原動力に転じたのである。

平等の思想を釈尊が説いたといっても、現実においては時の経過とともに常に逆戻りしようとするものである。従って、永遠にそうあるように訴え続けることが重要である。平等ということは制度として決められることも大事だが、それよりも、一人ひとりの生き方に時代精神として内実化する普段の努力が重要である。それを自らが体現し、訴え続ける努力こそが重要である。それが「法師としての菩薩たれ」ということを強調した理由であろう。

その菩薩の具体的モデルが、常不軽菩薩であった。常不軽は、男女や、在家出家の区別なく、だれ人をも常に軽んじることなく尊重し、「私はあなたを軽んじません。あなたたちは軽んじられることはありません。あなたも、菩薩行によってブッダになれます」と訴え続けた。それに対して、在家や出家の男女たち(四衆)は悪口《あっく》・罵詈《めり》し、杖木瓦石《じょうもくがしゃく》をもって応ずる。けれども、常不軽菩薩は決して感情的になることもなく、退くこともなかった。『法華経』には、こうした菩薩思想も含まれている。今後は、『法華経』における菩薩思想の特徴をさらに研究することが課題となろう。

以上のように見てくると、短絡的に「仏教は女性差別の宗教である」とは割り切れないのではないだろうか。「仏教は性差別していた」という言い方ではなく、歴史上の人物としての釈尊は女性を差別していなかったけれども、釈尊の滅後に差別思想が入り込んだ時代があった。それを釈尊の原点に戻そうと格闘した時代があった――と言い換えるべきである。性差別を論ずるにおいては、大ざっぱに仏教という一言で済ませるのではなく、歴史的にその変遷をきちんと押さえておくことが大事であろう。

「仏教は女性差別の宗教である」という言葉は、誤解を与えかねない表現である。「仏教」と一口に言っても、その範囲が広すぎるのである。それを一括りにして「女性差別があった」と決めつけられても、そうである部分と、そうでない部分があるとしかいいようがない。仏教においては、確かに歴史的に差別した時代があり、差別したグループが登場したことがあった。その一方で、その差別を乗り越えようと女性の地位回復運動を展開した時代と、グループがあったことも事実である。そうしたことをきちんと理解しないで、一緒くたにしてはならない。

フェミニストの方々が問題にされているのは、過去の差別の歴史を踏まえつつも、今現在に生きている女性として受けている差別をいかに改善するかということであろう。おそらくそれは日本仏教のことに大きな関心を持たれていることであろう。

そこにおいて、女性差別をなくすことは、本来の仏教の思想を明らかにして、それに照らして、いかに誤解され、釈尊の教えに反しているかといって正したほうが効果的であろう。

日本仏教において誤解されている〝部分〟をとらえて、釈尊、あるいは仏教一般が女性を差別していると批判することは、釈尊や、仏教の名誉を著しく傷つけるものである。釈尊の本来の思想や、仏教用語の本来の意味を歴史的、思想的背景を踏まえた中できちんと把握して、その上で曲解しているところがあれば、その曲解をこそ批判すべきである。

女性学の立場から見ても、現在、身の回りで行なわれている曲解をどのようになくしていくかということこそが最も重大な関心事であろう。そのためにこそ、釈尊の本来の思想を明らかにして、それと比べて、誤解したり、ねじ曲げたり、曲解したりしているところを、正していくことが大事であろう。

今後、女性学の研究者の方々が、仏教の女性観を取り上げられる機会も多くなるであろう。その際、サンスクリット語や、パーリ語の文献から漢訳まで、さらには日本仏教の文献までと、仏典のあまりの膨大さに圧倒されて、二次的、三次的資料から論じられるということも起こり得よう。それは、大変に誤解を生じやすいということを心得ておかねばならない。日本仏教の祖師たちが論じたことや、漢訳仏典と、サンスクリット語、パーリ語の原典など、極力一次的資料との比較を経なければ安易に「女性差別」と決めつけることはできないと思う。

ひょっとしたら、日本仏教のある部分のみをとらえて「仏教は女性差別である」と論じているかもしれないということもあり得るのである。

本論では、インド仏教に限定して仏教の女性観について考察したが、今後は、中国、朝鮮を経て日本へと伝来し、日本において各宗各派へと変容したそれぞれの分野で、女性をどのように見ていたのか、研究が問われることになろう。その際、本論が一つの資料として役立てば幸いである。

注

序章

(1) アフガニスタンの古カンダハルの山の斜面で発見されたアショーカ王の岩石法勅にも同様の翻訳改変が見られる。それは、ギリシア語とアラム語が併記されたもので、その中の「母と父と長老に対する従順」の実行を促している箇所である。インドの碑文では「母と父への従順」(mata-pituṣu suśruṣa) となっていて、アケメネス朝の公用語であったアラム語の碑文は「母と父……」と訳されているが、ギリシア語では「父と母に対する従順」(enēkooi patri kai mētri kai tōn presbyterōn) と訳されている。これは、ギリシア人の家父長制の強固さを反映したものといえよう (前田耕作著『バクトリア王国の興亡』一九六～一九九頁参照)。男尊女卑の傾向は、古代ギリシアでも著しく、プラトンの『ティマイオス』や、アリストテレスの『政治学』には、女性は劣っていて、支配されるべきものであり、女に生まれてくるのは不正な生き方をした結果であって、悪の権化が女であると言わんばかりのことが記されている。

第一章

(1) この一節の後に、「身・受・心・法」について観察すること (四念処《しねんじょ》) が説かれていて、「自帰依」「法帰依」が、「四念処」の実践のことであるかのようになっている。しかし、その箇所は、西晋《せいしん》の白法祖《はくほうそ》訳『仏般泥洹経《ぶつはつないおんきょう》』等に欠落し、後世の付加とされる (中村元訳『ブッダ最後の旅』二三一頁)。これは、「四念処」の概念が出来上がった後に、後世の人が「自帰依」「法帰依」の意味することに相当すると考えて、ここに挿入したのであろう。それによって「自帰依」「法帰依」の思想が極めて形式的な浅薄なものにされてしまうので筆者は採用しない。

(2) 釈尊のいとこで十大弟子の一人。アーナンダ（ānanda）を音写したもので、阿難陀とも書かれる。侍者として二十五年にわたって釈尊に仕え、説法を直接聴聞することが最も多かったので、多聞《たもん》第一と呼ばれた。

(3) 釈迦族に仕えた理髪師。十大弟子の一人で、戒律を厳守することに最も勝れていたので持律《じりつ》第一と言われた。

(4) 「刹土」は、「国土」「領土」を意味するサンスクリット語の kṣetra を音写した「刹」と、漢訳した「土」とを合わせたもの。「三千大千刹土」は、千の三乗個の世界を意味する「三千大千世界」のこと。

(5) アーナンダは、『テーラ・ガーター』の第一〇三九偈から一〇四三偈において、釈尊の入滅（八十歳）間近のころ、「二十五年の間」という数字を挙げて、「私は学ぶ者であり、尊い師のそばに仕えました」と語っている。従って、アーナンダが侍者になったのは、釈尊が五十五歳、すなわち成道（三十五歳）から二十年経ったころのことで、出家はそれより以前と考えられる。漢訳仏典でも、アーナンダが釈尊に仕えた年数は、『遊行経《ゆぎょうきょう》』と『般泥洹経《はつないおんきょう》』でも「二十五年」「二十余年」とほぼ一致している。そうすると、アーナンダの出家は、釈尊の成道後二十年以内となる。水野弘元博士は、『釈尊の生涯』でアーナンダの出家を釈尊の成道から十五年後と見ている。それは、アーナンダが二十歳のころのことで、釈尊の侍者となるのは、五年後の二十五歳ということになる。

(6) 仏教徒は、ジャイナ教徒やアージーヴィカ教徒が全裸でいることについて、「恥を知らない行為」と非難していた（『ダンマ・パダ・アッタカター』第一巻、四〇〇頁）。

(7) 法輪は、しばしば武器として説明されることがあるが、この譬喩が示すように武器ではなく、ニルヴァーナ（安らぎ）へと向かう乗り物の車輪をイメージしたものである。武器では、仏教の平和と寛容の思想と相いれないものとなってしまう。

(8) サンスクリット語の nirvāṇa は、「吹く」「吹き消す」という意味の動詞ニル・ヴァー（nir-√vā）の過去受動分詞で「吹き消された」という意味である。従って、nirvāṇa は、煩悩の炎が吹き消された状態と言える。それは「安らかな境地」ということであり、「涅槃」と音写された。「消える」「消滅する」という意味の動詞ニル・ヴリ（nir-√vṛ）の過去受動分詞 nirvṛta は、「消えた」「消滅した」という意味だが、同じく「涅槃」と漢字で表現された。これらに、「完全な」を意味する接頭辞 pari を付けた pari-nirvāṇa と pari-nirvṛta は、「般涅槃」と音写された。「般涅槃」は「死」を意味することが大半で、まれに「覚り」を意味する。「涅槃」は「覚り」を意味することが大半で、まれに「死」を意味する。

第四章

（1）それ以外には、部派不明の『舎利弗阿毘曇《しゃりほつあびどん》』や、正量部《しょうりょうぶ》の『三弥底部論《さんみていぶろん》』など二、三の論書があるのみ。『成実論《じょうじつろん》』は、経量部《きょうりょうぶ》、あるいは大衆部《だいしゅぶ》に属していたものと思われる。

（2）「劫」は、サンスクリット語の「カルパ」（kalpa）を音写した「劫波《こうは》」の略。天文学的な時間の長さを意味する。『雑阿含経』巻三四によると、縦、横、高さがそれぞれ一由旬《ゆじゅん》（約十五キロメートル）の鉄城の中に芥子の実をいっぱいにし、百年に一度、一粒ずつ取り去ったとして、すべての芥子の実がなくなるまでの時間の長さよりも長い時間であるとされる（芥子劫《けしこう》）。このケースで計算すると、約十の二十四乗年となる（植木雅俊・橋爪大三郎著『ほんとうの法華経』三一〇頁）。あるいは、四方が一由旬の大きさの岩の塊があって、カーシー（ベナレス）産の織物で百年に一度払ったとして、その岩塊が完全に摩り減ってなくなるまでの時間の長さよりも長い時間とされる（磐石劫《ばんじゃくこう》）。

（3）理想的帝王である転輪聖王に具わるとされた三十二の身体的特徴のこと。①眉間に白く柔らかい毛があって右旋している（眉間白毫相）、②顎の骨が師子の如くである（師子頬相）、③舌が長くて細い（広長舌相）、④梵音、すなわち絶妙なる音声を有する（梵音声相）、⑤男根が体の内部に隠れている（馬陰蔵相）、⑥手足の指の間に水鳥のような水掻きがついている（手足縵網相）、⑦手足に輪のしるしがある（千輻輪相）——などがあり、後に仏の身体に転用された。残りの特徴は、中村元著『佛教語大辞典』を参照。

（4）仏教の世界観において、衆生が生まれては死に輪廻する領域のことで、①欲界＝欲望の盛んな世界でこの中に六道がある、②色界＝欲望を離れた人の住所で、絶妙なる物質（色）からなる、③無色界＝物質を超越した世界で、精神のみが存在するとされる——の三つの迷いの世界のこと。これは、現実世界の分類ではなく、禅定の修行の発達段階として立て分けられたものである。

（5）マイトレーヤ（弥勒）信仰が強まるのは、クシャーナ王朝になってからと思われる。ガンダーラ仏教美術では釈尊の成道以前（＝菩薩）、成道以後（＝仏陀）の姿、そしてマイトレーヤの菩薩像が礼拝の対象として彫刻されていた。マイトレーヤ信仰に対するペルシアのゾロアスター教の影響を指摘する学者もいる。ガンダーラ仏教美術の影響を受けた中インドのマトゥラーやアヒチャトラでも水瓶を持ったガンダーラ式のマイトレーヤ菩薩が見られる。その二例には、「マイトレーヤ像」という文字が刻まれている。マイトレーヤ信仰は、大乗と小乗のいずれにも受け入れられていた。ただし、『雑譬喩経』の冒頭（大正蔵、巻四、四九九頁中）には、弥勒菩薩に会いたくて死にきれなかった高僧の話が登場する。弟子たちから「弥勒の教えには、六波羅蜜や、四無量心、四恩、四諦の教えと何か異なる点があるのか？」「異なることがないのなら、弥勒の出現を待つ必要などないではないか。今、釈尊の恩を受けていながら、どうしてそれに背いて弥勒に帰するのか」と諭されて目が覚め、弥勒菩薩を待つことなく阿羅漢に達して往生したという話である。こうした話が記録されているということは、マイトレーヤ信仰に対して、仏教徒の中にも疑問を持っていた人たちがいたということであろう。『法華経』序品第一や涌出品第十五、『維摩経』菩薩品第四においてもマイトレーヤは道化師的な扱いをされている。

（6）sikkhamānā（Skt.śikṣamāṇā）は、「学ぶ」という意味の動詞 √ sikkh（Skt. √ śikṣ）の現在分詞で「学習中の（もの）」を意味する。「式叉摩那」と音写され、「正学女」「学法女」と漢訳された。出家して十戒を守っているが、まだ具足戒を受けられず、正式に比丘尼になるための入門修行中の女子のこと。女子の出家者で二十歳前の二年間をいい、それより以前は、沙弥尼（Pāl. sāmaṇerī、Skt. śrāmaṇerī）と呼ばれる。

（7）小乗二十部派の一つ。釈尊入滅後三百年ごろ上座部系の説一切有部から分かれた。教義は進歩的な大衆部に近かった。「現在実有《げんざいじつう》過未無体《かみむたい》」、すなわち「あらゆる存在は現在のみにおいて実在しているのであって、過去と未来に実在することはない」という説を主張した。「現在こそが実有であって、過去と未来は実体が無い」という読み方は誤り。

（8）『ディーガ・ニカーヤ』第二巻（二七二～二七三頁）に、ブッダの教えによってゴーピカーという女性がインドラ神の息子に生まれ変わるという話が出てくるが、これは女性がインドラ神になれないとするヒンドゥー社会の通念に対抗したものであろう。第五章第五節参照。

（9）上座部系の部派であり、『島史』『大史』によれば、化地部から分派したという。それは、『異部宗輪論』によると、仏滅後三百年後のことであったという。

第五章

（1）原始仏教において修行僧の肉食は、条件付きで容認されていた。その条件とは、①鳥獣や魚が自分（修行僧自身）のために殺されるのを見ていない、②鳥獣や魚が自分のために殺されたのだということを人からも聞いていない、③鳥獣や魚が自分のために殺されたのではないか、という疑いがない――の三項目を満たしていることである。これを満たすものを「三種浄肉」という。

（2）漢訳としては、支謙訳（大正蔵、巻一四、五一九～五三六頁）、鳩摩羅什訳（同、五三七～五五七頁）、玄奘訳（同、五五七～五八八頁）がある。

（3）月氏は、中国西部から中央アジアにかけて居住した遊牧民族のこと。紀元前二世紀頃、匈奴《きょうど》に追われて民族の大半がイリ河からシール河流域（アフガニスタンの北方）に移住して、大月氏と呼ばれた。小月氏は、旧来の土地に留まったものを言い、カニシカ（kaniṣka）王は小月氏に属している。

（4）ローカクシェーマ（lokakṣema）という名前が婁迦讖と音写され、これに出身地（月支）を示す「支」を付けて支婁迦讖と呼ばれた。一七八年ごろ洛陽に来て、『道行般若経』（大正蔵、巻八、四二五～四七八頁）や、『般舟三昧経』（同、巻一三、九〇二～九一九頁）などの大乗経典を訳出した。

（5）ヴィマラキールティは、当時の先進的商業都市ヴァイシャーリー（毘舎離）に住む資産家（居士《こじ》）で、在家の菩薩。代表的な大乗仏典である『維摩詰所説経』（*vimalakīrti-nirdeśa*）、略して『維摩経』の主人公で、名前は、「浄名《じょうみょう》」「無垢称《むくしょう》」などと漢訳された。音写して「維摩詰」、略して「維摩」とも書かれる。

（6）ここに「根」という文字が二ヵ所出てくるが、同じ文字でも、意味が異なっていることに注意を要する。「諸根」の「根」は、indrya のことで、「感覚器官、およびそれの有する能力」のことである。「利根」の「根」は、「能力」という意味である。「善根」と訳される場合の「根」は、mūla のほうであって、これは「植物の根」「根本条件」という意味である。このように、漢字のイメージからだけで判断すると意味を大きく取り間違えることが多いので気を付けなければならない。特に漢字文化圏ではない人の場合、このような間違いが起こりやすくなる。バートン・ワトソン氏の訳された *The Lotus Sutra*, Columbia University Press, New York, 1993, p. 187. では、この部分が次のように英訳されている。

Her wisdom has **keen roots** and she is good at understanding... **the root activities and deeds** of living beings.

彼女の智慧は、**鋭敏な根本**を持ち、また彼女は衆生の**根本的な活動や行ない**を理解することがたくみである。（筆者訳）

これは「根」の意味を取り違えた英訳である。この部分の前半は、サンスクリット原典では、

mahā-prajñā tīkṣṇêndriyā（大いなる智慧をそなえ、研ぎ澄まされた能力を持つ）

となっていて、これを、鳩摩羅什は「智慧利根」と訳した。この場合の「根」は「能力」であって「根本」ではない。従って、keen roots と訳すべきではなく、keen faculties と訳すべきである。また、後半部分は、

jñāna-pūrvaṃ-gamena kāya-vāṅ-manas-karmaṇā samanvāgatā（智に基づいた身体と言葉と心による行ない〔、すなわち身口意の三業〕を備えている）

となっていて、これを鳩摩羅什は「善く衆生の諸根の行業を知り」と訳したのである。サンスクリット原典では、「身体と言葉（口）と心（意）による行ない」となっているが、鳩摩羅什は「あらゆる感覚器官（諸根）を通じた行ない（行業）」、すなわち「眼・耳・鼻・舌・身・意の諸根（感覚器官）による行ない」と訳した。眼根・耳根・鼻根・身根は身体に当たり、舌根は言葉（口）に当たり、意根は心に対応している。サンスクリット原典の「身と口と意による行ない」ということを別の表現にしているだけである。従ってマンジュシリーの言葉は、the activities and deeds by means of all sense organs, i.e., the bodily, verbal and mental activities and deeds とでも英訳すべきものである。

第六章

（1）迦葉は、カーシャパ（kāśyapa）を音写したもの。正式にはマハー・カーシャパといい、摩訶迦葉、あるいは大迦葉と訳された。王舎城の近くの村のバラモンの家に生まれた。釈尊の十大弟子の一人で、衣食住についての貪りや欲望を捨てて仏道修行に励む頭陀行第一と言われた。

（2）須菩提は、スブーティ（subhūti）を音写したもの。スダッタ（須達多）長者の甥であり、舎衛城に住む商人であった。祇園精舎のオープニングに際して行なわれた釈尊の説法を聞いたことがきっかけで出家した。釈尊の十大弟子の一人で、解空第一と言われた。

（3）迦旃延は、カーティヤーヤナ（kātyāyana）を音写したもの。南インドのバラモンの家に生まれた。釈尊の十大弟子の一人で、論議第一と言われた。

（4）目犍連は、マウドガリヤーヤナ（maudgalyāyana）を音写したもの。略して目連とも言われる。王舎城の生まれ。釈尊の十大弟子の一人で、神通第一と言われた。

（5）憍陳如は、カウンディヌヤ（kauṇḍinya）を音写したもの。釈尊が誕生した時に釈尊の相を占った八人の内の一人。彼は、「必ずやブッダになられるでしょう」と予言した。そして、釈尊が出家したことを聞くと他の四人を伴って出家した。これが、釈尊とともに修行していた五人の比丘である。釈尊の成道後、これらの五比丘を相手に行なわれた初転法輪で、その教えを聞いて最初に覚ったのが憍陳如であった。

（6）「学」とは śaikṣa の訳であり、「有学」とも言う。煩悩がいまだ断じ尽くされず、まだ学び修行すべきことが残っている位のこと。「無学」（aśaikṣa）は、もはや学ぶべきことのない、修行が完成された位のこと。

（7）富楼那は、プールナ・マイトラーヤニープトラ（pūrṇa maitrāyaṇīputra）の前半を音写したもの。迦毘羅城近郊のバラモンの村に生まれた。憍陳如の甥に当たる。釈尊の十大弟子の一人で、説法第一と言われた。

第七章

（1）像法は saddharma-pratirūpaka の訳。pratirūpaka は、「似ている」のほか「やぶ医者」「山師」「似て非なるもの」という意味で、saddharma（正法）との複合語は、「正法と似て非なるもの」を意味している。『法華経』では、「末法」という語はまだ用いられていないが、「像法の隠没」という言葉がそれを意味していると言えよう。

（2）得大勢は、mahā-sthāma-prāpta の訳だが、これは康僧鎧訳『無量寿経』では大勢至と漢訳されている。釈尊がサダーパリブータ菩薩について語る聞き役に、なぜ阿弥陀如来の脇侍である菩薩を選んだのか、そこには、重要な意味が込められていた。それについては植木雅俊・橋爪大三郎著『ほんとうの法華経』（三七九～三八一頁）で詳しく論じているので、参照されたい。

第八章

（1）tri-kalpa-asaṃkhyeya の訳で、菩薩が仏になるために要するとされる無数に長い時間のこと。これは、ブッダを特別な存在に神格化するために部派仏教によって言い出されたものである。「阿僧祇」は、asaṃkhyeya を音写したもので、語源的には「数えきれない」という意味だが、十の五十九乗（または五十六乗）という数を意味する。「劫」は、筆者の計算では十の二十四乗年（第四章の注2参照）なので、三阿僧祇劫は三×（十の八十三乗）年ということになる。

第九章

（1）声聞は、僧院での集団生活を基盤にして組織的に学問、実践に励み、苦諦《くたい》・集諦《じったい》・滅諦《めったい》・道諦《どうたい》の四つの真理（四諦《したい》）の教えを学ぶ者のこと。独覚（pratyeka-buddha）は、縁覚とも言われ、辟支仏《びゃくしぶつ》、または辟支《びゃくし》迦仏《かぶつ》とも音写され、山野に自活して瞑想に没頭して、縁起の法を内観し覚る者のこととされた。菩薩は、小乗仏教において成道以前の釈尊と、未来に仏と成るマイトレーヤ（弥勒）の二人に限られ、大乗仏教においては大衆社会の中で自利・利他円満の修行に徹して、六波羅蜜を実践する人のこととされた。

（2）説一切有部（略して有部）は、西北インドで最も優勢であった。『法華経』が西北インドで編纂されたことを考えれば、『法華経』が一乗と三乗の関係に言及した背景には説一切有部の存在があったのであろう。

（3）「秦」を音写したサンスクリット語の cīna と、「地域」を意味する sthāna の複合語 cīna-sthāna のそれぞれの単語の末尾 a の音を脱落させた「チーン・スターン」を音写したもの。現在の中国に当たる地域についての古代インド人の呼称。

（4）saddharma-puṇḍarīka は、saddharma（正しい教え）と puṇḍarīka（白蓮華）の複合語だが、これを、竺法護は『正法華経』、鳩摩羅什は『妙法蓮華経』と漢訳した。現代語訳では、長年、坂本幸男・岩本裕訳注『法華経』（岩波文庫）と、松濤誠廉ほか訳『法華経』（中央公論社）で「正しい教えの白蓮」とされてきたが、これはサンスクリット文法と、国文法に照らしても誤りである。筆者は、puṇḍarīka を用いた「譬喩の同格限定複合語」（karmadhāraya、持業釈《じごっしゃく》）であることを考慮して、「白蓮華のように最も勝れた正しい教え」とした。詳細は、『思想としての法華経』第二章を参照。

（5）『法華経』を説く目的の一つが、「菩薩のための教え」を「声聞たちに説き明かす」ことだとするものに譬喩品第三（第3章）の次の言葉がある。

私は、この広大なる**菩薩のための教え**（bodhisattvâvavādam）であり、すべてのブッダが把握している〝白蓮華のように最も勝れた正しい教え〟（妙法蓮華）という法門の経を**声聞たちに説き明かすのである**。

（『サンスクリット原典現代語訳　法華経』上巻、八一頁）

諸の声聞の為《ため》に、是《こ》の大乗経の妙法蓮華《みょうほうれんげ》・**教菩薩法《きょうぼさつぼう》**・仏所護念《ぶっしょごねん》と名づくる**を説く**。

（『梵漢和対照・現代語訳　法華経』上巻、一八〇頁）

（6）提婆達多品第十二（第11章）では、説一切有部などで特に悪人とされたデーヴァダッタ（提婆達多）に対して未来における成仏の予言がなされている。

教団の在り方をめぐる五項目に関して釈尊と対立し、デーヴァダッタが独立した教団を作ったということは歴史的事実であろうが、彼を極悪人とする傾向は時代を経る中で著しくなっていった。中村元著『原始仏教の成立』（四八五～五七二頁）によると、当初は「怠けもので如来を悩ませた」（*Itivuttaka*, p. 86）といった程度だったが、次第にエスカレートし、①アジャータサットゥ（阿闍世）をそそのかして父のビンビサーラ王を殺害させた、②釈尊の妃ヤショーダラーを襲い辱めようとした（説一切有部の所伝）、③釈尊は結婚の際の恋敵であった、④象を放ち釈尊を殺そうとした、⑤五逆罪を犯した――などといった伝説が語られるようになった。けれども、『沙門果経《しゃもんかきょう》』などの古い聖典ではアジャータサットゥの父王殺害は、デーヴァダッタとは無関係に記述されている。デーヴァダッタは、釈尊やヤショーダラーより三十歳も年下で、釈尊とヤショーダラーが結婚する時点ではデーヴァダッタはまだ生まれていない。象をけしかけた話は、『増壱阿含経』（大正蔵、巻二、八〇三頁中）や、説一切有部の『十誦律』（大正蔵、巻二三、二六二頁上～下）などに出てくるが、法蔵部の『四分律』には出てこない。五逆罪については、『増壱阿含経』（大正蔵、巻二、八〇三頁中）に出てくるが、他の伝説には見られない。従って、デーヴァダッタを極悪人とするこうした記述は後世に付加されたものと考えられる。このような傾向は、説一切有部などが有力であった西北インドにおいて顕著であった。それは教団維持のエゴイズムに基づくもので、一種の近親憎悪と中村博士は見ている。

参考文献

【和文・漢文】

いのうえせつこ著「仏教の女性差別に挑む寺の女たち」、『婦人公論』一九八九年五月号、中央公論社、東京。

岩本裕著『仏教と女性』、第三文明社、東京、一九八〇年。

宇井伯寿著『印度哲学研究』、第2巻、甲子社書房、東京、一九二六年。

――『印度哲学研究』、第4巻、岩波書店、東京、一九六五年。

M・ヴィンテルニッツ著、中野義照訳『仏教文献』、「インド文献史」、第3巻、日本印度学会（高野山大学内）、和歌山、一九七八年。

植木雅俊著『男性原理と女性原理――仏教は性差別の宗教か？』、中外日報社、京都、一九九六年。

――『仏教のなかの男女観』、岩波書店、東京、二〇〇四年、お茶の水女子大学提出の博士論文。

――『仏教、本当の教え――インド、中国、日本の理解と誤解』、中公新書、東京、二〇一一年。

――『思想としての法華経』、岩波書店、東京、二〇一二年。

――『仏教学者 中村元――求道のことばと思想』、角川選書、東京、二〇一四年。

――『人間主義者、ブッダに学ぶ――インド探訪』、学芸みらい社、東京、二〇一六年。

植木雅俊・橋爪大三郎著『ほんとうの法華経』、ちくま新書、筑摩書房、東京、二〇一五年。

植木雅俊訳『梵漢和対照・現代語訳 法華経』上・下巻、岩波書店、東京、二〇〇八年、毎日出版文化賞受賞。

――『梵漢和対照・現代語訳 維摩経』、岩波書店、東京、二〇一一年、パピルス賞受賞。

――『サンスクリット原典現代語訳 法華経』上・下巻、岩波書店、東京、二〇一五年。

――『テーリー・ガーター――尼僧たちのいのちの讃歌』、角川選書、東京、二〇一七年。

上田天瑞訳『国訳一切経印度撰述部』、律部、巻5、大東出版社、東京、一九三四年。

大越愛子・源淳子著『女性と東西思想』、勁草書房、東京、一九八五年。

――『解体する仏教――そのセクシュアリティ観と自然観』、大東出版社、東京、一九九四年。

大越愛子ほか著『性差別する仏教――フェミニズムからの告発』、法蔵館、京都、一九九〇年。

梶山雄一著『空の思想――仏教における言葉と沈黙』、人文書院、京都、一九八三年。

――「仏教における女性解放運動」、『現代思想』一九七七年一月号、青土社、東京。

梶山雄一訳『八千頌般若経Ⅰ』、大乗仏典2、中央公論社、東京、一九七四年。

梶山雄一・丹治昭義共訳『八千頌般若経Ⅱ』、大乗仏典3、中央公論社、東京、一九七五年。

上村勝彦訳『バガヴァッド・ギーター』、岩波文庫、岩波書店、東京、一九九二年。

苅谷定彦著『法華経一仏乗の思想――インド初期大乗仏教研究』、東方出版、大阪、一九八三年。

菅野博史著『法華経――永遠の菩薩道』、大蔵出版、東京、一九九三年。

坂本幸男・岩本裕訳注『法華経』（上・中・下）、岩波文庫、岩波書店、東京、一九六二年、一九六四年、一九六七年。

坂本幸男編『法華経の中国的展開』、平楽寺書店、京都、一九七二年。

木村泰賢著『大乗仏教思想論』、明治書院、東京、一九三六年。

木村清孝著『華厳経をよむ』、日本放送出版協会、東京、一九九七年。

――『法華経入門』、岩波新書、岩波書店、東京、二〇〇一年。

定方晟著「然灯仏の起源とナガラハーラ」、『印度学仏教学研究』、第19巻、第1号、日本印度学仏教学会、東京、一九七〇年。

静谷正雄著『インド仏教碑銘目録』、平楽寺書店、京都、一九七九年。

杉山二郎著「森鷗外とインド学・仏教学」、『国際仏教学大学院大学研究紀要』、第3号、国際仏教学大学院大学、東京、二〇〇〇年。

勝呂信静著『法華経の成立と思想』、大東出版社、東京、一九九三年。

曹洞宗宗務庁編『差別語を考えるガイドブック』、解放出版社、大阪、一九九四年。

高崎直道訳『如来蔵系経典』、大乗仏典12、中央公論社、東京、一九七五年。

田上太秀著『仏教と性差別――インド原典が語る』、東京書籍、東京、一九九二年。

田辺繁子訳『マヌの法典』、岩波文庫、岩波書店、東京、一九五三年。

種山恭子訳『ティマイオス』、プラトン全集、巻12、岩波書店、東京、一九七五年。

田村智淳訳『三昧王経Ⅰ』、大乗仏典10、中央公論社、東京、一九七五年。

田村智淳・一郷正道共訳『三昧王経Ⅱ』、大乗仏典11、中央公論社、東京、一九七五年。

田村芳朗著『日本仏教論』、田村芳朗仏教学論集、第2巻、春秋社、東京、一九九一年。

田村芳朗・梅原猛共著『絶対の真理・天台』、仏教の思想5、角川書店、東京、一九七〇年。

塚本啓祥編『法華経の文化と基盤』、平楽寺書店、京都、一九八二年。

辻直四郎訳『リグ・ヴェーダ讃歌』、岩波文庫、岩波書店、東京、一九七〇年。

長尾雅人・丹治昭義訳『維摩経・首楞厳三昧経』、大乗仏典7、中央公論社、東京、一九七四年。

長沢和俊訳註『法顕伝・宋雲行紀』、東洋文庫、平凡社、東京、一九七一年。

中村元訳『ブッダの真理のことば　感興のことば』、岩波文庫、岩波書店、東京、一九七八年。

――『ブッダ最後の旅』、岩波文庫、岩波書店、東京、一九八〇年。

――『尼僧の告白――テーリーガーター』、岩波文庫、岩波書店、東京、一九八二年。

――『仏弟子の告白――テーラガーター』、岩波文庫、岩波書店、東京、一九八二年。

――『ブッダのことば――スッタニパータ』、岩波文庫、岩波書店、東京、一九八四年。

――『ブッダ　神々との対話――サンユッタ・ニカーヤⅠ』、岩波文庫、岩波書店、東京、一九八六年。

――『ブッダ　悪魔との対話――サンユッタ・ニカーヤⅡ』、岩波文庫、岩波書店、東京、一九八六年。

中村元著『原始仏典を読む』、岩波書店、東京、一九八五年。

――『インド人の思惟方法』、中村元選集決定版、第1巻、春秋社、東京、一九八八年。

――『シナ人の思惟方法』、中村元選集決定版、第2巻、春秋社、東京、一九八八年。

――『日本人の思惟方法』、中村元選集決定版、第3巻、春秋社、東京、一九八九年。

――『インド史Ⅰ』、中村元選集決定版、第5巻、春秋社、東京、一九九七年。

――『インド史Ⅱ』、中村元選集決定版、第6巻、春秋社、東京、一九九七年。

――『インド史Ⅲ』、中村元選集決定版、第7巻、春秋社、東京、一九九八年。

――『ウパニシャッドの思想』、中村元選集決定版、第9巻、春秋社、東京、一九九〇年。

――『思想の自由とジャイナ教』、中村元選集決定版、第10巻、春秋社、東京、一九九一年。

――『ゴータマ・ブッダⅠ』、中村元選集決定版、第11巻、春秋社、東京、一九九二年。

――『ゴータマ・ブッダⅡ』、中村元選集決定版、第12巻、春秋社、東京、一九九二年。

――『仏弟子の生涯』、中村元選集決定版、第13巻、春秋社、東京、一九九一年。

――『原始仏教の成立』、中村元選集決定版、第14巻、春秋社、東京、一九九二年。

――『原始仏教の思想Ⅰ』、中村元選集決定版、第15巻、春秋社、東京、一九九三年。

――『原始仏教の思想Ⅱ』、中村元選集決定版、第16巻、春秋社、東京、一九九四年。

――『原始仏教の生活倫理』、中村元選集決定版、第17巻、春秋社、東京、一九九五年。

――『原始仏教の社会思想』、中村元選集決定版、第18巻、春秋社、東京、一九九三年。

――『インドと西洋の思想交流』、中村元選集決定版、第19巻、春秋社、東京、一九九八年。

――『原始仏教から大乗仏教へ』、中村元選集決定版、第20巻、春秋社、東京、一九九四年。

――『大乗仏教の思想』、中村元選集決定版、第21巻、春秋社、東京、一九九五年。

――『仏教美術に生きる理想』、中村元選集決定版、第23巻、春秋社、東京、一九九五年。

――『普遍思想――世界思想史Ⅱ』、中村元選集決定版、別巻2、春秋社、東京、一九九九年。

――『自己の探求』、青土社、東京、一九八九年。

――『古典を読む　往生要集』、岩波書店、東京、一九九六年。

中村元監修・阿部慈園編『原始仏教の世界』、東京書籍、東京、二〇〇〇年。

中村元・早島鏡正共訳『ミリンダ王の問い』(全3巻)、東洋文庫、平凡社、東京、一九六三年、一九六四年。

中村元・紀野一義訳註『般若心経・金剛般若経』、岩波文庫、岩波書店、東京、一九六〇年。

奈良毅・田中嫺玉訳『マハーバーラタ』(上・中・下)、第三文明社、東京、一九八三年。

日本仏教学会編『仏教と女性』、平楽寺書店、京都、一九九一年。

早島鏡正著「上座仏教における在家と出家の立場――『ミリンダ王の問い』を中心として」、『印度学仏教学研究』、第9巻、第1号、日本印度学仏教学会、東京、一九六一年。

平川彰著『インド仏教史』(上・下巻)春秋社、東京、一九七四年、一九七九年。

――『初期大乗仏教の研究Ⅰ』、平川彰著作集、第3巻、春秋社、東京、一九八九年。

C・フランシス、F・ゴンティエ著、福井美津子訳『ボーヴォワール――ある恋の物語』、平凡社、東京、一九八九年。

前田耕作著『バクトリア王国の興亡』、第三文明社、東京、一九九二年。

松濤誠廉ほか訳『法華経Ⅰ・Ⅱ』、中央公論社、東京、一九七五、一九七六年。

丸山真男著『日本の思想』、岩波新書、岩波書店、東京、一九六一年。

水野弘元著「*Gāndhārī Dharmapada* について」、『印度学仏教学研究』、第11巻、第2号、日本印度学仏教学会、東京、一九六三年。

――『釈尊の生涯』、春秋社、東京、一九六〇年。

道端良秀著『中国仏教史全集』、第7巻、書苑、東京、一九八五年。

山際素男編訳『マハーバーラタ』、巻1、三一書房、東京、一九九一年。

山本光雄訳『政治学』、アリストテレス全集、巻15、河出書房、東京、一九五一年。

T・W・リス・デヴィッヅ著、中村了昭訳『仏教時代のインド』、大東出版社、東京、一九八四年。

立正大学宗学研究所編『昭和定本日蓮聖人遺文』（I〜III）、身延山久遠寺、山梨、一九五二〜一九五四年。

渡瀬信之著『マヌ法典――ヒンドゥー教世界の原型』、中公新書、東京、一九九〇年。

渡瀬信之訳『サンスクリット原典全訳　マヌ法典』、中公文庫、中央公論社、東京、一九九一年。

渡邊海旭著『欧米の仏教』、丙午出版社、東京、一九一八年。

渡辺照宏著『法華経物語』、大法輪閣、東京、一九七七年。

渡辺楳雄著『法華経を中心にしての大乗経典の研究』、青山書院、東京、一九五六年。

『アジア仏教史・インド編III　大乗仏教』、佼成出版社、東京、一九七三年。


【欧文】

Beloch, Karl Julius, *Griechische Geschichte*, Bd. IV, Heft 2, Berlin und Leipzig, 1927.
Conze, Edward (ed. and tr.), *Vajracchedikā Prajñāpāramitā*, Serie Orientale Roma XIII, Is. M.E.O., Roma, 1957.
Hultzsch, E., *Inscriptions of Asoka*, Corpus Inscriptionum Indicarum, vol. I, Clarendon Press, Oxford, 1925; reprinted by Meicho-Fukyu-Kai in Tokyo, 1977.
Horner, Isaline Blew, *Women under Primitive Buddhism*, George Routledge, London, 1930; reprinted by Motilal Banarsidass Publishers in Delhi, 1975.
Kern, Jan Hendrik Kasper (tr.), *Saddharma-Pundarîka, or the Lotus of the True Law*, Sacred Books of the East, vol. 21, Clarendon Press, Oxford, 1884; reprinted by Motilal Banarsidass

in Delhi, 1965.

Lüders, H. (ed.), E. Waldschmidt and M. A. Mehendale (rev.), *Corpus Inscriptionum Indicarum*, vol. II, Part II, *Bharhut Inscriptions*, Government Epigraphist for India, Ootacamund, 1963.

McCrindle, J. W., *Ancient India as Described by Megasthenes and Arrian*, Calcutta, 1877 (New edition 1926).

Meyer, Johann Jakob, *Sexual Life in Ancient India*, Motilal Banarsidass, Delhi, 1971.

Nakamura, Hajime, *Ways of Thinking of Eastern Peoples*, East-West Center Press, Hawaii, 1964.

——, *Indian Buddhism — A Survey with Bibliographical Notes*, Kansai Univ. of Foreign Studies Publication, 1980; reprinted by Motilal Banarsidass in Delhi, 1987.

Paul, Diana Y., *Women in Buddhism — Images of the Feminine in Mahāyāna Tradition*, Asian Humanities Press, Berkeley, 1979; reprinted by University of California Press in Berkeley and Los Angeles,1985.

Rahula, Walpola, *History of Buddhism in Ceylon*, M.D. Gunasena, Colombo, 1956.

Rhys Davids, C. A. F., *Psalms of the Early Buddhists*, P.T.S., London, 1909.

Rhys Davids, T. W., *Buddhist India*, University of California Libraries, 1903.

Ueki, Masatoshi, *Gender Equality in Buddhism*, Asian Thought and Culture series vol. 46, Peter Lang Publ. Inc., New York, 2001.

Walker, B., *Hindu World*, vol. II, George Allen and Unwin Ltd., London, 1968.

Wang, Robin (ed.), *Images of Women in Chinese Thought and Culture*, Hackett Publ. Company Inc., Cambridge (Massachusetts), 2003. 筆者と、妻・眞紀子も、中国仏教におけ

る女性像という観点から、『四十二章経』『維摩経』『法華経』提婆達多品、同観音品、『血盆経』の英訳と解説を担当。

Watson, Burton (tr.), *The Lotus Sutra*, Columbia University Press, New York, 1993.
——, *The Vimalakirti Sutra*, Columbia University Press, New York, 1997.

【サンスクリット・パーリ語】

Aṅguttara-nikāya, vol. I, P.T.S., London, 1885.
Aṅguttara-nikāya, vol. II, P.T.S., London, 1955.
Aṣṭāsāhasrikāprajñāpāramitā-sūtram, Buddhist Sanskrit Texts (hereafter B.S.T.), No. 4, edited by P. L. Vaidya, Mithila Institute, Darbhanga, 1960.
Daśabhūmika-sūtra, B.S.T., No.7, edited by P. L. Vaidya, Mithila Institute, Darbhanga, 1967.
Dhammapada, P.T.S., London, 1994.
Dhammapadaṭṭhakathā, vol. II, P.T.S., London, 1906.
Dīgha-nikāya, vol. II, P.T.S., London, 1903.
Dīgha-nikāya, vol. III, P.T.S., London, 1911.
Gaṇḍavyūha-sūtra, B.S.T., No. 5, edited by P. L. Vaidya, Mithila Institute, Darbhanga, 1960.
Jātaka, vol. I, P.T.S., London, 1877.
Jātaka, vol. II, P.T.S., London, 1879.
Mahābhārata, vol. IV, edited by R. N. Dandekar, Bhandarkar Oriental Research Institute, Poona, 1975.
Majjhima-nikāya, vol. I, P.T.S., London, 1888.
Majjhima-nikāya, vol. II, P.T.S., London, 1896.

Majjhima-nikāya, vol. III, P.T.S., London, 1899.
Manu-smṛti, vol. I, III, V, edited by Jayantakrishna Harikrishna Dave, Bharatiya Vidya Bhavan, Bombay, 1972.
Milinda-pañha, P.T.S., London, 1880.
Mūlamadhyamakakārikās de Nāgārjuna avec la Prasannapadā commentaire de Candrakīrti, edited by Louis de la Vallée Poussin, Bibliotheca Buddhica IV, St. Petersburg, 1903–1913.
Ṛgveda, Part V–VII, edited by Vishva Bandhu, Vishveshvaranand Vedic Research Institute, Hoshiarpur, 1964.
Saddharmapuṇḍarīka-Sūtram, edited by U. Wogihara and C. Tsuchida, Sankibo-busshorin, Tokyo, 1958.
Saddharma-puṇḍarīka-sūtra, edited by Jan Hendrik Kasper Kern and Bunyiu Nanjio, Bibliotheca Buddhica X, St. Petersburg, 1908–1912; reprinted by Motilal Banarsidass in Delhi, 1992.
Saddharmapuṇḍarīkasūtra, Central Asian Manuscripts Romanized Text, edited by Hirofumi Toda, Kyoiku Shuppan Center, Tokushima, 1983.
Saṃyutta-nikāya, vol. I, P.T.S., London, 1884.
Saṃyutta-nikāya, vol. III, P.T.S., London, 1890.
Suttanipāta, P.T.S., London, 1913.
Thera-gāthā, P.T.S., London, 1883.
Therī-gāthā, P.T.S., London, 1883.
Udānavarga, herausgegeben von Franz Bernhard. 2 Bände, Sanskrit texte aus den Turfanfunden X. Abhandlungen der Akademie der Wissenschaften in Göttingen. Philologisch-

Historische Klasse. Dritte Folge, Nr. 54. Göttingen, Vandenhoeck und Ruprecht, 1965.
Vinaya, vol. I, P.T.S., London, 1879.
Vinaya, vol. II, P.T.S., London, 1880.

【辞典・文法書】


赤沼智善編『印度仏教固有名詞辞典』、法蔵館、京都、一九六七年。

荻原雲来編『梵和大辞典』、鈴木学術財団編、講談社、東京、一九八六年。

鎌田茂雄ほか編『大蔵経全解説大事典』、雄山閣出版、東京、一九九八年。

雲井昭善著『パーリ語仏教辞典』、山喜房仏書林、東京、一九九七年。

三枝充悳編『インド仏教人名辞典』、法蔵館、京都、一九八七年。

菅沼晃著『新・サンスクリットの基礎（上・下）』、平河出版社、東京、一九九四年、一九九七年。

武邑尚邦著『仏教思想辞典』、教育新潮社、東京、一九八二年。

田村晃祐編『最澄辞典』、東京堂出版、東京、一九七九年。

辻直四郎著『サンスクリット文法』、岩波全書、東京、一九七四年。

中村元著『佛教語大辞典（縮刷版）』、東京書籍、東京、一九八一年。

二宮陸雄著『サンスクリット語の構文と語法――印欧語比較シンクタス』、平河出版社、東京、一九八九年。

水野弘元・中村元・平川彰・玉城康四郎編『新・仏典解題事典』、春秋社、東京、一九六六年。

水野弘元著『パーリ語文法』、山喜房仏書林、東京、一九五五年。

水野弘元著『パーリ語辞典』、春秋社、東京、一九六八年。

Edgerton, Franklin, *Buddhist Hybrid Sanskrit Grammar*, Yale University Press, New Haven, 1953.

——, *Buddhist Hybrid Sanskrit Dictionary*, Yale University Press, New Haven, 1953.
Hendriksen, Hans, *Syntax of the Infinite Verb-Forms of Pāli*, Munksgaard, Copenhagen, 1944.
Macdonell, Arthur Anthony, *A Sanskrit Grammar for Students*, Oxford Univ. Press, London, 1927.
Monier-Williams, M., *A Sanskrit-English Dictionary*, Clarendon Press, Oxford, 1899.
Speijer, J. S., *Sanskrit Syntax*, Leiden, 1886; reprinted by Bodhi Leaves Corp. in Delhi, 1973.

あとがき

本書は、『仏教のなかの男女観――原始仏教から法華経に至るジェンダー平等の思想』（岩波書店）を文庫化したものである。

その『仏教のなかの男女観』は、二〇〇二年にお茶の水女子大学で男性初の人文科学博士（博乙第一七九号）の学位を取得した学位請求論文「仏教におけるジェンダー平等の研究――『法華経』に至るインド仏教からの考察」を二〇〇四年三月に出版したものであった。発売日前日に増刷の知らせがあり、三ヵ月後に三刷、その一ヵ月後に四刷となり、最終的に五刷に及ぶ反響であったが、その後、どういうわけか絶版状態になり、出版から十三年半が経過した。

論文執筆に当たっては、インドの原典が存在するものは、すべて原文をローマ字で表記し、自分で翻訳したものを付して引用することを自らに課した。そのため、『法華経』もサンスクリット原典（ケルン・南条本）から自分で現代語訳して引用した。

ところが、その作業で坂本幸男・岩本裕《ゆたか》訳注『法華経』上・中・下巻（岩波文庫）のサンスクリット語からの岩本訳に致命的なミスが五百ヵ所近く見つかり、筑波大学名誉教授で東方学院長（当時）の三枝《さいぐさ》充悳《みつよし》先生（一九二三～二〇一〇）に相談すると、「自分で納得のいく訳を出しなさい」と励まされた。八年がかりで綿密な注釈をつけて現代語訳し、サンスクリット語と漢訳（書き下し）と拙訳の三つを対照させた『梵漢和対照《ぼんかんわ》・現代語訳　法華経』上・下巻を二〇〇八年三月に岩波書店から出版した。

一方、『維摩経《ゆいまきよう》』は、サンスクリット原典はもはや存在しないだろうと言われていたので、論文執筆にはチベット語訳と漢訳を参考文献として用いるしかなかった。ところが、お茶の水女子大学に論文を提出し、論文審査が始まっていた二〇〇一年十二月に『維摩経』のサンスクリット写本が一九九九年にチベットで発見されていたという報道がなされた。論文執筆に間に合わなかったことは残念でならなかったが、いつか翻訳しようと心に決めた。『法華経』の現代語訳を出版するめどがついたところで、『維摩経』サンスクリット写本の影印版《えいいんばん》を購入して、三年半ほどの時間をかけて現代語訳し、『梵漢和対照・現代語訳　維摩経』（岩波書店、二〇一一年）を出版することもできた。それぞれ、毎日出版文化賞と、パピルス賞を受賞した。

さらに、初期仏教における女性たちの実態を知る上で欠かすことのできない尼僧たちの赤裸々な体験をつづった手記詩集も自分でパーリ語から全文を翻訳し、長文の解説をつけて、二〇一七年七月に『テーリー・ガーター――尼僧たちのいのちの讃歌』（角川選書）として出版することができた。

『仏教のなかの男女観』を文庫化するに当たって、『法華経』『維摩経』『テーリー・ガーター』からの引用文は、すべて上記の拙訳と差し替えた。

また『仏教のなかの男女観』では、博士論文の出版という性格上、サンスクリット語、パーリ語の引用箇所はすべてローマ字表記して挙げていたが、文庫本として一般向けにするに際して、漢訳書き下しと現代語訳のみを残してサンスクリット語と、パーリ語の引用文をすべて削除した。

『仏教のなかの男女観』の出版から十三年半の間に新たに学んだこと、気づいたことなどが多数あり、この文庫版にすべて反映させることができた。

筆者としては、拙著を多くの人たちに読んでもらうことが最大の願いであり、本書が安価となり、多くの人たちに入手しやすくなることを願っていた。それだけに、講談社学芸部の横山建城《たてき》前次長（現、文芸第一出版部次長）、および石川心《しん》副部長から拙著の文庫化の話を受けた時は、小躍りして喜んだ。その横山氏に筆者のことを熱心に語ってくださったのは、ジョン万次郎（中濱万次郎、一八二七〜一八九八）の曾孫で、作家の中濱武彦氏だと横山氏からうかがった。三氏に感謝したい。

◇　◇

筆者が、「仏教の男女平等思想」というテーマに関心を持ったのは、一九八〇年代に入ってのことだった。国際世論の高まりの中、わが国も「女子差別撤廃条約」の批准《ひじゅん》が迫られ、女性の地位向上に関する議論が活発化していた。筆者は、東京大学名誉教授の中村元《はじめ》博士（一九一二〜一九九九）が開設された東方学院で仏教学とサンスクリット語の勉強をしながら、仏教では女性差別の問題はどうなのだろうかとおぼろげながら関心を持った。まさか、その時、そのテーマで学位を取ることになろうとは夢にも思っていなかった。

わが国では古来、女人不成仏を説く小乗仏教等に対して、『法華経』が女人成仏を説いているとして、『法華経』が重視されてきた。例えば、聖武天皇（七〇一〜七五六）の時代には七四一年に国分寺とともに国分尼寺が各地に建てられたが、「法華滅罪之寺」を正式名称とする国分尼寺では、『法華経』が講じられていた。

また、平安中期の菅原孝標女《すがわらのたかすえのむすめ》（一〇〇八～？）が書いたとされる『更級日記《さらしなにっき》』には、少女のころ『源氏物語』に熱中し、夢の中に「いと清げなる僧」が現われて、「法華経五の巻を、とく習へ」と告げたという行《くだり》がある。「五の巻」には、龍女の成仏を明かした提婆達多《だいばだった》品《ぼん》が入っているからだ。

このように『法華経』の女人成仏の思想が、注目を集めてきたとはいえ、私にとっては、インドにおいて女人不成仏を言われた時代的、社会的、思想的背景というものがよく分からず、何をどのように克服しようとしたのかということも、よく理解できなかった。従って、『法華経』の持つ思想がどれほどの重みを持つものなのかも実感としてつかめないでいた。

こうしたところから、仏教の女性観について勉強を始めた。講演依頼があったときには、努めて受けるように心がけ、少しずつ分かってきたことを講演させていただいた。こうして、考えがまとまってきたことを、原稿用紙に書きとめ、小論を雑誌などに発表していた。

ところが、一九九〇年前後から仏教が性差別の宗教だとする出版物が増え始めた。果たしてどうなのだろうか？　その答えを得るためには、仏教以前のインドの女性観、歴史的人物としての釈尊の女性観、釈尊滅後の保守・権威主義化（＝小乗化）した仏教の女性観、大乗仏教の女性観――などについて、仏教を取り巻く歴史的・社会的な思想情況を踏まえて論じる必要性を痛感した。

従って、原始仏典の内容の詳細や、大乗仏教が果たして女性を蔑視していたのかどうか

——などの事実関係の確認が迫られた。その度に、中村元先生に、東方学院での講義の合間を利用して確認させていただいた。

中村先生の貴重な時間を浪費するのは申し訳なく、目次を見ていただきながら大体の粗筋を聞いていただいた。中村先生は、「随分、丁寧にやりましたね。大乗仏教は必ずしも女性差別の宗教ではありませんよ」と温かく激励してくださった。その激励にこたえることができたかどうか分からないが、ひとまず宗教専門紙『中外日報』に一九九五年五月十八日付から七月六日付まで十六回にわたって連載した上で、一九九六年三月に『男性原理と女性原理——仏教は性差別の宗教か?』として出版することができた。中村先生には、懇切丁寧にご教示いただいただけでなく、身に余る内容の序文まで書いていただいた。また、長期にわたる連載と、その連載を出版することを勧めてくださった中外日報社長(当時)の本間昭之助氏(一九二九~二〇〇七)には大変にお世話になった。感謝に堪えない。

その翌年(一九九七年)の十月にアメリカから手紙が届いた。来日された折、中村先生から紹介していただいていたニューヨーク州立大学バッファロー校教授(当時)のケネス・K・イナダ博士(一九二三~二〇一一)からであった。拙著『男性原理と女性原理』を読まれて、仏教の女性観についての私の考えに興味を持ってくださり、「仏教の男女平等思想は重要なテーマだから、アメリカで出版するように」という趣旨の手紙だった。その手紙を受け取ったのは、過労で入院した翌日のことだった。嬉しくて、じっとしていられなくなり、病院にノートパソコンを持ち込み、作業を始めた。退院するときに、「受験生や、いろんな人が入院したけど、病院であなたほど勉強する人はいなかった」と担当医からあきれられてしまった。それほど、うれしかった。

英文での出版は初めてのことで、ドナルド・キーン博士のもとで文学博士の学位を取得し、アメリカで出版経験のある元イリノイ大学教授のムルハーン千栄子先生にも種々のアドバイスをいただいた。イナダ博士とは、電子メールで詳細な議論を行ない、いろいろと助言してもらった上に、出版社の手配までしていただいた。こうして、*Gender Equality in Buddhism*（仏教におけるジェンダー平等）を二〇〇一年一月にニューヨークのピーター・ラング社から「アジアの思想と文化」シリーズの第四六巻として出版することができた。それは、カナダのトロント大学や、アメリカの一部の大学でテキストとして用いられた。

さらに、それを読まれたカリフォルニア州のロヨラ・メリーマウント大学のロビン・ワン博士から、「中国思想・文化における女性像」と題する共同研究と出版を持ちかけられ、「中国仏教における女性像」というテーマでの執筆を依頼された。仏典の翻訳では妻・眞紀子にも手伝ってもらった。それは、ロビン・ワン編で *Images of Women in Chinese Thought and Culture* としてマサチューセッツ州のハケット社から二〇〇三年六月に出版された。

こうした流れを前にして、一九九八年六月に中村先生から「学位を取りなさい」という話があった。思いもよらないことで一瞬、とまどったが、「あの中村先生がおっしゃるんだから、やりなさい」という妻・眞紀子の助言と協力もあって前向きに取り組むことにした。それから一年半後の一九九九年十月十日に中村先生は逝去され、学位を取得することが私にとって中村先生の遺言となった。論文のテーマは仏教の男女平等思想に即決したが、提出先をどこにするか——話は簡単ではなかった。

大学院博士課程在学中に取得する課程博士と違い、その大学／学部の卒業生でもなく、論文の中身だけで勝負する論文博士の場合は、「審査に自分の研究時間がとられる」と敬遠されがちだ。あちこちの大学に問い合わせたが門前払いされた。論文の提出先で早くも暗礁に乗り上げてしまった。

そのころ、中国人の王敏《ワンミン》さん（現、法政大学教授）の宮沢賢治研究で、法華経について助言することがあった。その博士論文がお茶の水女子大学で認められ、学位授与式に私も招かれた。終了後、佐藤保《たもつ》学長に自己紹介すると、「日本で最初にジェンダー研究所を開設したのは、わが大学です。うちに論文を出しなさい」「あなたが取得されれば、わが大学では六人目の男性になります。人文科学の分野では第一号です」と言われた。ムルハーン先生からは「ほかの大学で断られてよかったのよ。植木さんの論文のテーマにとって、これ以上にない最適の大学に落ち着いたんだから」と言われた。

佐藤学長は、論文審査の手続きのためにいろいろと手配してくださった。そのおかげで、幸いにも学位請求論文として正式に受理され、秋山光文《てるふみ》、高島元洋《もとひろ》、土屋賢二、羽入佐和子、頼住（佐藤）光子の諸先生方に、綿密に論文を読んでいただくとともに的確にして貴重なるご指導をいただいた。審査の先生方の鋭い指摘にたじろぎながらも、それに何とか対応しようという苦闘の中で新たな視点をいろいろと見いだすことができた。審査に当たっていただいた諸先生方にひとかたならぬお世話になったことをここに記し、感謝の意を捧げる次第である。特に頼住先生には、予備審査以前から丁寧に論文に目を通していただくとともに、種々のアドバイスをしていただき、予備審査のための論文提出の時には身に余る紹介状を書いていただくなど大変にお世話になった。

その結果、二〇〇二年九月三十日、お茶の水女子大学から男性では六人目の学位取得者となることができた。人文科学博士に限定すれば同大学で男性初という栄誉を蒙ることになった。その祝賀会を十一月二十八日に友人・先輩諸氏の方々が開催してくださった。その日は奇《く》しくも中村先生の生誕九十年の日であり、世話人の方々がその日を決めたのが、何と十月十日の中村先生が亡くなられて三年目の日であった。

学位を取得しても論文の出版を引き受けてくれる出版社を捜すのは大変なことだと聞いていた。中村先生は、「日本では〝誰が書いたか〟ということばかりを見て、〝何を書いたか〟を見ようとしない」とよく嘆いておられた。在野の私の本を権威ある岩波書店から出版するのは困難だったはずだ。出版できたのは前編集部長の高村幸治氏のおかげである。出版決定の知らせを受けたのは、二〇〇三年十一月二十八日の正午近くだった。またもや、十一月二十八日のことで、私は感極まって高村氏に「あのう……きょうは中村先生の誕生日なんですが……」と言った。一呼吸の沈黙の後、高村氏は「そんなことってあるんですね」とおっしゃった。その高村さんが、本書のサブタイトルを「原始仏教と法華経の人間観」とすることを提案して下さった。

あまりにもできすぎた話の連続で、何から何まで中村先生に見守られていたとしか言いようのない不思議な思いがしてならなかった。

このように本書が出版されるまでには、中村元先生をはじめ、三枝充悳先生、佐藤保先生、和光大学名誉教授の前田耕作先生、明治大学教授で東方学院総務の阿《あ》部《べ》慈《じ》園《おん》先生、歌人で國學院大學教授の阿部正路《まさみち》先生、ムルハーン千栄子先生、頼住光子先生、明治学院大学教授の佐藤アヤ子先生、王敏先生、東洋大学名誉教授の菅沼晃先生などの皆様方の多大なるご指導、激励、導きがあったことを感謝を込めて記しておきたい。

最後に私事で恐縮だが、私の学位取得を最も喜んでくれたのは長年、病床にあった父・静馬に代わり家計を支え、私が大学院で学ぶことを可能にしてくれた母・ミズカであった。その母は、一昨年、数えで百歳の生涯を全うした。また、妻・眞紀子は長年にわたる私の〝わがまま〟を辛抱強く見守りながら応援してくれた。二人に感謝したい。

多くの人たちのおかげで出版された『仏教のなかの男女観』が今、文庫本として蘇ったことで、本書が男女観を含めた仏教の平等思想を検討するための一つの資料提供となれば幸いである。

二〇一七年十一月二十八日　中村元先生の百五回目の誕生日に

植木雅俊

追伸：博士論文の文庫化である本書の発売日が十月十日に決まったと連絡を受けた。それは、「植木さん、博士号を取りなさい」とおっしゃった中村元先生の十九回目の命日であり、不思議な思いにかられている。

二〇一八年八月十一日　父・静馬の三十三回目の命日であり、筆者の六十七回目の誕生日に

KODANSHA

本書は、岩波書店より二〇〇四年に刊行された『仏教のなかの男女観——原始仏教から法華経に至るジェンダー平等の思想』を改題、再編集したものです。

植木雅俊（うえき　まさとし）

1951年，長崎県島原市生まれ。仏教思想研究家。九州大学理学部卒。理学修士（九州大学），文学修士（東洋大学），人文科学博士（お茶の水女子大学）。中村元のもとでインド思想・仏教思想，サンスクリット語を学ぶ。著書に『梵漢和対照・現代語訳　法華経』，『梵漢和対照・現代語訳　維摩経』，『ほんとうの法華経』，『テーリー・ガーター』，『サンスクリット版縮訳・法華経　現代語訳』など多数。

講談社学術文庫

定価はカバーに表示してあります。

差別《さべつ》の超克《ちようこく》

原始《げんし》仏教《ぶつきよう》と法華経《ほけきよう》の人間観《にんげんかん》

植木雅俊《うえきまさとし》

2018年10月10日　第1刷発行
2023年5月15日　第2刷発行

発行者　鈴木章一
発行所　株式会社講談社
東京都文京区音羽 2-12-21 〒112-8001
電話　編集（03）5395-3512
販売（03）5395-4415
業務（03）5395-3615

装　幀　蟹江征治
印　刷　株式会社広済堂ネクスト
製　本　株式会社国宝社
本文データ制作　講談社デジタル製作

ISBN978-4-06-512341-6

「講談社学術文庫」の刊行に当たって

これは、学術をポケットに入れることをモットーとして生まれた文庫である。学術は少年の心を養い、成年の心を満たす。その学術がポケットにはいる形で、万人のものになることは、生涯教育をうたう現代の理想である。

こうした考え方は、学術を巨大な城のように見る世間の常識に反するかもしれない。また、一部の人たちからは、学術の権威をおとすものと非難されるかもしれない。しかし、それはいずれも学術の新しい在り方を解しないものといわざるをえない。

学術は、まず魔術への挑戦から始まった。やがて、いわゆる常識をつぎつぎに改めていった。学術の権威は、幾百年、幾千年にわたる、苦しい戦いの成果である。こうしてきずきあげられた城が、一見して近づきがたいものにうつるのは、そのためである。しかし、学術の権威を、その形の上だけで判断してはならない。その生成のあとをかえりみれば、その根は常に人々の生活の中にあった。学術が大きな力たりうるのはそのためであって、生活をはなれた学術は、どこにもない。

開かれた社会といわれる現代にとって、これはまったく自明である。生活と学術との間に、もし距離があるとすれば、何をおいてもこれを埋めねばならない。もしこの距離が形の上の迷信からきているとすれば、その迷信をうち破らねばならぬ。

学術文庫は、内外の迷信を打破し、学術のために新しい天地をひらく意図をもって生まれた。文庫という小さい形と、学術という壮大な城とが、完全に両立するためには、なおいくらかの時を必要とするであろう。しかし、学術をポケットにした社会が、人間の生活にとってより豊かな社会であることは、たしかである。そうした社会の実現のために、文庫の世界に新しいジャンルを加えることができれば幸いである。

一九七六年六月

野間省一